Günter Liedtke

Führungskraft Meister

Wissen, Tips und Regeln

für erfolgreiches Führen

Günter Liedtke

Führungskraft Meister

Wissen, Tips und Regeln

für erfolgreiches Führen

expert verlag Renningen-Malmsheim

Die Deutsche Bibliothek – CIP-Einheitsaufnahme

Liedtke, Günter:
Führungskraft Meister : Wissen, Tips und Regeln für
erfolgreiches Führen / Günter Liedtke. – Renningen-
Malmsheim : expert-Verl., 1996
  (Praxiswissen Wirtschaft ; 31)
  ISBN 3-8169-1331-8
NE: GT

ISBN 3-8169-1331-8

Bei der Erstellung des Buches wurde mit großer Sorgfalt vorgegangen; trotzdem können Fehler nicht vollständig ausgeschlossen werden. Verlag und Autoren können für fehlerhafte Angaben und deren Folgen weder eine juristische Verantwortung noch irgendeine Haftung übernehmen.
Für Verbesserungsvorschläge und Hinweise auf Fehler sind Verlag und Autoren dankbar.

© 1996 by expert verlag, 71272 Renningen-Malmsheim
Alle Rechte vorbehalten
Printed in Germany

Das Werk einschließlich aller seiner Teile ist urheberrechtlich geschützt. Jede Verwertung außerhalb der engen Grenzen des Urheberrechtsgesetzes ist ohne Zustimmung des Verlags unzulässig und strafbar. Dies gilt insbesondere für Vervielfältigungen, Übersetzungen, Mikroverfilmungen und die Einspeicherung und Verarbeitung in elektronischen Systemen.

Vorwort

Warum ist dieses Buch entstanden?

In meiner langjährigen beruflichen Führungspraxis ist mir nicht nur die Bedeutung der Meister für den Betrieb bewußt geworden. Ich habe auch die Nöte dieser Führungsebene mit durchlebt, die Nöte, als „die Letzten, die die Hunde beißen" trotz all der im Vorfeld möglichen und verursachten Pannen doch noch die Kundenwünsche zu erfüllen. Dabei ging die Arbeit der Meister zu oft in dem Profilierungsgerangel der (zu vielen) darüber liegenden Hierarchien unter. Nicht wenige Meister kämpften immer wieder mit der „inneren Kündigung", wie auf so manchem Führungskräfte-Seminar zu vernehmen war.

„Hier sollten Sie erst mal unsere Chefs herholen!"

Von neuen Führungsstilen wurde in den vergangenen Jahrzehnten so häufig geredet wie über neue Moden, in der Anwendung änderte sich faktisch nichts Entscheidendes an dem Prinzip „Anordnen und Herrschen". Die neuesten Ansätze genereller struktureller Veränderungen (nicht nur) in den Unternehmen wie z.B. „schlanke Fabrik","Quality Management", „Gruppenarbeit", „Lean-Management", lassen den Schluß zu, daß sich – wenn auch sehr zähe – ein Bewußtseinswandel in unserer Industriegesellschaft vollzieht, der zur Folge hat, den Menschen – das Humankapital – in den Mittelpunkt zu rücken. Dies bedeutet, unternehmerisch gedacht, eine effizientere Nutzung der Mitarbeiterpotentiale. Wer sonst als der Meister ist in der Produktion wohl dazu prädestiniert, dieses unternehmerisch denkend und handelnd zu realisieren?

Erste Ansätze, der Aufgabenstellung der Meister in schlanken kunden- und mitarbeiterorientierten Strukturen gerecht zu werden, sind in den Entwürfen zu mehr führungsorientierten Ausbildungsrahmenplänen des DIHT (Deutscher Industrie- und Handelstag) erkennbar. Dem Meisternachwuchs wird dies dienlich sein, während Meister „von der Front" als von Umstrukturierungsmaßnahmen Betroffene den Weg der Weiterbildung gehen müssen.

Dieses Buch soll angehenden „Industriemeistern" wie auch anderen betrieblichen Führungskräften in der Betriebspraxis Hinweise und Hilfe geben zu den Fragestellungen kooperativer Mitarbeiterführung im Sinne einer „Führung 2000", von der so viel geredet wird. Für die „angehenden" Meister ist bewußt der Rahmenstoffplan „Zusammenarbeit im Betrieb" des DIHT zugrundegelegt worden.

Dieses Buch erhebt keinen Anspruch als wissenschaftliches Lehrbuch, es beschränkt sich auf die Information über die wesentlichen Fakten zu den relevanten Themen, die die „FÜHRUNGSKRAFT 2000" ausmachen sollen.

Am Beispiel der Meister werden die Führungsaufgaben in der Industrie behandelt, jedoch sind mit diesen Themen alle Vorgesetzten angesprochen, die „an der Front" in Industrie und Wirtschaft Mitarbeiter zu führen haben.

Senden, im Januar 1996   Günter Liedtke

Inhaltsverzeichnis

1	**Einführung: Ist Führung notwendig?**	1
2	**Unsere Arbeitswelt im Wandel?**	5
2.1	Bewußtseinswandel, warum?	5
2.2	Was erreicht werden soll	7
2.3	Was nun, Meister?	11
3	**Organisationsstrukturen**	17
3.1	Begriffe, Methoden und was dahinter steckt	17
3.2	Schlanker Ablauf, schlanker Aufbau.	21
3.3	Werkstatt im Wandel	23
3.4	Gruppenarbeit und was davon erwartet wird	26
3.5	Aufgaben des Meisters bei Gruppenarbeit	31
4	**Was das Sozialverhalten betrifft**	35
4.1	Der Mensch, das „soziale Wesen"	35
4.2	Der Betrieb als soziales Umfeld	39
4.3	Gruppenverhalten	40
4.4	Umgang mit besonderen Personengruppen	42
5	**Die Einflüsse des Betriebes**	49
5.1	Der Mensch im Arbeitssystem	49
5.2	Leistungsfähigkeit/Leistungsbereitschaft	54
5.3	Die Stimmung im Betrieb, das Betriebsklima	56
5.4	Motivation und Bedürfnisbefriedigung	58
5.5	Arbeits(platz-)gestaltung,	61
5.6	Gestaltung des Entgeltsystems	66
5.7	Die Rolle des Meisters	69
5.8	Grundsätze für Führung und Zusammenarbeit	73
5.9	Organisation als Grundlage für Führung und Zusammenarbeit	88

6	**Meisterlich führen**	**97**
6.1	Aufgabenstellung „Meister"	97
6.2	Führen bedeutet Ziele setzen	103
6.3	Führen bedeutet informieren	105
6.4	Kommunikation als Voraussetzung für Kooperation	119
6.5	Die Transaktionsanalyse	125
6.6	Das Gespräch als „Werkzeug" der Führung	129
6.7	Einen Vortrag halten	147
6.8	Mitarbeiter einsetzen	151
6.9	Erteilen von Aufträgen	164
6.10	Delegieren als Führungsmittel	166
6.11	Fehlzeiten und Fluktuation, ein Schicksal?	169
6.12	Gruppen bilden, Gruppen führen	176
6.13	Zusammenarbeit fördern	181
6.14	Führen bedeutet Kontrolle ausüben	203
6.15	Anerkennung und Kritik als Führungsmittel	211
6.16	Beurteilen von Mitarbeitern	218
6.17	Mit Beschwerden und Konflikten umgehen	228
7	**Literaturhinweise**	**234**
Sachregister		**236**

1 Einführung: Ist Führung notwendig?

Eine Gruppe von Wanderern macht sich auf den Weg hinauf in die Berge zu einer Hütte. Sie alle wissen, wie das (Wander-) Ziel heißt, aber mindestens einer muß den Weg kennen, muß wissen, auf welche Art und Weise man dorthin kommt. Dieser eine muß es auch fertigbringen, daß die anderen ihm folgen, aufdaß das Ziel gemeinsam erreicht wird. Die anderen folgen ihm (und seinen Weisungen), weil sie geführt werden wollen! Der Wanderführer führt die Wanderer zu dem Ziel.

So kann der Leser dieser Abhandlungen sicher weitere Beispiele finden, z.B. die Darsteller auf der Theaterbühne, von denen jeder einzelne seine Rolle hervorragend beherrscht, und doch braucht es einen Regisseur – den Führenden –, der die Aufgabe hat, das Ensemble ans Ziel, zum Erfolg, zu führen.

> Um Ziele erreichen zu können, müssen die Kräfte aller Beteiligten gebündelt werden. Dies erfordert eine straffe Führung!

Warum muß geführt werden?
Zur Erreichung von gesetzten Zielen ist es unumgänglich, daß alle Handlungen bis zur Zielerfüllung aufgabenkonform geschehen. Das kann nicht unbedingt vorausgesetzt werden. Jeder Beteiligte, jeder Mitarbeiter, ist als Einzelwesen ein Individualist, geht seine eigenen Wege, auch solche, die nicht zum Ziel führen oder auf dem Wege dahin zu Konflikten führen. Der Führende hat die Aufgabe, sicherzustellen, daß der Geführte sein Verhalten den von ihm zu erwartenden Verhaltensweisen anpaßt. Führung ist somit ein wechselseitiger Prozess zwischen z.B. Vorgesetztem und Mitarbeiter.

> Führen bedeutet, andere Menschen zielorientiert dazu zu bringen, unter bestimmten Bedingungen konkrete Aufgabenstellungen zu erfüllen. Humane Ansprüche werden dabei gewahrt.

Dahinter verbirgt sich auch die Forderung an den Führenden, die Geführten zur Erfüllung ihrer Aufgaben zu motivieren. Das bedeutet, die Mitarbeiter „sich geneigt zu machen". Motivation läßt sich nicht befehlen!

Haben Sie in Ihrem Leben Forderungen Folge geleistet wie z.B.
→ „Ich will nicht, daß Du das tust!" oder
→ „Geh' nicht da hin!"?

Ist Führung lernbar?

Wenn man diese Frage verneinen wollte, müßte man davon ausgehen, daß Führungspersönlichkeit angeboren wird (und wo ist das schon der Fall?). Wer meint, Führungsfähigkeiten ohne Lernprozess haben zu können, wird nie eine Führungspersönlichkeit sein, da er nicht bereit ist, lernen zu wollen.

> Führung, d.h. die Fähigkeit, Mitarbeiter zu führen, ist lernbar wie jede Handlung, die zur Aufgabenbewältigung nötig ist.

Zweifellos ist das Lernen von Führung nicht gänzlich vergleichbar mit dem Lernen von technischen oder kaufmännischen Fähigkeiten.

Wir kennen alle die Wirkungen persönlicher Ausstrahlung, dieser auf uns einwirkenden – positiven wie negativen – Einflüsse von anderen Menschen. In der eigenen Person liegen somit schon Stärken und Schwächen der Führung begründet.

Vorhandene Anlagen entfalten sich bei uns Menschen durch die ständigen Einwirkungen der Umwelt. Unsere Einstellungen, Fähigkeiten und Verhaltensweisen erhalten ganz bestimmte Prägungen, die im Verlaufe unserer Persönlichkeitsentwicklung auch dem Wandel unterliegen. Das heißt, es vollzieht sich ein permanenter Lernprozess, der auch auf die Befähigung zu führen Einfluß nimmt.

Führungsbefähigung zu erlangen bedeutet also:

- Rationales Wissen muß aufgenommen und verinnerlicht, d.h. geistig verarbeitet, werden. Es muß abrufbar im Gedächtnis gespeichert bleiben.
- Das Wissen allein gibt noch nicht die Kompetenz zur Führung, es ist die Persönlichkeit des Menschen, die sich mitentwickeln muß.
- Andere führen zu können setzt voraus, daß der Führende sich selbst zu führen in der Lage ist.

Wer führen will, muß sich darüber im Klaren sein, daß er dabei kein bequemes Leben erwarten kann. Führen bedeutet nicht, gemäß erlernten „Führungsregeln" zu befehlen, sondern unter Berücksichtigung der Bedürfnisse der Mitarbeiter diese dazu zu bewegen, den Vorgaben des Führenden – des Vorgesetzten – zu folgen. Dazu muß man nicht nur seine Partner – seine Mitarbeiter – kennen, sondern vor allem sich selbst:

- Wie bin ich?
- Wie reagiere ich worauf?
- Kann ich loben?
- Vertrage ich Kritik?
 u.v.m.

Wer führen will, muß sich selbst kontrollieren, muß selbstkritisch mit sich umgehen und große Willensstärke aufbringen. Wer führen will, sollte sich auch mit seinen eigenen Bedürfnissen, seinen Motivations-Schwerpunkten auseinandersetzen, denn: Die eigene Motivation spiegelt sich durchaus wider im Führungsverhalten.

Als Einstieg in die weiteren Themen dieser Abhandlung sollten Sie, der Leser, die folgende Selbstbetrachtung anstellen:

– Was motiviert Sie dazu, eine Führungsposition einzunehmen?

1. Arbeitsplatz als Führungskraft ist sicherer ( )
2. Gesichertes Einkommen ( )
3. Mehr sein als die anderen ( )
4. Anordnen dürfen ( )
5. Erfolgreich sein ( )
6. Meine Kenntnisse zum gemeinsamen Erfolg einsetzen ( )
7. Verantwortung übernehmen ( )
8. Anderen ein Vorbild geben ( )
9. Gemeinsam mit anderen etwas besonderes leisten ( )
10. Entscheidungsspielräume haben und erteilen ( )

Welche Einflüsse haben Ihre Motivations-Schwerpunkte auf Ihr Verhalten als Führender?

Neigung zu ...

....autoritärem Verhalten:	....kooperativem Verhalten:
Punkte 1. bis 5.	Punkte 6. bis 10.

Wie funktioniert Führung?

Führung – zeitgemäß und situationsgerecht vollzogen – soll die Erfüllung konkreter Zielvorgaben und Aufgabenstellungen sicherstellen. Damit ist klar, daß Führung nicht (nur) „oben drüber gesetzt" bedeutet, sondern aktives Handeln erfordert. Da „Handeln" nicht „drauf-los-Wurschteln" sein kann, muß ein Ziel bekannt sein.

Nehmen Sie in Ihrem Privatleben Handlungen vor, ohne sich ein Ziel gesetzt zu haben?

Gesetzte Ziele führen in der Regel über eine Planung („Wie machen wir das?") zur Realisierung. Da nichts dem Zufall überlassen sein sollte, gehen wir von möglichen Störungen bei jeglichem Handeln aus und beobachten in der Realisierungsphase zielorientiert, um bei Abweichungen gegensteuernd „auf Kurs" zu bleiben. Schließlich, am Ziel angelangt, kontrollieren wir das Ergebnis, sind vollauf zufrieden oder unzufrieden. Letzteres führt sicher zu Korrekturen im Wiederholungsfall.

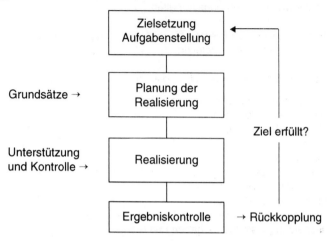

Die Qualität der Führung ist entscheidend für das Ergebnis der Handlungen und Verhaltensweisen aller Beteiligten. Was sich dahinter verbirgt, welche Hilfen und Werkzeuge für das Führen wesentlich sind, wird in den folgenden Abschnitten behandelt.

2 Unsere Arbeitswelt im Wandel?

Bevor wir uns dem Thema „Führungsaufgaben des Meisters" zuwenden, kommen wir nicht drum herum, aktuelle zeitgeschichtliche Entwicklungen zu betrachten, die Auswirkungen auf die Funktion des Meisters haben.

2.1 Bewußtseinswandel, warum?

Wozu soll ein Bewußtseinswandel gut sein? Uns Wohlstands-Menschen ist jede Veränderung recht, solange die „heile Welt" innerhalb unseres Gartenzaunes unangetastet bleibt. Dies ist einer der Gründe, warum unsere Industriegesellschaft sich so schwer tut bei der Anpassung an neue Herausforderungen, seien es innere Strukturkrisen oder Veränderungen an den Märkten, bei den Kunden. Beides zusammen erwischte uns am Ausgang der 80er Jahre und führte zu tiefgreifenden substanziellen Veränderungen, Veränderungen, die ohne Korrekturen von innerer Einstellung nicht realisierbar waren.

Anfang der 90er Jahre wurde anläßlich durchgeführter Workshops die Frage „Ist ein Bewußtseinswandel notwendig?" von den Teilnehmern bejaht und u.a. mit folgenden Stichworten beantwortet:

„Neue Wege ohne Umdenken nicht zu verwirklichen"
„Verantwortung an Mitarbeiter übertragen und nicht alles immer selber entscheiden"
„Bürokratie verringern"
„Weniger egoistisch Handeln"
„Mitarbeiter zu Qualitätsdenken bringen"
„Wie der Kunde denken"
„Ideen miteinander entwickeln"
„Vom Einzelkämpfer zur Gruppe"
„Bereitschaft zur Verantwortung"
„Hierarchie und Wasserköpfe abbauen"

Aus eigenem Erleben muß ich zunächst einmal feststellen, daß „Bewußtseinswandel" kein Vorgang ist, der „mal eben so" passiert oder auf eine Weisung hin zu erledigen ist. Diese Feststellung ist mir wichtig im Zusammenhang mit den Betrachtungen der Entwicklung unserer industriellen Gesellschaft in den vergangenen Jahrzehnten. Diese Gesellschaft – in Form der Unternehmen – hat es in den vergangenen „Zuwachsraten-Jahren" scheinbar perfekt verstanden, sich mit „kosmetischen Korrekturen" an neue Situationen bzw. Anforderungen anzupassen, ohne bestehende Unternehmenskulturen „anzukratzen", Besitzstände aufgeben zu müssen.

Bezogen auf Organisation und Führung in den Unternehmen schwappten die „Management by ...."- Methoden über uns hinweg; die Automatisierungswellen sorgten für technologische Höhenflüge. Letztendlich expandierte die Datenverarbeitung, die CIM-Euphorie (Computer-Integrated-Manufacturing) prägte ehrgeizige Modernisierungs-Projekte. Alle diese Entwicklungen waren Sach-Investitionen, angesetzt an den Stellen, wo es am notwendigsten schien, durch Beschlüsse von „oben".

Das Human-Kapital, der Einsatz und die Motivation der Mitarbeiter, spielte bei diesen rein betriebswirtschaftlichen Entscheidungen keine Rolle. Ein Wandel der inneren Einstellung in Sinne des Umganges miteinander und mit der Umwelt vollzog sich nicht.

Der Überlebenskampf der Unternehmen wurde in den 70er und 80er Jahren immer härter. Unternehmensberater bekamen Hochkunjunktur. Sie legten ihren Auftraggebern, den Unternehmensleitungen, Schilderungen von Schwachstellen vor, die kritisch eingestellten Mitarbeitern längst bekannt waren. Doch die alten, früher zweifellos bewährten, verkrusteten Organisations- und Denkstrukturen zeigten ein schier unantastbares Beharrungsvermögen. Betriebliche Arbeit und die sie ausführenden Menschen waren weitgehendst fremdbestimmt. Die arbeitsteilige Organisation der Arbeitswelt erfuhr ständige Optimierungen.

Demgegenüber stieg das Qualifikationsniveau der tätigen Menschen und natürlich auch ihr Bedürfnis, an Entwicklungen und Entscheidungen im Arbeitsleben teilzuhaben, der Fremdbestimmung entgegen zu wirken.

Es bedurfte wohl der einsetzenden brutalen Konkurrenz – vor allem aus dem Fernen Osten –, um Bereitschaft zu tiefgreifenden Umwälzungen in den Unternehmen aufkommen zu lassen. Es wuchs die Erkenntnis, daß nur derjenige überleben wird, der bereit ist, seine Arbeitsformen revolutionär zu verändern. Dazu gehörte die Erkenntnis, den Wert des – bisher im Verborgenen schlummernden – Humankapitals vorrangig bei der Bewältigung des anstehenden Überlebenskampfes nutzen zu müssen. Damit wurde allerdings an den Grundpfeilern des bisherigen Machtgefüges gerüttelt. Was nun folgte, war nicht mehr durch Anweisungen durchzusetzen. Die Einbeziehung aller Betroffenen zur Planung und Realisierung notwendiger Veränderungen bedurfte nicht nur kooperativen Wohlverhaltens, sondern einschneidender Maßnahmen zur Neuverteilung von Verantwortungen und Kompetenzen.

Was wandelt sich?

Hauptunternehmensziel ist die Befriedigung der Kundenbedürfnisse	statt	Gewinnoptimierung.
Führen durch Unterstützen zum Erreichen gemeinsam gesetzter Ziele (coaching)	statt	Nutzung der Mitarbeiter als Zuarbeiter für die eigene Karriere.
Kooperatives Zusammenwirken mit von den Mitarbeitern getragenen konsensfähigen Entscheidungen	statt	Führen durch Anweisen und „einsame" Entscheidungen.
Erweiterte Handlungs- und Entscheidungs-Spielräume für die Mitarbeiter	statt	zugewiesene Rolle mit verordneten Arbeitsvorgaben.
Flußoptimierung	statt	Funktionsoptimierung.
Flexible Arbeitsgruppen	statt	bürokratisch tayloristische Organisationsstrukturen.

Es reicht nicht mehr aus, wie gewohnt in Krisenzeiten Kosten zu reduzieren durch Verringerung der „Unproduktiven" (Entlassung von Putzfrauen u.ä.). Die Funktionen vom Mittleren Management an aufwärts geraten unter Beschuß. Organisationsmodelle aus dem fernen Japan lassen in den Chefetagen die Alarmglocken läuten.

Technische und organisatorische Weiterentwicklung der Arbeitswelt, die Innovations-Schübe bei den Produkten und die Veränderungen auf den Märkten erfordern in den Unternehmen ein ganzheitliches Umdenken zu völlig neuen Strukturen und Arbeitsformen.

2.2 Was erreicht werden soll

– *Mit mobilisierenden Grundwerten zu „neuen Ufern":*
Das Leben und Zusammenarbeiten in der Gesellschaft bedarf einer Grundlage, die ihre Werte, ihre Motivation widerspiegelt. So hat jedes Unternehmen seine spezifische Form der Führung und Zusammenarbeit zur Präsentation gegenüber

dem Markt, dem Kunden, sowie zur Mobilisierung des Engagements aller für das Unternehmen Tätigen. Die Unternehmenskultur stellt die „10 Gebote" dar, die – von der Unternehmensführung vorgelebt – das Kundenvertrauen umwerben und die im Unternehmen tätigen Menschen zu Teamarbeit, Eigeninitiative und unternehmerischem Denken und Handeln motivieren sollen, z.B.:

→ *Kundenorientierung:*
Jeder handelt im Sinne der Erfüllung der Bedürfnisse des Kunden
– Kundenorientierung gilt extern wie intern
– jeder ist Lieferer und Kunde zugleich
– Qualität für den Kunden ist „Ein und Alles"

→ *Zusammenarbeit:*
Es gelten die Grundsätze der Teamarbeit
– Ideen und Problemlösungen werden gemeinsam entwickelt
– Von allen getragene konsensfähige Entscheidungen
– Jeder gibt sein Bestes im Interesse der Gemeinschaft

→ *Freiräume:*
– Entscheidungs- und Handlungsspielräume, angepaßt an die Unternehmensziele für alle Arbeitsebenen

→ *Mitarbeiterführung:*
– Führen durch Zielvereinbarungen
– Unterstützen zum Erreichen vereinbarter Ziele
– Anerkennen persönlicher Bedürfnisse und Interessen
– Partnerschaftlicher Umgang miteinander

→ *Wirtschaftlichkeit:*
– Verschwendungen werden vermieden bzw. bekämpft
– Abläufe, Arbeitsmittel und Produkte unterliegen dem System der „Permanenten Verbesserung"
– Jeder stebt den gemeinsamen wirtschaftlichen Erfolg an

Wir erkennen wohl deutlich, daß es die *Unternehmenskultur* ist, die sich in einem Wandel befindet. Die neuen Werte voll und erfolgreich zur Entfaltung kommen zu lassen, bedingt entsprechender Qualifikation und vor allem der vorhandenen Reife aller Beteiligten.

Die Entfaltung einer neuen Unternehmenskultur bedarf des positiven Bewußtseinswandels aller Betroffenen.

In erfolgreichen Unternehmen sind alle Belegschaftsmitglieder stolz auf ihre Wertvorstellungen, auf die Kultur ihrer Firma.

- *Das Human-Kapital als Schlüssel zum Erfolg:*

Die mit der Neuorientierung einhergehenden Veränderungen bedeuten für alle Betroffenen, in einer neuen Ordnung leben zu müssen. Die Prämissen dazu erfordern das Wollen von Vorgesetzten wie Mitarbeitern, auch das Aufgeben liebgewonnener Gewohnheiten und Besitzstände. Es geht um mehr als nur das Einführen neuer Abläufe, neuer Firmen-Layouts, Umsetzen von Betriebsmitteln und Personal.

> Mit den Menschen ist jegliche Erneuerung zu gestalten und erlebbar zu machen.

Die Fähigkeit der Vorgesetzten (aller Vorgesetzten!), den Mitarbeitern die Inhalte der Unternehmensziele sowie die Rolle, die sie als Mitarbeiter dabei einnehmen, „rüberzubringen", ist von entscheidender Bedeutung für Erfolg oder Mißerfolg. Was soll Mitarbeiter dazu bewegen, ihr aus ihrer Sicht bisheriges rechtschaffenes Verhalten zu verändern? Jeder spielte im Unternehmen seine ihm zugewiesene Rolle. Dieses Rollenverhalten muß sich wandeln, hin zu aktivem – auch kritischem – Mitgestalten. Alle müssen zu Betroffenen gemacht werden, keiner darf am Rande stehen.

> Es gilt, bisher nicht genutztes Wissens- und Erfahrungspotential der Mitarbeiter aufzuschließen und derart in neue Arbeitsformen einzubeziehen, daß gleichzeitig eine optimale Erfüllung der Mitarbeiterbedürfnisse gewährleistet ist.

Für die Mitarbeiter ergeben sich dabei neue Freiräume mit Auswirkungen auf die Arbeitsinhalte und Arbeitsweisen sowie vor allem auf ihr Sozialverhalten:
- Arbeitsbereicherung
- Arbeitserweiterung
- mehr Information
- mehr Überblick über das Arbeitsfeld
- mehr Handlungsspielraum
- mehr Selbständigkeit
- Eigenverantwortlichkeit für die Ausführung der Arbeit
- Beteiligung an erfolgswirksamen Problemlösungen und Verbesserungen

Für die Vorgesetzten bedeutet dies zwar, einige Besitzstände aufzugeben, doch sind sie gefordert, sich neuen interessanten Herausforderungen zu stellen. Ihre soziale Kompetenz ist die Grundlage für das Zusammenwirken im Unternehmen.

Die neuen Aufgabenschwerpunkte – und dies gilt insbesondere für die Meister – umfassen alle Aktivitäten, die erforderlich sind für die erfolgreiche Erfüllung der

Aufgabenstellungen und Zielvereinbarungen, die sie mit ihren Mitarbeitern vereinbart haben.

> Die Aufgabenstellung für die Vorgesetzten verlagert sich von den technisch/dispositiven Anforderungen mehr hin zu den Fähigkeiten, sich andere geneigt zu machen mit dem Wollen, sich gegenseitig verstehend die Unternehmensziele gemeinsam zu erfüllen.

– *Einfache Strukturen und Abläufe dienen ausschließlich der Wertschöpfung.*
Organisation ist dem wertschöpfenden Handeln der für das Unternehmen Tätigen anzupassen, nicht umgekehrt. Abläufe geschehen nicht, weil es eine fixierte Organisation so ergibt; vielmehr sind die zu erarbeitenden Abläufe (Ablauforganisation) die Grundlage für die Unternehmensorganisation.

Es bedarf nicht des „Lean-Management"-Modells aus dem fernen Japan, um zu erkennen, daß ein „Schlankmachen" der herkömmlichen Strukturen eine entscheidende Prämisse für den erfolgreichen Vollzug des Wandlungsprozesses ist. So entfielen bei erfolgreich durchgeführten Neustrukturierungen mit dem Ziel der wirksameren Abläufe und der effektiveren Kommunikation Hierarchie-Ebenen und Schnittstellen, die als „Ablaufbremsen" wirkten.

Beispiele für Schnittstellenbeseitigung:

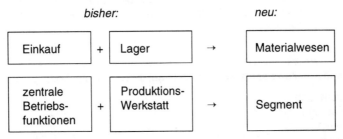

Mit der Verringerung der Anzahl Führungsebenen verbunden sind Veränderungen der Aufgabeninhalte für Führungspositionen sowie eine Neuverteilung von Kompetenzen.

Die Aufgabenerweiterung bzw. Aufgabenbereicherung für die Mitarbeiter bedingt Verschiebungen von Aufgaben, Verantwortung und auch Kompetenzen, die herkömmlicherweise „Besitzstände" von Vorgesetzten waren, an die ausführende Ebene.

Hilfsstellen wie Stabsstellen dienen ausschließlich den wertschöpfenden Stellen. Ziel muß sein, nichtwertschöpfende Aktivitäten auf ein Minimum zu beschränken,

Verschwendungen bei derartigen Aktivitäten zu beseitigen. Wo immer möglich, werden die Hilfsfunktionen in die wertschöpfenden Gruppen integriert.

Autonome/teilautonome Arbeitsgruppen übernehmen komplexe Aufgaben. Die Planung und Steuerung der internen Abläufe liegt in der Verantwortung der Gruppe.

Techniken und Organisationsmittel werden wirkungsvoll und gezielt eingesetzt für Planungen, Entscheidungsfindungen und Steuerung der Prozesse.

2.3 Was nun, Meister?

Es wird so viel über den „Meister 2000" gesprochen und geschrieben, über Aufwertung der Position des Meisters, mehr unternehmerisches Handeln u.v.m.! Ist dies nur leeres Gerede? Nein, das ist es nicht!

Der neue Meister bei Volkswagen

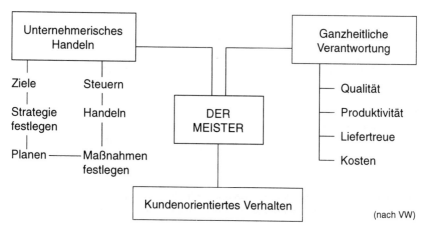

(nach VW)

Dies ist ein reales Beispiel, aus der Personalentwicklungsplanung und Strategie von VW (Volkswagen), für die Entwicklung der Meister-Position in der Industrie.

Die Funktion des Meisters beinhaltet künftig schwerpunktmäßig unternehmerische Aufgaben. Eine mitentscheidende Rolle spielt hierbei die veränderte Betrachtungsweise des Kunde-Lieferant-Verhältnisses sowohl extern wie unternehmensintern. Die Zeiten, wo Kunden die Potenz einer Firma an der Qualität der Chefetage zu messen pflegten, sind längst vorbei: Die Kunden messen die Zuverlässigkeit des Unternehmens an der Qualität der Erstellung des von ihnen gewünschten Produktes, und damit richtet sich der Blick vor allem auf die Produktion .... und ihre Meister!

> Der Meister ist nicht „Ausführungsgehilfe" bei der Erstellung eines geplanten Produktes, sondern „Mitgestalter" im Sinne der Erfüllung des Kundenwunsches.

Das war nicht immer so!

Als sich im 19. Jahrhundert die Industriebetriebe entwickelten, konnte für die Führung von Werkstatt-Mitarbeitern nur auf die Handwerksmeister zurückgegriffen werden. Die Industriebetriebe entwickelten sehr bald, vor allem wegen der gegebenen Qualifikations-Situation der einsetzbaren Menschen, ihre eigenen Gesetzmäßigkeiten in Bezug auf die Arbeitsorganisation, die sich damit wesentlich von den Handwerksbetrieben zu unterscheiden begann. So entwickelte sich auch ein Typ „Arbeitsvorgesetzter", der nicht dem Stand und Status des Handwerksmeisters gleichzusetzen war. Nicht die „meisterliche Beherrschung einer handwerklichen Fertigkeit" war für diesen Werkstattvorgesetzten entscheidend, sondern die Fähigkeit, Arbeitsabläufe sinnvoll zu gestalten, die Menschen leistungswirksam einzusetzen und den Werkstattbetrieb zu organisieren.

Mit zunehmender Mechanisierung bis hin zur Automatisierung wirkte sich die arbeitsteilige Organisation auch auf die Meisterfunktion aus. Es entstanden „Technische Abteilungen" wie Arbeitsplanung, Zeitwirtschaft, Auftragsvorbereitung, Betriebsmittelplanung u.ä., die die Autonomie des „Werkmeisters" beschnitten, ihn zum „Abhängigen" machten. Die produzierenden Menschen und die Meister wurden zunehmend fremdbestimmt.

Nach dem 2.Weltkrieg begann man, die Ausbildung der „Werkmeister" zu vereinheitlichen, die Bezeichnung „Industriemeister" wurde geschaffen. Die Ausbildung befähigte den Industriemeister, planende und kontrollierende Tätigkeiten auszuüben. Seine Autorität beruhte auf seiner meisterlichen fachlichen Fähigkeit, ausführende Mitarbeiter anzuleiten , den Einsatz von Menschen, Maschinen und Material zu disponieren. Die Fähigkeiten wurden jedoch kaum genutzt. Zu weitgehend waren Werkstattfunktionen von vorgelagerten Funktionen übernommen worden. Nicht wenige Meister sahen sich nur noch in der Rolle des „Auftragskümmerers", des „Letzten, den die Hunde beißen".

Die neuen Strukturen und ihre Folgen für den Meister.

Die Welt der starren Strukturen, der eingemeißelten Kompetenzen, mit Vorgesetzten, die „oben" sind und Mitarbeitern, die „unten" sind, ist ins Wanken geraten. Die tayloristischen Leitbilder sind in unserer Zeit der Veränderungen auf den Märkten, der schnellen Innovationszyklen und den gesellschaftlichen Entwicklungen nicht mehr in der Form anwendbar, wie sie einst W.F.Taylor als „Wissenschaftliche Betriebsführung" fixiert hat.

Für die organisatorischen Erneuerungen, die die Unternehmen vor der Jahrtausendwende durchzumachen haben, gibt es keine Patentrezepte. Es ist die Aufgabe jedes einzelnen Betriebes, seine auf ihn zugeschnittene „schlanke" Organisation zu realisieren. Dabei sind Gruppenarbeit, Inselfertigung oder Segmentierung weitere Optimierungsmöglichkeiten, aber keine Allheilmittel! Der entscheidende Wandel in der markt- und kundenorientierten Unternehmensstrategie besteht wohl in der Erkenntnis, daß kapitalintensive Automatisierung wegen der hohen Fixkosten sowie der mit den Anlagen verbundenen Personalaufwände für Wartung, Steuerung und Koordinierung nicht die optimale Lösung für ein erfolgreiches Bestehen am Markt sind. Statt dessen gilt es, sich dem viel flexibleren Wertschöpfungspotential, den Mitarbeitern, zuzuwenden. Unternehmensziele gelten nicht nur für die „obere Etage", sondern für die Gemeinschaft aller im Unternehmen Tätigen.

> Die Mitarbeiter müssen am Erfolg und Mißerfolg ihrer Betriebseinheit beteiligt sein.

Dem zunehmenden Drang nach mehr Eigenständigkeit, mehr Mitbestimmung, nach Erfolg und Befriedigung bei der Arbeit einerseits sowie den veränderten Aufgabenstellungen für die Mitarbeiter gilt es Rechnung zu tragen. Die technische Entwicklung der Arbeitsmittel hat längst dazu geführt, daß die Menschen an den Arbeitsplätzen die Arbeitsabläufe selbst bestimmen können. Notwendig ist das Erzeugen eines produkt- und kundenorientierten Bewußtseins bei allen am Herstellungsprozess Beteiligten.

> In der Praxis sind die produzierenden Mitarbeiter zuständig für die Befriedigung der Kundenwünsche.

Das erfordert z.B. das
- Mobilisieren und Motivieren der Mitarbeiter durch vertrauensvolle Zusammenarbeit und Information,

- Durchführen bedarfsgerechter Mitarbeiterqualifizierung,
- Verhindern von Barrieren zwischen zielsetzender Geschäftsleitung und wertschöpfender Arbeitsebene,
- Informieren über die Bedürfnisse der Kunden,
- Erzeugen des Qualitätsbewußtseins, mit dem Kunden so umzugehen, wie man selbst als Kunde behandelt werden möchte,
- Aktivieren brachliegender Ideen- und Verbesserungspotentiale bei den Mitarbeitern,
- Gewähren aufgabenbezogener Freiräume mit Übertragung entsprechender Kompetenzen und Verantwortung,
- Sicherstellen der Zufriedenheit am Arbeitsplatz.

Die hier skizzierten Punkte mögen als Ansatzpunkte gelten für die Aufgabenstellungen des Meisters in einer Industriegesellschaft, die sich mit schlanken Organisationsstrukturen und entsprechend veränderten Rahmenbedingungen den Anforderungen am Weltmarkt stellen muß. Die Menschen im Unternehmen müssen lernen, unternehmerisch zu denken und zu handeln. Für den Meister gilt dies nicht nur persönlich; er muß die Befähigung haben, die unternehmerische Denk- und Handlungsweise auf seine Mitarbeiter zu übertragen.

Unternehmerisch denken & handeln bedeutet für den Meister

– gestalterisch wirken in „seinem Betrieb"
  → mit seinen technischen Ressourcen,
  → mit seinen Mitarbeitern,
  → für seine Kunden,

– Verantwortung übernehmen für
  → Kosten,
  → Qualität,
  → Termine,

– auftretende Probleme gemeinsam mit seinen Mitarbeitern lösen, Kreativität und Leistungsbereitschaft wecken,

– Randbedingungen für eine erfolgreiche Erfüllung der mit seinen Mitarbeitern vereinbarten Ziele sicherstellen,

– Unterstützen der Mitarbeiter im Sinne des „Coachens"
  → auch bei der Bewältigung von Frustration.

Anläßlich eines Workshops wurden Meister gefragt, was es für sie bedeutet, unternehmerisch zu denken & zu handeln. Hier einige Beispiele:

- „Die eigene Abteilung eigenverantwortlich führen"
- „Eigenständige Personaldisposition"
- „Produktionsverbesserungen permanent realisieren"
- „Mitwirken bei der Vorklärung der von meiner Abteilung zu erledigenden Aufgaben"
- „Die Qualitätssicherung durchführen"
- „Meine Kundschaft zufriedenstellen"

Wie ist das mit dem Kunde-Lieferant-Denken im Betrieb?
Jeder tut etwas für andere und bekommt etwas von anderen.

☐ Fräser Otto hat die Aufgabe, Frästeile herzustellen und die entgrateten Teile dann an die Qualitätskontrolle zu liefern. Otto ist Lieferant und Kunde zugleich und dies nicht nur im Zusammenhang mit dem Anfertigen der Frästeile.

Otto, der Kunde	Otto, der Lieferant
seine Lieferer: - *der Kollege,* der die Rohteile liefert; - *die Betriebsabteilung,* liefert Strom, Licht usw. - *der Meister,* verpflichtet zu Unterweisung, Unterstützung usw.; - *die Auftragsvorbereitung,* hat ihn mit Arbeit und Informationen zu versorgen; - *die Firmenleitung,* hat die Verpflichtung zur Lohnzahlung - u.a.m.	seine Kunden: - *die Qualitätskontrolle,* erwartet einwandfreie Arbeitsausführung; - *der Meister,* erwartet Erfüllung der vereinbarten Aufgabenstellung; - *die Auftragsstelle,* erwartet pünktliche Lieferung brauchbarer Teile; - *die Firmenleitung,* erwartet Erfüllung des Arbeitsvertrages, Arbeitsausführung, die zur Befriedigung des Kunden führt; - u.a.m. ....

Das Beispiel läßt sich durchaus noch weiter vertiefen und kann für die Funktion des Meisters entsprechend herausgearbeitet werden.

Die Strategie besteht darin, daß jede(r) im Betrieb Tätige bei der Ausübung einer Verrichtung den Auftraggeber oder die Stelle, an die zu liefern ist, als Kunden sieht und diesen Kunden zuverlässig mit der richtigen Menge in guter Qualität zum rechten Zeitpunkt bedient. In Unternehmen, die sich Qualitäts-Management auf die Fahnen geschrieben haben oder sich gar die Qualifizierung nach der DIN-ISO 9000ff. erfüllen wollen, ist das Kunde-Lieferant-Bewußtsein zur Firmen-Kultur zu machen.

Für den Meister, sowohl in der Produktion wie auch in Dienstleistungsstellen, ergeben sich hieraus neben fachspezifischer Qualifikation Anforderungen von besonderer Gewichtung auf dem Sektor der persönlichen und sozialen Kompetenz.

- Die veränderte Form der Zusammenarbeit im Betrieb wird entscheidend durch das Führungsverhalten des „bewußtseins-veränderten" Vorgesetzten gestaltet und bestimmt.

- Ein Meister zeichnet sich aus durch unternehmens-strategisches Denken und Handeln.

- Ein Meister ist als Vorgesetzter auch Personalentwickler und Trainer seiner Mannschaft.

3 Organisationsstrukturen

3.1 Begriffe, Methoden und was dahinter steckt

Im 2. Kapitel haben wir uns mit grundsätzlichen Fakten und Problemen zum „Wandel in unserer Arbeitswelt" auseinandergesetzt. Es ist nun notwendig – auch zur Orientierung für den Meister – einige praxisorientierte Erläuterungen zu unternehmerischen Strukturierungen zu geben. Was allen Optimierungsaktivitäten von arbeitsteiligen hin zu ganzheitlichen Aufgabenverrichtungen bzw. gruppenorientierten Strukturen gemein ist, sind *die Ziele*.

Beispiel aus einem Unternehmen des Maschinenbaus, das deckungsgleich zu Zielen in einem Unternehmen für elektronische Ausrüstungen zu sehen ist:

Zielvorgaben

- *Reduzieren der Kosten*
  → Verringern der Bestände
  → Minimieren der nicht der Wertschöpfung dienenden Aktivitäten
- *Verkürzen der Durchlaufzeiten*
  → Optimieren der Auftragsabläufe
  → Komplettbearbeitung
- *Erhöhen der Flexibilität*
  → Eigenständige Koordination der Arbeit
  → Teamarbeit
- *Reduzieren der Qualitätskosten*
  → Eigenkontrolle statt Fremdkontrolle
  → „Mach es gleich richtig", eigenverantwortliches Handeln
- *Personalentwicklung zu höherer Eigenverantwortlichkeit*
  → Weiterbildung für die Mitarbeiter
  → Förderung der sozialen Kompetenz

Daraus abzuleiten sind 2 generelle Hauptziele:

1. Produktivitätssteigerung durch weniger Arbeitsteilung
2. Anspruchsvollere Aufgaben für die Mitarbeiter

Die beschrittenen Wege zur Erfüllung der gesetzten Ziele sind allerdings unternehmensbezogen verschieden.

Von der Arbeitsteilung zur Gesamtbearbeitung

Betrachten wir einmal einen Vorgang, der 4 Vorgänge beinhaltet. In arbeitsteiliger Arbeitsweise geschieht folgender Ablauf:

T→ | Funktion A
L→Vorg.1→T | Funktion B
L→Vorg.2→T | Funktion C
L→Vorg.3→T | Funktion D
L→Vorg.4→T | Kunde

(T= Transport; L= Liegezeit)

Was ist kennzeichnend für diesen Ablauf?
- Hoher organisationsbezogener Transportaufwand,
- viel Liegezeiten,
- Schnittstellen zwischen den einzelnen Vorgängen,
- Informationsprobleme zwischen den einzelnen Funktionen,
- jede Funktion muß sich in die Aufgabe „eindenken",
- ggf. hinderliches „Abteilungsdenken".

Jetzt beseitigen wir die „Wände" zwischen den Funktionen, vereinigen sie in einer Abteilung (einer Insel).

Funktionen:

T→ | A　　　　B　　　　C　　　　D
L→Vorg.1→L→Vorg.2→L→Vorg.3→L→Vorg.4→T | Kunde

Der Ablauf hat wodurch eine Verbesserung erfahren? z.B.
- Weniger Transportaufwand durch „von Hand zu Hand",
- geringere Schnittstellenprobleme durch bessere Kommunikation,
- optimale Information „auf Zuruf" (→Nähe),
- Abteilungsschranken sind beseitigt,
- Ansätze von Teamarbeit sind gegeben.

Eine weitere Optimierung – sicher nicht immer und nicht leicht zu realisieren – ist die „Komplettbearbeitung":

T→ | Funktion ABCD
L→Vorg.1+2+3+4→T | Kunde

Allein diese bildliche Darstellung gibt schon die drastische Verkürzung der Durchlaufzeit wider.

Was sagt uns das Bild noch? z.B.
- Teamarbeit ohne Verlustzeiten,

- Optimum im Falle der „Einmann-Bearbeitung", erreichbar nur durch Beherrschung der Funktionen A+B+C+D,
- diese Vorgehensweise setzt neben notwendiger Qualifikation übertragene eigenverantwortliche Kompetenzen voraus,
- ganzheitliche kundenorientierte Auftragserledigung,
- die Schnittstellen sind eleminiert,
- Zeitverschwendung für Mehrfachinformation und -kontrolle entfällt,
- mitarbeiterbezogene Aufwertung der Arbeitsplätze.

Welche Arbeitsstrukturierungsmethoden erkennen wir hier?

– *Job-Enrichment* = Aufgabenbereicherung, z.B. durch Vergrößerung des Entscheidungs- und Kontrollspielraumes für den Mitarbeiter bei der Durchführung übertragener Aufgaben.

→ Mitarbeiter Otto plant den Ablauf seiner ihm übertragenen Arbeit selbst und führt Eigenkontrolle durch.
Seine Verantwortung steigt, er empfindet eine höhere Befriedigung bei der Arbeit, seine Fehlzeiten werden ggf. geringer, er muß allerdings die höheren Anforderungen durch entsprechende Qualifikation erfüllen.
Seinen Arbeitgeber kostet es mehr Lohn, ggf. auch Qualifizierungsaufwand, jedoch profitiert er auch von rationellerer Auftragserledigung und sicher auch von der höheren Identifikation mit der Aufgabe, dem Produkt wie auch dem Unternehmen.

– *Job-Enlargement* = Aufgabenerweiterung, z.b. durch Übertragung mehrerer gleichwertiger nacheinandergeschalteter Arbeitsfolgen. Kann als eine erste Stufe zur Abkehr von zu starker Arbeitsteilung gelten.

→ Mitarbeiter Otto erledigt nicht nur eine Arbeitsfolge, sondern auch die nächsten zwei gleichwertigen Vorgänge. Seine zu erledigende Aufgabe ist umfangreicher, ggf. abwechslungsreicher, erfordert jedoch keine höhere Qualifikation. Eine Befriedigung in Richtung Entfaltung zu höheren Bedürfnissen tritt damit kaum ein.
Für das Unternehmen kein allzu großer Gewinn, da die Aufgabenstellung z.B. keine Eigenverantwortlichkeit enthält, ggf. sogar erhöhter Überwachungsaufwand.

– *Job-Rotation* = Aufgabenwechsel, sysematischer bzw. periodischer Aufgabenwechsel durch wechseln des Arbeitsplatzes mit gleichartigen oder verschiedenen Tätigkeiten innerhalb einer Abteilung oder einer Gruppe.

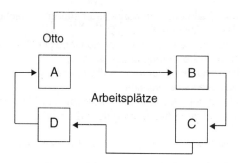

→ Mitarbeiter Otto ist innerhalb des Meisterbereiches periodisch oder bei Bedarf außer an seiner Maschine auch an drei weiteren anderen Maschinen tätig. Diese anderen Arbeitsplätze muß er beherrschen, insofern dient der Arbeitsplatzwechsel dem Erreichen einer höheren Qualifikationsstufe. Die abwechlungsreichere Aufgabenstellung motiviert ihn durchaus und läßt Verantwortungsgefühl aufkommen. Schwierigkeiten hat er mitunter, sich mit den Aufgaben an dem einen oder anderen Arbeitsplatz zu identifizieren. Für den Meister bedeutet dies eine permanente Motivations-Tour. Das Unternehmen ist um den flexiblen Einsatz dankbar, honoriert dies in der Regel auch. Die Verantwortungsabgrenzung bereitet mitunter Schwierigkeiten.

- *Autonome Arbeitsgruppe* = überschaubare Anzahl von Mitarbeitern, die eine gemeinsame Aufgabenstellung bzw. Zielsetzung verbindet. Innerhalb der Gruppe bestehen weitgehende Freiräume bezüglich der Aufteilung einzelner Auftragsverrichtungen auf die Mitglieder der Gruppe.

→ Mitarbeiter Otto identifiziert sich mit der Gruppe und ihrer Aufgabenstellung. Er fühlt sich in der Gruppe geborgen, wo jeder für jeden steht, Aufgaben und Probleme gemeinsam bewältigt werden, die Personaleinsatzplanung durch die Gruppe selbst erfolgt.
Die erfolgreiche Gruppe, durch den Meister mit der richtigen Personalbesetzung versehen, ist hoch motiviert. Das Unternehmen profitiert von dem positiven Kosten-, Termin- und Qualitätsbewußtsein der Gruppe. Entsprechend der Qualifikation werden der Gruppe Kompetenzen zur Ausschöpfung vereinbarter Handlungs- und Entscheidungsfreiräume übertragen.

3.2 Schlanker Ablauf, schlanker Aufbau.

Wer flexibel reagieren will, muß schlank sein. In den vergangenen Jahrzehnten hatte man sich ehrlich bemüht, die immer vielstufiger und verzweigter werdende Aufbauorganisation in den Betrieben durch mehr oder weniger kluge ablauforganisatorische Maßnahmen zu beherrschen. Technische und verwaltungstechnische Innovationen sorgten nicht nur für Modernisierung, sondern (leider) auch für neue „Öhrchen" – neue Kästchen – im hierarchischen Gebilde der Aufbauorganisation. So entstanden neue Abteilungen mit neuen Abteilungsleitungen, mit neuen Zuständigkeiten und Kompetenzen; auch wurden bestehende Funktionen gesplittet, z.B. Ausgliederung der NC-Programmierung aus der Arbeitsplanung. Es entstanden so manche „kleine Fürstentümer". Zusätzliche Stabsfunktionen erschwerten (sicher nicht gewollt) den reibungslosen direkten Informationsfluss, den „direkten Draht" zu der hierarchischen Funktion, die im Notfall gebraucht wurde.

Die heute erforderliche Anpassungsfähigkeit an die rasant wechselnden Anforderungen durch die Märkte und die hohe Bedeutung der Qualität jeglicher Leistungserbringung zwingt dazu, Abläufe und Strukturen zu überdenken, einer „Schlankheitskur" zu unterziehen. Sehr stark vereinfacht heißt das:

- Abspecken durch Beseitigung aller Verschwendungen bei nicht der Wertschöpfung dienendem Aufwand für
  - Personal
  - Material
  - Raum
  - Betriebsmittel

- Einführen von Organisationsprinzipien, die
  - die Leistungsmotivation der Mitarbeiter fördern,
  - ein Entfalten der Kreativität der Mitarbeiter erzeugen,
  - der Steigerung von Qualität und Produktivität dienen.

Damit sind wesentliche Punkte angesprochen, die Bestandteil der Lean-Production-Strategie sind. „Erfunden" wurde der Begriff LEAN-PRODUCTION / LEAN-MANAGEMENT u.ä. zu Beginn der 90er Jahre mit einer Studie des *Massachusetts Institute of Technology* (MIT), die von führenden Automobilherstellern in Auftrag gegeben worden war. Die Studie führte seinerzeit der Europäischen Industriegesellschaft ihre Trägheit von der Entwicklung neuer Produkte bis zur Marktreife sowie die viel zu aufwendige Produktion vor Augen. Wir bleiben für unsere Betrachtungen einmal bei der verdeutschten Version der „schlanken Produktion".

> Lean-Production, die „schanke Produktion", ist keine Rationalisierungsmaßnahme, sondern das *Ergebnis* von erfolgreich durchgeführten Maßnahmen.

Was soll „schlank" sein?

> **Merkmale der „schlanken Produktion"**
> - Flußorientierte Ablauforganisation
>   → Organisieren der Abläufe im Sinne der „kurzen Wege";
> - Flache Aufbauorganisation
>   → Minimieren der Hierarchiestufen zur Verringerung des Abstandes zwischen „oben" und „unten"; weniger Stabs- und indirekte Stellen;
> - Gruppenorientierte Arbeitsorganisation
>   → Autonome Arbeitsgruppen, Team-Arbeit;
> - Flexible qualifizierte Mitarbeiter
>   → Job-Enrichment, Job-Rotation, Abkehr von der Arbeitsteilung;
> - Mitarbeiterorientierte Managementorganisation
>   → Einbeziehung der Mitarbeiter in Gestaltung und Verantwortung; gezielte Personalentwicklung;
> - Konsensorientierte Unternehmenskultur
>   → Führen mit Zielvereinbarungen;
> - Wirtschaftliches Betreiben aller Prozesse
>   → Vermeiden von Verschwendung; Permanente Verbesserung entlang der gesamten Wertschöpfungskette;

Der Mensch steht dabei im Mittelpunkt; mit ihm gelingt es – oder auch nicht –, die Unternehmensstrukturen flexibel an die sich schnell wandelnden Anforderungen des Marktes anzupassen. Starre Automatisierung kann diese Flexibilität nicht aufbringen.

.....und wo steht der Meister?

Der Meister nimmt eine Schlüsselfunktion ein in dem Wandlungsprozess der Abläufe, der Organisation und der Menschen, die damit leben müssen.

- Er muß den Mitarbeitern das Verhalten vorleben, das von ihnen erwartet wird.
- Er ist Personalentwickler und Trainer seiner Mitarbeiter in dem Prozess, sie für neue Aufgabenstellungen zu qualifizieren.
- Er ist der Mittler zwischen der Unternehmensführung und der Basis, denn er spricht die Sprache der Basis.
- Er muß die Sprache der Unternehmensleitung sprechen können, um sie zu verstehen.

- Er muß durch seinen Führungsstil erreichen, daß die Mitarbeiter die Organisationsformen mittragen, ihre Aufgaben kundenorientiert erledigen und zugleich Zufriedenheit in der Arbeit finden.

War bisher das fachliche Wissen, das „Vormachen", wesentlich für die Meister-Autorität, ist es jetzt viel ausgeprägter die Beherrschung von Methoden und deren Umsetzung im Sinne des unternehmerischen Erfolges.

3.3 Werkstatt im Wandel

Als die „LEAN"-Welle nach Europa herüberschwappte, war die Umorientierung der Arbeitsorganisation in den Produktionswerkstätten bereits im Gange. Anfangs der 80er Jahre – die Gruppenarbeit bei VOLVO (Schweden) hatte Aufsehen erregt – begann die Aera der *Fertigungsinseln*, die sich weiterentwickelten bis zur *„Fabrik in der Fabrik"*.

Eine Fertigungsinsel ist eine überschaubare Einheit, die alle zu einer vollständigen Erledigung einer definierten Teilefamilie, eines Produktes, einer Arbeitsaufgabe o.ä. notwendigen Mitarbeiter, Betriebsmittel, Organisations- und Hilfsmittel örtlich zusammenfaßt.

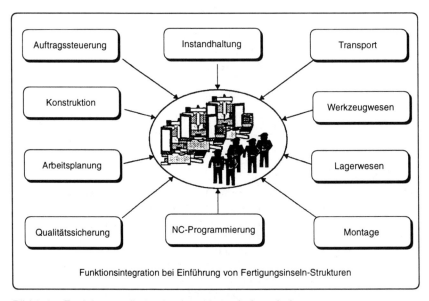

Bild 3.1: Funktionen, die in eine Insel integrierbar sind
Quelle: AWF (Ausschuß für Wirtschaftliche Fertigung e.V.)

Die Zielsetzungen für die Konzipierung von Fertigungsinseln sind mit den Zielen des Lean-Konzeptes prinzipiell gleichzusetzen.

Organisationsgrundsätze bei der Bildung von Fertigungsinseln sind:

- Aufgeben von zu starrer Arbeitsteilung zugunsten der Erweiterung der Dispositionsspielräume des Einzelnen oder der Gruppe.
- Weitgehende Autonomie in Bezug auf Steuerung, Planung, Entscheidung und Kontrolle der in der Insel ablaufenden Prozesse.
- Integrieren der Funktionen in die Insel, die für die Aufgabenstellung der Insel als Zuarbeiten erforderlich sind.
- Gute Überschaubarkeit,
- keine Isolierung der Insel, Einbindung in das Umfeld.

Beispiel einer Fertigungsinsel in einem Maschinenbau-Unternehmen:

Produktorientierte Fertigungsinsel

Produkt: Wellen und Ritzel

Ausgangslage: – Stark zergliederte Fertigungsstruktur
– Lange Durchlaufzeiten
– Weite Wege zwischen einzelnen Arbeitsfolgen
– Zu hohe Umlaufbestände
– Hoher Steuerungsaufwand

Ziele: – Senkung der Durchlaufzeiten
– Bessere Termintreue
– Höhere Transparenz über die Fertigung
– Kostensenkung in den indirekten Bereichen
– Reduzierung der Umlaufbestände

Was wurde wie organisiert?
– 14 Arbeitsplätze mit den Technologien Drehen, Schleifen, Fräsen, Verzahnen, Entgraten, Pressen, Richten, Waschen
– 10 Mitarbeiter, weiterqualifiziert für flexiblen Einsatz und Mehrstellenarbeit

Ansprüche an die Insel-Leitung?
Aufgaben, u.a. – fach- und sachgerechte Führung der Inselmitarbeiter,
– Personaleinteilung und Koordination,
– Verantwortung für Termine, Qualität und Kosten

Qualifikation: – Meister-Ausbildung
– Führungserfahrung
– Vertiefte Fachkenntnisse auf dem Gebiet der mechanischen Fertigung u. Qualitätssicherung
– Fähigkeit zur Teamarbeit

Quelle: R.Stahl Fördertechnik

Die Rolle der Meisters als Inselleiter wurde in einem Unternehmen des Werkzeugmaschinenbaus mit der „Rolle des zentralen Entscheidungsträgers" umschrieben: „Gegenüber früher, als zentrale Abteilungen ihren Handlungsspielraum stark eingeschränkt haben, sind sie heute für Termine, Qualität und Kosten verantwortlich."

So gehört zu ihren Aufgaben unter anderem
- Zuordnen der Werkstücke zum geeigneten Arbeitsplatz,
- Optimieren von Abläufen und Zeiten,
- Absprachen tätigen mit der Konstruktion,
- Auswählen von Werkzeugen und Vorrichtungen,
- Planen der Auftragsreihenfolge,
- Festlegen von Terminen,
- Festlegen von Fremdvergaben,
- Überwachen des Fertigungsfortschrittes,
- Koordinieren der Termine mit der Montage,
- Fertigungs-(Qualitäts-)Kontrolle,
- Moderieren von Gruppengesprächen.

(Quelle: Müller-Weingarten AG)

Bei Unternehmen, die sich diesen Herausforderungen gestellt und die Phasen des Wandels positiv durchgestanden haben, zeigen sich zum Beispiel folgende Auswirkungen:

- Die Schnittstellen zwischen den einzelnen Steps der Auftragserledigung werden minimiert bzw. werden in der Insel besser beherrscht.
  → Vermeiden von Liegezeiten
  → bessere Kommunikation
  → direkte Wege für Information und Material
  → weniger Zeit- und Kostenverschwendung
- Die Abläufe werden Transparenter, die Durchlaufzeiten wesentlich reduziert.
  → Kümmerer-Aufwand minimiert
  → geringere Kapitalbindung
  → bessere Termintreue
- Höhere Flexibilität der Mitarbeiter durch Qualifizierung zu größerer Eigenständigkeit.
  → Training on the job
  → Ablegen bisher geübter Verhaltensweisen
  → Lösen von Problemen „vor Ort"
- Hohe Identifikation der Mitarbeiter mit ihrer Aufgabe, „ihrem" Produkt und dem Unternehmen.
  → Kunde-Lieferant-Denken
  → Aufwertung der Aufgabeninhalte
- Personaleinsparungen in den indirekten Bereichen.

3.4 Gruppenarbeit und was davon erwartet wird

Eine Variante – auch als Grundform zur Fertigungsinsel – ist die *Gruppenarbeit*.

> Gruppenarbeit liegt vor, wenn innerhalb eines Arbeitssystems eine oder mehrere Arbeitsaufgaben von mindestens 2 Personen bzw. Arbeitsplätzen erledigt werden.

In der Praxis ist die Gruppenarbeit nicht neu. Verändert hat sich die Bedeutung der Gruppenarbeit durch die Umbrüche in unserer Arbeitswelt und die veränderten Erwartungen der Mitarbeiter. Mit der Gruppenarbeit ist eine Chance geboten, wirtschaftlichen Notwendigkeiten und zugleich neuen Ansprüchen der Menschen im Betrieb gerecht zu werden.

In Anlehnung an die Definition der „Gruppe als soziales Gebilde", werden Arbeitsgruppen gebildet, um die zu einer Gesamtaufgabe zusammengefaßten Inhalte von Einzelaufgaben unter einer gemeinsamen Zielsetzung durch eine Gruppe von Mitarbeitern erledigen zu lassen. In der Definition der „sozialen Gruppe" heißt es, daß mehrere Personen

- soziale Beziehungen zueinander haben,
- sich gegenseitig verständigen können,
- sich eine bestimmte Struktur und Ordnung geben zum Zwecke des Zusammenwirkens.

Damit sind für das Funktionieren von Gruppenarbeit und der aus ihr abzuleitenden weiteren Organisationsformen wie Fertigungsinseln oder Segmente entscheidende Kriterien definiert:

- Mitarbeiter wie Vorgesetzte müssen für das
  zusammen produzieren,
  zusammen reden und
  zusammen leben
über die entsprechende Fach-, Methoden- und Sozialkompetenz verfügen.

> *Fachkompetenz =*
> Fachbezogene Kenntnisse, Fertigkeiten und Erfahrungen anwenden können zur Bewältigung der jeweiligen Aufgabenstellungen.
>
> *Methodenkompetenz =*
> Probleme, Ideen, Verbesserungen erkennen, bearbeiten, erarbeitete Lösungen oder Vorschläge durchsetzen bzw. in die Praxis umsetzen.
>
> *Sozialkompetenz =*
> Kooperieren, kommunizieren, Konflikte konstruktiv miteinander lösen können und wollen.

Die Organisationsform der Gruppenarbeit findet verbreitet Anwendung in Montage-Betrieben. So sind in der Bundesrepublik die Montagebänder der Automobilhersteller weitgehendst nach den Strukturierungsgrundsätzen der Gruppenarbeit organisiert.

Worin liegen die Unterschiede der Gruppenarbeit zur herkömmlichen Arbeitsorganisation?

Charakterisierende Merkmale bei	
herkömmlicher Arbeitsorganisation	Gruppenarbeit und ähnlichen Organisationsformen
– hohe Arbeitsteilung	– Arbeitsbereicherung Arbeitserweiterung
– feste Zuordnung von Tätigkeit u. Arbeitsplatz – einseitig spezialisierte Mitarbeiter – Zentrale Planung, Steuerung und Kontrolle – Trennung in direkte und indirekte Funktionen	– Selbstorganisation der Aufgaben (-Umfänge), Arbeitsplatzwechsel – höher qualifizierte Mitarbeiter mit größerem Handlungsspielraum und höherer Eigenverantwortung – dispositive und indirekte Funktionen in die Gesamtaufgabe integriert

Die Selbstorganisation in der Gruppe:
Die Gruppe selbst sieht ihre „Selbstorganisations-Funktion" z.B. in
→ interner Verteilung der Aufgaben,
→ Gestaltung der Arbeitsorganisation und der Arbeitsumgebung,
→ Regelung des Pausensystems,
→ Durchführung der Urlaubsplanung,
→ Reihenfolgeplanung innerhalb des vorliegenden Arbeitsvolumens,
→ Feinplanung von Maschinenbelegungen,
→ Überwachung und Verbesserung der Arbeitssicherheit,
→ Ausgleich von Leistungsschwankungen innerhalb der Gruppe,
→ Durchführung von Gruppengesprächen,
→ eigenständiger Lösung der gruppeninternen Probleme.
Im Rahmen der selbstorganisatorischen Gestaltung geben sich die Gruppenmitglieder für ihr Zusammenwirken ihre „Straßenverkehrsordnung", Teamspielregeln, die das Spiegelbild ihrer sozialen Kompetenz widergeben.

Gruppenspielregeln

1. Jeder ist gleichberechtigt
2. Jeder achtet die Persönlichkeit des anderen
3. Jeder bleibt sachlich
4. Jeder vertritt die Gruppe nach innen wie außen gut
5. Jeder ist bereit zu helfen
6. Jeder respektiert die Meinung des anderen
7. Jeder gibt sein Können und seine Erfahrungen her für die Erfüllung der Gruppenziele
8. Jeder ist für Kritik offen und hat das Recht, Kritik zu üben
9. Jeder beteiligt sich an der Lösung von Problemen und dem Prozess der permanenten Verbesserung
10. Alle sind fair und offen zueinander

Im Prinzip sind diese Grundsätze auch auf andere Bereiche bzw. Aufgabenstellungen in einem Unternehmen übertragbar und im Sinne effektiver Abwicklung von Aufgaben anwendbar.

Was kann von der Gruppenarbeit erwartet werden?

→ Optimale Aufgabenverteilung bei gegenseitiger Unterstützung.
→ Hohe Identifikation mit der Arbeit und dem Produkt; damit höhere Arbeitszufriedenheit und gesteigerte Qualität des Arbeitsergebnisses.
→ Höheres Verantwortungsbewußtsein als Mitglied der Gruppe und damit Minimierung der Fehlzeiten und der Fluktuation.
→ Permanente technische und organisatorische Verbesserungen im Betrieb und am Produkt durch Einbindung der Mitarbeiter in Problemlösungen und Entscheidungsfindungen.
→ Insgesamt eine Steigerung der Wirtschaftlichkeit: Der sich entwickelnde Teamgeist führt zu konstruktiverer Zusammenarbeit innerhalb der Gruppe wie auch mit dem Umfeld, unter weitgehender Eleminierung von „Nicht-Qualität-Aktivitäten".

Die Wirtschaftlichkeit der erfolgreichen Gruppenarbeit beruht auf der These

„Die Gruppe ist mehr als die Summe ihrer Teile."
(oder: 2 + 2 = 5)

Natürlich haben Erfahrungen in der Praxis auch negative Seiten der Gruppenarbeit aufgezeigt, z.B.

– wenn ein Gruppenmitglied nicht „funktioniert", hat dies Auswirkungen auf die ganze Gruppe;
– einer verläßt sich evtl. auf den anderen;

- Profiliersucht Einzelner stört das Klima;
- der Einzelne – speziell der Spezialist – „geht unter";
- jedes einzelne Gruppenmitglied erfährt eine höhere Belastung.

Wichtig ist jedoch für die Gruppenmitglieder, daß sie in den Vorteilen die zu erwartenden Erfolgserlebnisse sehen und die möglichen zu erwartenden Nachteile als Aufgabenstellung erkennen, die es bei der Arbeit in der Gruppe zu bewältigen gilt. Hier liegt auch ein wichtiger Ansatzpunkt für die Aufgabenstellung der Vorgesetzten.

Wie wird die Gruppe geführt?

In der Praxis hat sich für die Führung der Gruppe der von der Gruppe gewählte (und von der Betriebsleitung mitgetragene) Gruppensprecher bewährt. Aufgaben des Gruppensprechers:

- Koordinieren der Gruppenaktivitäten, Arbeitseinteilung mit der Gruppe abstimmen,
- vertreten der Gruppeninteressen nach innen und nach außen,
- aufarbeiten von Konflikten und Problemen in der Gruppe,
- sicherstellen des Informationsaustausches, auch mit vor- und nachgelagerten Stellen,
- verfolgen der Gruppenziele,
- organisieren und moderieren der Gruppen gespräche, abgestimmte Entscheidungen herbeiführen.
- den Meister unterstützen.

Der Gruppensprecher hat keine Disziplinarfunktion! Er ist als Gruppenmitglied *„Gleicher unter Gleichen".*

Gruppengespräche, nur vertane Zeit?

Erinnern wir uns: Mitentscheidend für eine erfolgreiche Gruppe ist die Fähigkeit, miteinander zu leben und miteinander zu reden! Wieviel Fehlentwicklungen, Fehlentscheidungen mit wohl auch schmerzlichen Folgen könnten vermieden werden, wenn die Fähigkeit und Bereitschaft hierzu in unserer Gesellschaft ausgeprägter vorhanden wäre?

Für das Kennenlernen, Zusammenwachsen der Gruppenmitglieder bis zum Hineinwachsen der einzelnen Persönlichkeiten mit ihrem ICH in ein erfolgreiches Team sind die Gruppengespräche eine unverzichtbare Basis. Bereits der Einstieg in die Gruppenarbeit beginnt mit Gruppengesprächen, moderiert durch den Meister:
- Neben Sachthemen und organisatorischen Belangen werden personelle Klärungen gemeinsam durchgeführt, z.B. die Wahl des Gruppensprechers durch die Gruppe.
- Dazu stellt sich jedes Gruppenmitglied den anderen vor: „Wer bin ich, was tue ich, was sind meine Wünsche u.ä." Es geht dabei nicht darum, Neu-

gierde zu befriedigen, sondern vielmehr darum, das Empfinden zu vermitteln, daß andere zuhören, Informationen aufnehmen, jeder dem anderen etwas sagt, von dem anderen etwas gesagt bekommt, jeder den anderen verstehen lernt und letztendlich anzuerkennen in der Lage ist.

Im „laufenden Geschäft" werden die Gespräche durch den Gruppensprecher moderiert. *Inhalte der Gruppengespräche* sind z.B.

- Organisieren der Zusammenarbeit in der Gruppe,
- festlegen der Gruppenziele und deren Umsetzung,
- organisieren von Arbeitsabläufen,
- feststellen von Schwachstellen bei der täglichen Arbeit und finden von Lösungsmöglichkeiten,
- informieren über gruppenspezifische Daten und Angelegenheiten, z.B. Qualität, Arbeitsergebnisse, Verbesserungen, Reaktionen von Kunden,
- organisieren des Erfahrungsaustausches und des Lernprozesses innerhalb der Gruppe wie auch mit dem Umfeld,
- gezieltes Betreiben des „kontinuierlichen Verbesserungsprozesses".

Der *kontinuierliche Verbesserungsprozess* (KVP) ist übrigens ein wesentlicher die Gruppenarbeit unterstützender Faktor. Kontinuierlicher Verbesserungsprozess bedeutet mehr als das altbekannte und gepflegte Vorschlagswesen, bei dem kreative Ideen von Mitarbeitern ggf. ihrer Wertigkeit entsprechend honoriert werden. Die Strategie von KVP beruht auf der Beteiligung aller Menschen im Unternehmen, in der Gesellschaft, an der Gestaltung des Zusammenlebens, der Organisation, der Abläufe, der Produkte. Nicht die einmalige große Idee ist entscheidend; vielmehr sollen langfristige prozessorientierte Verbesserungen „in kleinen Schritten" zu permanenter Optimierung und höherer Produktivität führen. Die „kleinen Verbesserungen" sind unbürokratisch zu realisieren, was durch entsprechenden „Gruppendruck" unterstützt werden kann. INFO-Ecken und PIN-Wände bieten jedem Mitarbeiter Möglichkeiten, Ideen, Probleme wie auch „was ihm persönlich stinkt" öffentlich zu machen und so einer Lösung zuzuführen.

> Der kontinuierliche Verbesserungsprozess ist eine Strategie, in einer Gruppe durch Teamarbeit mit sehr vielen kleinen Verbesserungen die kontinuierliche Steigerung der Produktivität und Qualität und damit Senkung der Kosten zu erreichen.

Zielsetzung ist nicht nur betriebswirtschaftlicher Erfolg, sondern auch Motivation, Identifikation und Zusammenarbeit aller Beteiligten.

3.5 Aufgaben des Meisters bei Gruppenarbeit

Die Meinung (sehr gern von Gegnern der Gruppenarbeit vorgebracht), die Meister-Funktion würde in ihrer Bedeutung verlieren, ist schlichtweg falsch. Seine Führungsaufgabe wandelt sich vom fachlichen Experten hin zum *Personal- und Organisationsentwickler*, sie erfährt damit eine qualitative Veränderung, in der soziale Komponenten besonders an Bedeutung gewinnen:

- Der Meister ist Disziplinar-Vorgesetzter der Gruppenmitarbeiter und hat alle damit zusammenhängenden Verpflichtungen zu erfüllen. Die Einzelheiten hierzu werden in späteren Abschnitten behandelt.

- Gegenüber den eingerichteten Gruppen nimmt er eine unverzichtbare Schlüsselstellung ein: Er ist Trainer, Berater, Koordinator und Unterstützer der Gruppen.

In der Praxis gelaufene Umstrukturierungsplanungen gingen leider oft an den Meistern vorbei. Sicher aus den eingangs beschriebenen Gründen meinen andere Hierarchiestufen und „Planungs"-Abteilungen, dafür alleinig befähigt zu sein. Mit dieser Vorgehensweise sind Arbeitsstrukturierungsmaßnahmen zum Scheitern verurteilt. Die Einbeziehung aller Betroffenen ist das Gebot der ersten Stunde. Planung und Einführung von Neuerungen muß durch Überzeugen aller Betroffenen erfolgen, unter anderem durch ihre Beteiligung.

Für den Meister gilt es, in den einzelnen Phasen der Gruppenbildung – von der Planung über die Stabilisierungsphase bis zum teammäßigen Funktionieren der Gruppe – die neue Arbeitsstruktur als Vorbild vorzuleben und in kooperativer Weise die phasenbezogenen Aufgaben konsequent wahrzunehmen, (Siehe Kasten „Aufgaben des Meisters ...").

Gruppenarbeit soll die Produktivität steigern, und zwar vornehmlich durch entsprechendes Verhalten und Handeln der beteiligten Menschen. Wenn man dieses so will, muß man die Menschen auch von Beginn an „mit ins Boot holen".

- Die Unternehmensinteressen sollen mit den Mitarbeiterinteressen weitgehendst in Einklang gebracht werden.

Voraussetzung für das Funktionieren von Gruppenarbeit ist das Vorhandensein der erforderlichen Kompetenz in der Gruppe. Die rein handwerklichen Fähigkeiten sind sicher nie ein Problem; doch wie sieht es aus mit der Selbständigkeit, der Eigenverantwortlichkeit für die Qualität des Verhaltens und des Arbeitsergebnisses, der Bereitschaft zur Zusammenarbeit in der Gruppe?

Es liegt in der Verantwortung des Meisters, für jeden Mitarbeiter abzuchecken:

- Ist er über seine Aufgaben in der Gruppe unterrichtet?
- Hat er die Aufgaben verstanden?
- Ist er gewillt, die Aufgaben wahrzunehmen?

- Kann er die Aufgaben wahrnehmen?
- Ist er qualifiziert?
- Sind Rechte und Pflichten übertragen worden?

> Im Rahmen der Personalentwicklung ist der Meister verantwortlich für die Sicherstellung der notwendigen Personalqualifizierung wie auch der Förderung besonderer Befähigungen einzelner Mitarbeiter.

Eine gebildete Arbeitsgruppe ist noch lange kein Team. Teamleistung ist geprägt durch

→ gut aufeinander eingespielte Mitglieder,
→ bedingungslose Kooperationsbereitschaft,
→ Fähigkeit der einzelnen verschiedenen Persönlichkeiten zur Kooperation,
→ geschlossene Kompetenz und gemeinsame Orientierung bei der Aufgabenbewältigung.

Der Weg von der Bildung einer Arbeitsgruppe zum „mit Leben gefüllten" Team ist gepflastert mit allen Tücken menschlichen Zusammenlebens und bedarf vieler Klärungen und ständiger Kommunikation und Information. Für den Meister sind seine Arbeitsgruppen wie Baustellen, die zwar eigenständig funktionieren, die er aber nie aus den Augen verlieren darf und die seines Rates und seiner Hilfe bedürfen (was nicht mit „einmischen" verwechselt werden darf!). Erfahrungen mit Arbeitsgruppen haben gezeigt, daß selbst beste Vorbereitung Rückschläge, Leistungseinbrüche und Konflikte nicht verhindern kann.

Aufgaben des Meisters ... (Schwerpunkte)

in der Planungsphase:
- Einflußnehmen auf die Planung von Gruppenarbeit durch Beteiligung an Aufgabendefinition und -abgrenzung,
- Ermitteln der erforderlichen technischen, organisatorischen und personellen Ressourcen,
- Durchführen der Personalauswahl entsprechend der notwendigen Qualifikationen,
- Informieren aller Betroffenen permanent über den aktuellen Stand, insbesondere informelle Führer bzw. Gruppen,
- Sicherstellen, daß Meinungsbildungen und Vorschläge von Mitarbeitern in die Planung einfließen

in der Informations-/Vorbereitungsphase:
- Beteiligen an den Zieldefinitionen,
- Durchführen von INFO- und Schulungsgesprächen,
- Klären aufkommender Unstimmigkeiten und Konflikte,
- Abgleichen des Konzeptes mit erarbeiteten Zusatzinformationen.
- Lösen der sich ergebenden personellen Probleme,
- Aufgabenbeschreibung für die einzelnen Gruppenmitglieder für den Start in der Gruppe,
- Ermitteln des Qualifizierungsbedarfes.

in der Umsetzungs-/Realisierungsphase:
- Unterstützung beim Gestalten der gruppeninternen Abläufe und der Zusammenarbeit,
- Planen und Realisieren der Qualifizierungsmaßnahmen,
- Unterstützen des Gruppensprechers bei seinen Aufgaben,
- Unterstützen der Gruppe bei der technischen, räumlichen und organisatorischen Gestaltung,
- Realisieren der Einbindung der Gruppe in das Umfeld,
- Sicherstellen aller Ressourcen für das erfolgreiche Arbeiten der Gruppe.

in der Stabilisierungsphase:
- Zielvereinbarungen treffen, Mut machen zur Zielerreichung,
- motivierend helfend eingreifen bei auftretenden Störungen,
- Koordinieren der Gruppenaktivitäten zum Umfeld,
- Fehlentwicklungen erkennen und abstellen,
- Fördern der Teamentwicklung in der Gruppe,
- Fördern der Selbständigkeit und Eigenverantwortlichkeit,
- Informationen, Kommunikation und feed back sicherstellen,
- Unterstützen der Gruppe bei Problemlösungen, insbesondere KVP,
- den Weg zur Zielerreichung beobachten.

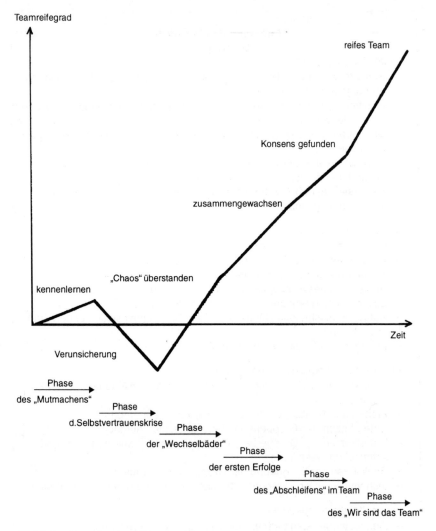

Bild 3.2: Der „dornige" Weg zur Teamreife

Die Anforderungen an den Meister liegen hierbei schwerpunktmäßig bei kooperativem Führungsverhalten und hoher sozialer Kompetenz.

4 Was das Sozialverhalten betrifft

Für angemessenes Führungsverhalten, für das Leben und Anerkanntwerden in einer Gemeinschaft als Vorgesetzter ist es unerläßlich, ein Grundverständnis für die sehr komplexen Vorgänge im menschlichen Zusammenleben – im *Sozialverhalten* – zu besitzen.

4.1 Der Mensch, das „soziale Wesen"

Der Mensch ist ein soziales Wesen. Das besagt, daß ein jeder Mensch in seiner Entwicklung – vom Säugling bis zum Greisenalter – von seinem sozialen Umfeld abhängig ist, beeinflußt wird. Im Kindheits- und Jugendalter wurde unser Verhalten geprägt durch Verhaltensnormen und Einstellungen, die uns „gepredigt", vorgelebt wurden von

- Eltern, Geschwistern, Verwandten,
- Spielgefährten, Mitschülern,
- Kindergärtnerinnen, Lehrern, u.s.w.

Diese Erfahrungen sind unauslöschbar „eingebrannt". Sie sind mit ausschlaggebend für die Reifung und Entwicklung des angehenden Erwachsenen, für die Entwicklung der Persönlichkeit.

Was macht die Persönlichkeit aus, was ist ihr Inhalt? Es sind die Werte, Gewohnheiten, Einstellungen des Menschen, die Motive und Triebe seines Handelns, seine Neigungen und Fähigkeiten, die für ihn typischen Reaktionen. In dieser Individualität entwickelt sich unsere Persönlichkeit, unser Charakter, wobei Erlebnisse und Verbundenheit mit anderen Menschen von ausschlaggebender Bedeutung sind.

Jeder Einzelne unterliegt in seiner

- *biologisch-körperlichen Entwicklung* und
- *psycho-sozialen Entwicklung*

sehr mannigfaltigen Einflüssen, als da sind:

- die „mitbekommenen" Anlagen
- die gegebenen Möglichkeiten, zu lernen
- die Gestaltung der vielfältigen Lernprozesse
- die gemachten Erfahrungen
- die Erziehung
- das individuelle Wachstum und die entsprechende Reifung
- das soziale Umfeld

Für unsere weiteren Betrachtungen zum Thema Sozialverhalten konzentrieren wir uns auf die soziale Entwicklung.
Wir sind uns darüber im klaren, daß all unsere Erziehung und Bildung gesellschaftsbedingt ist. D.h., uns einzelnen Individuen wird in dem Entwicklungsprozess vermittelt, was die herrschenden *Werte und Normen der Gesellschaft* sowie die *Techniken des Lebens* ausmacht. Dies ist der Prozess der *Sozialisation*. Auf verschiedenste Art und Weise wird uns ermöglicht, gesellschaftlich erlaubtes wie gefordertes Verhalten zu erlernen.

> Ziel der Sozialisation:
> Der Einzelne ist im Rahmen der kulturellen, sozialen und materiellen Bedingungen seiner Gesellschaft lebensfähig und funktionstüchtig zu machen.

Durch die Sozialisierung haben wir teil an sozialen Gebilden, z.B. als
- Linksaußen im Fußballklub,
- Klarinettist in der Band,
- Mutter/Vater in der Familie,
- Kollege im Büro.

Wir wirken mit an der Entstehung, dem Fortbestand, der Erhaltung, ggf. auch der Umwandlung oder gar Auflösung. Damit ist auch klar, daß dieses Zusammenleben und Zusammenwirken geordnete Beziehungen fordert, die festen Regeln zu folgen haben. Es geht hierbei um die „sozialen Spielregeln", die das Verhalten des Einzelnen in eine Richtung lenken, aufdaß sich der oder die Partner mit ihm verständigen können.

Dazu wollen wir uns folgende Fakten verinnerlichen:

- Soziale Spielregeln beherrschen wir nicht allein durch Nachahmung, Training oder Unterweisung. Eine entscheidende Voraussetzung ist der Wille, sich in die Lage der Mitmenschen, der Partner, versetzen zu wollen, um deren Handlungen und Meinungen verstehen zu können.

- Bei dem Umgang mit Anderen müssen wir die Verhaltensregeln (oder „Rechte und Pflichten") der Anderen möglichst gut kennen, um in den Beziehungen zu ihnen richtig zu reagieren, zum Beispiel: Wir Autofahrer zu den Verkehrspolizisten.

- Verhaltensregeln bedeuten – wie Gesetze – in gewissem Maße eine Einschränkung unserer Handlungsfreiheit, einen sozialen Zwang.

- Die Akzeptanz, die Verinnerlichung bestimmter Regeln führt dazu, daß sie zu unserem „Ich" werden. Das bedeutet, daß wir aus einem inneren Zwang heraus unser Verhalten gegenüber unseren Partnern danach ausrichten.

Die soziale Rolle

Auf dem Weg zum Erwachsensein und dann gar als Erwachsener nehmen wir mit zunehmender Intensität die verschiedensten sozialen Stellungen ein, indem wir innerhalb dieser Gesellschaft an vielen sozialen Gebilden teilhaben, die Teil unserer Gesellschaft sind.

Nun ist es ja so, daß nicht jeder Mensch die gleiche Stellung einnimmt bzw. einnehmen kann. Dem entsprechend sind auch die aus der jeweiligen Stellung abzuleitenden sozialen Rollen sehr verschieden!

> Die soziale Rolle umfaßt eine Summe von Verhaltensweisen, die der sozialen Stellung des Menschen in der Gesellschaft entspricht.

Das Einnehmen einer bestimmten Stellung bedeutet, daß damit bestimmte Rechte und Pflichten verbunden sind. Die Pflege bestimmter Verhaltensweisen wird erwartet. Natürlich können verschiedene (auch viele) Menschen eine gleiche oder vergleichbare Stellung einnehmen. Sozial bedeutsame Gesichtspunkte wie
- Lebensalter,
- Beruf,
- Stellung,
- Ansehen,

führen zu einer Bildung von Kategorien, denen die jeweilige Stellung zugeordnet wird.

Die sozialen Rollen, die wir im Verlaufe unseres Lebens, mehr oder weniger vorgeschrieben, „spielen", bewegen sich auf sehr unterschiedlichen Ebenen, die jeder für seine Person wohl auflisten kann, z.B.

als Kind	→ als Erwachsener,
als Schüler	→ als Lehrer,
als Auszubildender	→ als Facharbeiter,
als Soldat	→ als Offizier,
als Untergebener	→ als Vorgesetzter,
usw.	

Zu welchen Ebenen muß man sich wohl als Meister zuordnen?

Soziales Lernen

Wir haben festgestellt, daß unser soziales Verhalten ab frühestem Kindheitsalter geprägt wird. Es wird gesteuert durch Informationen, die uns von unseren Eltern vermittelt und vorgelebt wurden. Gehabte Erlebnisse und Gefühle aus unserer Jugendzeit bleiben unvergessen, haben wohl auch Spuren hinterlassen, ggf. unser „Ich" verändert. Welche Normen, Gebote und Verbote haben in unserer Kindheit auf uns eingewirkt? Erinnern wir uns!

- „Du sollst nicht stören, wenn Erwachsene miteinander reden!"
- „Renne nicht allein über die Straße!"
- „Gehe nicht mit fremden Leuten mit!"
- „Benimm Dich anständig!"
- „Man stützt die Ellenbogen nicht auf beim Essen!"
- ....Und was war da noch alles?

Welche Empfindungen haben uns in der Kindheit und unserer Jugendzeit besonders berührt? Manches steckt uns jetzt noch „in den Knochen"!

- Ich habe Angst vor anderen Menschen!
- Ich habe Angst vor meinem Lehrer!
- Ich bin so allein, keiner hilft mir!
- Ich darf überhaupt nichts!
- Immer haben die Großen recht!

All diese alten Erfahrungen sind in uns eingebrannt. Sie wirken noch heute auf uns ein, beeinflussen unsere heutigen sozialen Kontakte und unser Verhalten.

- Die Empfindung „Ich darf überhaupt nichts" erfährt zwar mit zunehmendem Erwachsenwerden den Lernprozess „Nun werde doch mal endlich selbständiger", doch sind die alten Ängste nicht unbedingt verdrängt. Sie führen ggf. zu der neuen Angst „Dürfen traue ich mich nicht"!

Wir müssen also lernen, mit „unserer Vergangenheit" bewußt umzugehen und uns „mit offenem Visier" ungehemmt der neuen Umwelt zu stellen.

Der Prozess des sozialen Lernens setzt bestimmte grundsätzliche Fähigkeiten voraus:

- Das eigene Verhalten zu analysieren:
  „Wie bin ich, verhalte ich mich so, wie ich es gerne möchte?"
- Eigene Ziele für das Verhalten zu entwickeln:
  „Welches Verhalten entspricht meinen Bedürfnissen, welches Verhalten erwarten meine Partner?"
- Die Verhaltensziele in die Praxis umzusetzen:
  „Wie kann ich meine Verhaltensziele in der jeweiligen Situation in Anwendung bringen?"

Diese Feststellungen zu grundsätzlichen Notwendigkeiten sind leicht dahergesagt oder -geschrieben und doch so problematisch im praktischen Leben. In unserer modernen, mitunter hektischem Wandel unterworfenen Zeit werden wir überrollt von Veränderungen, die unseren „Gartenzaun", mit dem wir unsere „heile Welt" erhalten wollen, einzureißen drohen.

- „So geht es nicht weiter, wir müssen ...."
- „Ein Bewußtseinswandel ist erforderlich, um ..."

und so ähnlich wird auf uns eingewirkt. Dabei geht es sehr wohl um Veränderungen, die tiefgreifende Wirkungen auch auf unser Sozialverhalten beinhalten. Es bleibt dem Leser überlassen, sich zurück zu besinnen, wie oft und wodurch seine „Besitzstände" schon einmal angegriffen wurden, in Gefahr geraten sind. Doch auch ohne dramatische Nebenerscheinungen lernen wir, wie problematisch Lernprozesse ablaufen.

> Verhaltensweisen und Einstellungen, die langsam gewachsen sind, können sich auch nur langsam bzw. behutsam wieder verändern.

Welches sind die Fakten, die wir in Zusammenhang mit dem „Sozialen Lernen" verinnerlichen müssen?

- Soziales Lernen bedeutet, alte Normen und Erfahrungen bewußt zu akzeptieren und im Wissen dieser „Belastungen" die neuen, veränderten Anforderungen und Normen bewußt aufzunehmen.
- Unsere Persönlichkeit, unser Charakter, wird geprägt und verändert durch soziale Lernprozesse.
- Wir müssen uns stets fragen, ob unsere alten Erfahrungen, unsere alten Verhaltensweisen, unseren jetzigen Bedürfnissen und denen unserer Partner gerecht werden.
- Der soziale Lernprozess führt dahin, daß wir uns flexibel an Veränderungen in unserer Umwelt anpassen, ohne Schaden an unserer Persönlichkeit zu nehmen.
- Lernen bedeutet stets, sich mit der Umwelt – was oder wer es immer sein mag – auseinanderzusetzen. Es führt je nach gegebener Situation zur Veränderung des eigenen Verhaltens oder zur Veränderung der Umwelt.

4.2 Der Betrieb als soziales Umfeld

Im Sozialisierungsprozess nimmt der Betrieb, das Berufsleben, eine besondere Rolle ein. Spielregeln für das Zusammenleben und Zusammenwirken gelten wohl für alle möglichen Formen von sozialen Systemen, doch kaum irgendwo mit der Konsequenz wie im Betrieb, im Berufsleben. Es gelten hier jeweils bestimmte Ordnungsprinzipien, die zu typischer Gestaltung von zwischenmenschlichen Beziehungen führen. Die Betriebsangehörigen werden permanent durch Erleben der betrieblichen Ordnung, in die sie sich einfügen müssen, geformt.

– Wieviel Beispiele können Sie aufzählen, wo Sie durch „Sich-einfügen-müssen" einen gewissen Zwang auf Ihre Persönlichkeit ausgübt empfanden?

Der Betrieb ist mit seiner relativ strengen Ordnung – siehe z.B. die Betriebsordnung – als ein entwicklungsförderndes soziales System anzusehen, während außerbetrieblich keine derartig klare Ordnung vorherrscht und somit eher auch entwicklungshemmende Einflüsse wirksam sein können.

Wie können im Betrieb positive Einflüsse auf das Sozialverhalten wirksam werden?

- Es ist eine vordringliche Aufgabe für den Betrieb, die Anpassung des Menschen an die Arbeitsbedingungen durch Schaffung entsprechender sozialer Bindungen optimal zu gestalten. Dazu gehören zum Beispiel
  - soziale Sicherheit,
  - persönliche Arbeitsatmosphäre,
  - Freiheitsgrade im Rahmen der Aufgabenstellung,
  - Beachtung persönlicher Neigungen und Eignungen,
  - Vorbild sein, Vorbilder schaffen,
  - Fördern des „Wir"-Gefühles.

4.3 Gruppenverhalten

Wenn der Mensch ein soziales Wesen ist, dann hat er soziale Kontakte, sucht er soziale Kontakte. Es bestehen oder entwickeln sich soziale Beziehungen. Die Kontakte werden aufgenommen mit dem „Hintergedanken", bestimmte Bedürfnisse zu befriedigen, z.b. *Geborgenheit, Verständnis, Durchsetzung von Zielen.*

Damit kommen wir zu den Fakten, die für die Bildung von Gruppen typisch sind:
- Gleiche Interessen und Bedürfnisse,
- Gleiche Probleme und Sorgen,
- Gleiche Aufgabenstellungen und Zielsetzungen, u.a.m.

So kommt es bereits zwischen 2 Menschen zur Bildung einer Gruppe, einer sogenannten *Dyade* (Zweierverhältnis). Beispiele hierfür lassen sich aufzählen! Gruppengrößen von 3 und mehr Mitgeliedern lassen sich als Gruppe definieren, solange die Kontakte – die Interaktionen – zwischen den einzelnen Gruppenmitgliedern unmittelbar funktionieren.

> Unter einer Gruppe versteht man den Zusammenschluß mehrerer Personen, die soziale Beziehungen zueinander haben, sich gegenseitig verständigen können und die sich eine bestimmte Struktur und Ordnung zum Zwecke des Zusammenwirkens geben.

Was ist die Orientierung für die Gruppe und ihre einzelnen Mitglieder?
- Die Verbundenheit der einzelnen Gruppenmitglieder zueinander.
- Gemeinsames Handeln in Sinne der Erfüllung gesteckter Ziele.
- Konsens über gruppenspezifische Normen, Regeln und Erwartungen.
- Erhalt der Gruppe als System zur Befriedigung der zwischenmenschlichen Bedürfnisse des einzelnen Mitgliedes.

Der letztgenannte Punkt ist typisch für ein Gruppenverhalten: Es ist mitunter ein großes Problem, neue Mitarbeiter in eine Gruppe hineinzubringen, als „Neuer" von einer Gruppe akzeptiert zu werden oder durch Einwirken von außen ein Gruppenmitglied herauszunehmen.

Andererseits geschieht das „Abstoßen" (sich entledigen) eines Gruppenmitgliedes, das sich nicht gruppen-konform verhält, nirgendwo brutaler als durch die Gruppe selbst.

Das einzelne Mitglied in der Gruppe orientiert sich an den Möglichkeiten und Chancen bezüglich Leistungsentfaltung, Aufstieg, Ansehen (auch kollektiv) und empfindet von besonderer Bedeutung z.B.
- die Sicherheit sowie Geborgenheit in der Gruppe,
- das gegenseitige „für einander Dasein",
- die Anerkennung seiner Persönlichkeit durch die Gruppe.

> Die Mitgliedschaft in einer Gruppe muß für den Einzelnen lohnend sein.

Wir haben festgestellt, daß innerhalb von Gruppen interessenbezogene Beziehungen bestehen. Betrachten wir als Beispiel eine Arbeitsgruppe im Betrieb, so handelt es sich bei den Kontakten zwischen den Mitarbeitern üblicherweise um formelle Beziehungen, d.h. es handelt sich um Kontakte, die sich aus der Gruppe vorgegebenen Aufgabenstellungen ergeben, die zu deren Erledigung erforderlich sind. Nun gibt es aber innerhalb dieser Gruppe Beziehungen, die über den aufgabenbezogenen Bereich hinausgehen. Welcher Art können derartige Beziehungen sein?

- Privat:
  - gemeinsame Interessen (Sport, Hobby, Reisen u.ä.),
  - persönliche Sympathien,
  - Fahrgemeinschaft,
  - und was noch z.B. aus Ihrer Erfahrung?
- Betrieb:
  - Interessen-Konflikte,
  - unterschiedliche Personengruppen (z.B. Alte/Junge),
  - Frontstellung gegen irgendwen oder irgendwas.

Dementsprechend wird bei der Definition der Gruppen differenziert:

> *Formelle Gruppen* entstehen aufgrund vorgegebener Aufgabenstellungen und Strukturen, ihre Bildung erfolgt (mehr oder weniger) zwangsweise, die Mitglieder haben nicht unbedingt gleiche Interessen.
> *Informelle Gruppen* bilden sich auf freiwilliger Basis in gesellschaftlichen Systemen – auch im Betrieb –. In der Regel bestehen zwischen den Mitgliedern besondere Beziehungen.

Für die Entwicklung des Einzelnen, für sein „Hineinwachsen" in die Gesellschaft (→ Sozialisation) sind die Gruppen-Erlebnisse und -Erfahrungen von großer Bedeutung. Er erhält durch die Zugehörigkeit zu den verschiedensten Gruppierungen persönlichkeitsbildende Prägungen, sowohl positive wie negative.

Woher, glauben Sie, haben Sie ihre stärksten Prägungen erhalten?
→ War es die Entwicklung in der Familie?

- Gruppen, die dem Einzelnen aufgrund der gegebenen sehr engen Kontakte bedeutsame Prägungen der Person verleihen – z.B. in der Familie – und dies in der Regel ein ganzes Leben lang, nennt man *Primärgruppen*.

4.4 Umgang mit besonderen Personengruppen

Das Zusammenleben und Zusammenwirken in allen Gruppierungen unserer Gesellschaft wird durch weitere Besonderheiten geprägt. Dies sei beispielhaft an der Situation im Betrieb erörtert. Die Personal-Struktur eines Betriebes ist kaum irgendwo „lupenrein" weiblich oder männlich, jung oder alt. Das heißt, ein Betrieb weist hinsichtlich der dort tätigen Menschen eine ihm eigene Struktur auf. Wenn wir von „Besonderheiten" hinsichtlich des Umganges miteinander im Betrieb reden, dann trifft dies insbesondere zu für:

→ Jugendliche Mitarbeiter,
→ weibliche Mitarbeiter,
→ behinderte Mitarbeiter,
→ ältere Mitarbeiter,
→ ausländische Mitarbeiter.

Was gibt es da an Besonderheiten zu beachten?
Zunächst ist festzustellen:

Alle Personengruppen im Betrieb unterliegen gleichen Führungsgrundsätzen der Mitarbeiterführung

---

Dieser im Grundgesetz verankerte Anspruch schließt aber auch ein, daß bestimmte Situationen und physiologische Eigenheiten dieser Personengruppen zu beachten sind. Ein Fehlverhalten im Zusammenleben bzw. bei der Führung kann in dieser Hinsicht gravierende nachteilige Folgen haben.

Umgang mit Jugendlichen

Wo liegen die Probleme?

– Die „Erwachsenen" stört scheinbar grundsätzlich auflehnendes Verhalten, Leistungsschwäche, mangelnder Leistungswille, ungepflegte Erscheinung, Verstöße gegen die herrschende Ordnung u.a.m.

Wie sind die Realitäten zu bewerten?

- Wenn von genereller Leistungsschwäche geredet wird, muß festgestellt werden, daß der Entwicklungsstand des jeweiligen Jugendlichen zu beachten ist. Nach den körperlichen und sozialen Entwicklungsstufen von Elternhaus und Schule wird der Jugendliche beim Einstieg in das Berufsleben „ins kalte Wasser geworfen". Der dann einsetzende Lernprozess erfolgt bezüglich Verhaltensweisen durch Erfahrung (→ z.B. betriebliche Ordnung), die mitunter „wehtun" kann und auch „null Bock" erzeugt.
- Der Jugendliche ist finanziell abhängig, hat aber Träume und Wünsche. Das führt zu Spannungen und Konflikten.
- Er befindet sich in einem Wachstumsschub, in vieler Hinsicht in einer Orientierungsphase, ggf. auch Orientierungslosigkeit, er hat noch keine „soziale Reife" erreicht. Es besteht jedoch ein aufkommendes Bedürfnis nach Geltung.

Was sollte im Umgang mit Jugendlichen beachtet werden?

- Der Jugendliche sucht – oft wegen eines kritischen Verhältnisses zum Elternhaus – eine „Vater-Figur", sucht Vorbilder, an denen er sich orientieren kann. Der Betrieb, die Vorgesetzten, die Meister, übernehmen hier eine bedeutsame Aufgabe: Die Eingliederung der Jugendlichen in den Arbeitsprozess, die sogenannte *tertiäre Sozialisation*.
- Anweisen durch Befehl und Anordnung ist bei „der Jugend von heute" nicht sehr erfolgversprechend. Der Jugendliche reagiert kritisch bezüglich der Fragen, „wozu das wohl gut ist". Erwachsene bzw. Vorgesetzte müssen sich der Diskussion stellen, ihr Verhalten und ihre Handlungen sowie gestellte Aufgaben begründen, Zusammenhänge erklären!
- Die Förderungsmaßnahmen bzw. Schulungsaktivitäten für Jugendliche sollten auf der Basis verhaltensorientierter Lernziele erfolgen. Dabei gilt, selbst vorbildliches Verhalten zu zeigen.
- Jugendliche wollen auch gefordert sein, an Aufgaben herangeführt werden, bei denen sie sich bestätigt fühlen.
- Jugendliche neigen schnell dazu, bei aufkommender Monotonie Frust zu zeigen. Abwechslung in den Arbeitsaufgaben ist zu empfehlen.
- Ständige Überwachung und Kontrolle – ohne Mißtrauen – ist wichtig (→ Korrektur oder Bestätigung!).
- Verständnis und Wohlwollen – aber auch Strenge – sind angebracht.
- Die Beachtung gesetzlicher Bestimmungen ist vorauszusetzen, z.B. „Jugendarbeitsschutzgesetz".

Umgang mit weiblichen Mitarbeitern

Wo liegen die Probleme?

- Die in früheren Jahrzehnten „gepflegten" Voreingenommenheiten gegenüber

dem Einsatz von Frauen auch in „Männer-Tätigkeiten" sind in unserer Gesellschaft weitgehendst ausgeräumt.
- Frauen leben in einem besonderen Spannungsfeld zwischen Familie und Berufstätigkeit, der Anpassung an den heimischen Haushalt einerseits und den Betrieb andererseits.
- Die Mobilität ist durch die „Doppel-Aufgabe" eingeschränkt.
- Bei der Besetzung von Arbeitsplätzen mit weiblichen Mitarbeiterinnen muß mit längeren Ausfallzeiten (Mutterschutz, Erziehungsjahr) gerechnet werden.
- Der körperlichen Belastbarkeit weiblicher Mitarbeiter sind aufgrund ihrer Konstitution Grenzen gesetzt.

Wie sind die Realitäten zu bewerten?

- Das Ausbildungsniveau der Frauen steigt stetig, es gibt kaum noch Berufe und Tätigkeiten, die Frauen verschlossen bleiben.
- Die Rolle der Frau in der Gesellschaft hat sich im Laufe der Jahrzehnte gewandelt. Aspekte wie eigenständiges Handeln, aktiven Beitrag leisten zum Unterhalt der Familie, sind mit bestimmend für den Wunsch nach Berufstätigkeit.
- Die körperliche Belastbarkeit von Frauen ist zwar (ca. 20 %) geringer als bei Männern, jedoch weisen sie dank ihrer andersartigen Konstitution größere Wendigkeit und Geschicklichkeit auf. Bei zunehmender Technisierung werden die körperlich bedingten Beschränkungen somit immer weniger ins Gewicht fallen.
- Die angeblich höheren Fehlzeiten bei Frauen entsprechen nicht den Realitäten, wenn man z.B. den Mutterschutz aus den Statistiken herausnimmt. Die Identifikation mit der Arbeit und dem Arbeitsplatz ist bei Frauen sogar ausgeprägter als bei ihren männlichen Kollegen.
- Die Kontinuität der Berufstätigkeit ist unterschiedlich zu beurteilen. Sie hängt vom Familienstand ab. Bei verheirateten Frauen oder Frauen mit Kindern ist mit häufigeren und längeren Unterbrechungen zun rechnen, einer der Gründe, warum Frauen bei der beruflichen Förderung noch immer etwas hintenan stehen.

Was sollte im Umgang mit weiblichen Mitarbeitern beachtet werden?
- Bei der Ausstattung von Arbeitsplätzen für weibliche Mitarbeiter sind die besonderen Schutzbestimmungen zu beachten.
- Es gelten besondere gesetzliche und tarifliche Bestimmungen.
- Weibliche Mitarbeiter sind keine Problemgruppe, sondern ein gleichberechtigter Teil der Belegschaft. Unterforderungen sind zu vermeiden.
- Frauen weisen eine besondere Personenorientierung auf.
  → Nehmen Sie Rücksicht auf die jeweilige Verfassung.
  → Seien Sie stets sachlich, werden Sie nicht persönlich.
  → Seien freundlich, aber mit Distanz, vermeiden Sie Kumpanei.
  → Achten Sie auf gerechte Behandlung, speziell beim Lohn.

- Frauen haben natürlicherweise ein anderes Verhältnis zur Technik. Berücksichtigen Sie dies durch langsam ansteigendes Lerntempo sowie entsprechende Unterweisung.
- Eingespielte Frauen-Gruppen möglichst nicht trennen.
- Die stärkere Gefühlsbestimmtheit führt leicht zu Konflikten. Zeigen Sie als Vorgesetzter entsprechendes Einfühlungsvermögen. Vermeiden Sie Bloßstellungen.

Umgang mit älteren Mitarbeitern

Wo liegen die Probleme?
- Pauschal kommt es häufig zu (Zweck-?)Meinungen, daß das Leistungsvermögen, die Flexibilität, die Lernfähigkeit, nachläßt.
- Ältere Mitarbeiter bereiten scheinbar Schwierigkeiten bei Umstrukturierungen, organisatorischen Veränderungen, sind nicht mehr anpassungsfähig.

Wie sind die Realitäten zu bewerten?
- Das Leistungsverhalten von älteren Mitarbeitern wird nicht schlechter, es verändert sich!
- Mit zunehmendem Alter kann eine Verminderung von Reaktionsvermögen, Hörfähigkeit, Sehvermögen, Tastsinn, Muskelkraft und Widerstandskraft gegenüber Dauerbelastung eintreten.
- Mit dem Älterwerden wachsen Berufserfahrungen, Geübtheit, Menschenkenntnis, Urteilsfähigkeit und die Fähigkeit, mit Besonnenheit Spannungen zu überwinden, mit Menschen umzugehen.
- Verantwortungsbewußtsein und Zuverlässigkeit wirken sich positiv aus.
- Die Lernfähigkeit läßt nur scheinbar nach, sie ist nur störanfälliger geworden. Innerer Wille und Übung gleichen dies aus.
- Konkurrenzsituationen zu Jüngeren können zu Konflikten führen.
- Ältere Mitarbeiter fehlen seltener (→Verbundenheit!), jedoch verlängert sich die Abwesenheit im Krankheitfalle.

Was sollte im Umgang mit älteren Mitarbeitern beachtet werden?
- Anpassung der Arbeitsgestaltung an die Entwicklung des Älteren, z.B. Sitzgelegenheiten, Beleuchtung, Betriebsmittelgestaltung, Arbeitsorganisation.
- Bei notwendigen Schulungsmaßnahmen der veränderten Lernfähigkeit Rechnung tragen.
- Konkurrenzsituationen zu Jüngeren vermeiden.
- Beim Arbeitseinsatz in der Gruppe die Vorzüge des Älteren nutzen und voll fordern.
- Keine „Abstellgleise" bewußt fördern, nicht abschieben.
- In Sachen Arbeitszeit (→ Pausen) dem Älteren gegenüber anpassungsfähig sein.

Umgang mit Behinderten

Wo liegen die Probleme?

- Behinderte Menschen empfinden die Tatsache, etwas leisten zu können, grundsätzlich wie jeder gesunde als Bestätigung ihrer Persönlichkeit. Die Gesellschaft muß die Behinderten anerkennen, in die sozialen Gruppierungen aufnehmen wollen und ihre Lern- und Leistungsfähigkeit erkennen.

Wie sind die Realitäten zu bewerten?

- Gemäß § 3 des Schwerbehindertengesetzes ist eine Behinderung „die Auswirkung einer nicht nur vorübergehenden Funktionsbeeinträchtigung, die auf einem regelwidrigen körperlichen, geistigen oder seelischen Zustand beruht". Dabei ist „regelwidrig" ein Zustand, der von dem für das Lebensalter üblichen abweicht. Als nicht „vorübergehend" gilt der Zeitraum von mehr als sechs Monaten.
- Die Arbeitgeber sind verpflichtet, zu prüfen, ob freie Arbeitsplätze mit Behinderten besetzt werden können.
- Im Falle der Lernbehinderten – das ist der größere Anteil der Behinderten – besteht wegen der „Unsichtbarkeit" der Behinderung die Gefahr der Überforderung, während bei den körperlich Behinderten durch das äußere Erscheinungsbild die Gefahr einer Unterschätzung vor allem der geistigen Leistungsfähigkeit gegeben ist.

Was ist im Umgang mit Behinderten zu beachten?

- Bei der Einarbeitung muß ermittelt werden, ob
  → der/die Behinderte mit anderen zusammenarbeiten kann,
  → die vorgesehene Arbeitsaufgabe bewältigt werden kann
     (z.B. Ausdauer, Genauigkeit, eigene Einteilung des Ablaufes),
  → die Motivation für den Arbeitseinsatz vorhanden ist.
- Beschäftigung von Schwerbehinderten soll derart erfolgen, daß sie ihre Fähigkeiten voll ausschöpfen können.
- Entsprechend den Fähigkeiten ist deren Weiterentwicklung zu fördern.
- Betriebseinrichtungen, Arbeitsräume und -plätze, Maschinen und Werkzeuge müssen unter Berücksichtigung möglicher Unfallgefahren derart gestaltet sein, daß Behinderte dort andauernd tätig sein können.
- Die Rechte der Schwerbehinderten nach dem Gesetz sind zu beachten, z.B.:
  - Besonderer Kündigungsschutz,
  - Gewährung von Zusatzurlaub,
  - Freistellung von Mehrarbeit,
  - begleitende Hilfe im Arbeits- und Berufsleben.

Umgang mit ausländischen Mitarbeitern

Wo liegen die Probleme?
- Ausländische Arbeitskräfte bedeuten für den Arbeitsmarkt in der Bundesrepublik ein beachtliches Potential. Unabhängig von wohl zu erwartenden Zuzugsregelungen ist durch die Europäische Union davon auszugehen, daß Männer und Frauen aus den Mitgliedsstaaten der EU sich auf dem deutschen Arbeitsmarkt bewegen werden. Es ist eine – mitunter nicht leichte – Aufgabe aller Bürger, insbesondere derjenigen, die Führungspositionen einnehmen, die Integration ausländischer Arbeitskräfte kooperativ zu unterstützen.
- Die Integration ist das eine Problem. Was bleibt, und womit wir „Einheimischen" auf Dauer leben müssen, ist
  - die fremde Sprache,
  - die fremde Kultur, andere kulturelle Entwicklung,
  - die anderen Lebensgewohnheiten,
  - die andersartige Mentalität,
  - die Verhaltensweise aufgrund von Brauchtum und Traditionen,

  was mitunter zur Bildung von Negativbildern auf beiden Seiten führt.

Wie sind die Realitäten zu bewerten?
- Ausländische Mitarbeiter sind Bestandteil unserer Industriegesellschaft geworden.
- Die Ausländer, die in der BRD tätig sind, sind Menschen, die das Anrecht haben, daß ihnen entsprechende Achtung gezollt wird.
- Ausländern sind unsere Lebensanschauungen, gesellschaftlichen „Spielregeln", zu beachtenden Gesetze usw. fremd, oft unverständlich. Wir sind es, die ihnen Leistung abverlangen und somit haben wir die Verpflichtung, den nötigen Anpassungsprozeß zu fördern und sicherzustellen.

Was sollte im Umgang mit ausländischen Mitarbeitern beachtet werden?
- Der Abbau sprachlicher Barrieren durch Erlernen unserer Sprache verhindert nicht sprachliche Mißverständnisse. Daher ist Vorsicht geboten bei Spaß & Humor oder gar Schimpfworten.
- Bei der Eingliederung in den Arbeitsprozeß beachten, welche ggf. stark abweichenden Einstellungen zur Arbeit, welche religiösen Einflüsse, welcher Tagesrhythmus bei dem Mitarbeiter eine Rolle gespielt haben.
- Ausländer können andere Empfindsamkeiten haben, anders reagieren. Aufkeimende Spannungen und Konflikte sollten mit entsprechender Sensibilität umgehend bereinigt werden.
- Zur Förderung der Integration ist Rat & Hilfe ein wesentlicher Faktor.
- Anerkennung ist wichtig zur Bildung der Überzeugung, in der sozialen Gruppe, dem Betrieb, anerkannt zu sein.

Als Fazit der Betrachtungen zu dem Thema „besondere Personengruppen" kommen wir zu folgender Erkenntnis:

> Achten der menschlichen Würde, akzeptieren der Persönlichkeit des Einzelnen und seiner Besonderheiten erleichtern das Miteinander-Leben, das Miteinander-Arbeiten und das Miteinander-Reden.

5 Die Einflüsse des Betriebes

Grundlage für das Leben und Handeln im Betrieb sind die durch den Betrieb gegebenen Arbeitsbedingungen, die produktabhängigen Organisationsstrukturen, Methoden und Gestaltungsmöglichkeiten. Der Betrieb übt durch die Art seines Aufbaus, seiner Arbeitsweise, Organisation und Führungsgrundsätze wesentlichen Einfluß auf die Zusammenarbeit aus.

5.1 Der Mensch im Arbeitssystem

Es ist nicht zu umgehen, sich im betrieblichen Leben mit der trockenen Materie der Organisation auseinanderzusetzen. Je eher und besser wir erkennen, was sich hinter den Begriffen verbirgt, was damit umschrieben wird, desto aufgeschlossener stehen wir der garnicht so „geheimnissvollen" Zusammenarbeit im Betrieb wie auch in der Gesellschaft gegenüber.

- ☐ Mitarbeiter Otto hat den Auftrag bekommen, einen Deckel mit 4 Befestigungslöchern zu versehen. Was läuft da ab?
- → Da sind die Informationen, wer was wie womit zu machen hat. Es wird Energie u.ä. benötigt. Es wird das Ausgangsmaterial gebraucht.
- → Da ist der Mensch Otto, der das Material, den Arbeitsgegenstand, mit Hilfe einer Maschine und Werkzeugen in mehreren Arbeitsfolgen bearbeitet.
- → Das Ergebnis der Bearbeitung, das *Arbeitsergebnis*, zeigt sich in der Menge von einem gebohrten Deckel, in der Qualität der erledigten Arbeit, in den Informationen über Zeitaufwand, Maschinennutzung u.ä., in Abfall (Spänen), ggf. Schrott (Ausschuß).
- → Das „Arbeitssystem Otto + Betriebsmittel" beeinflußt die Umgebung durch Geräusche u.ä. (= *physikalische Einflüsse*) und auch ggf. durch Otto's persönliches Verhalten oder seinen Status (= *psychosoziale Einflüsse*).
In der Summe sind dies die *Umgebungseinflüsse*, die natürlich auch umgekehrt von außen auf unser Arbeitssystem einwirken.

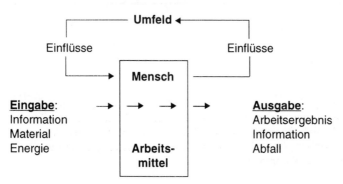

Das skizzierte Beispiel kann ebensogut eine Arbeitsgruppe oder eine Fertigungsinsel sein.

Wir können also feststellen:
- Arbeitssysteme dienen der Erfüllung von Arbeitsaufgaben.
- Menschen und Arbeitsmittel wirken zusammen, benötigen Eingaben, um ein Arbeitsergebnis (→ Ausgaben) zu erbringen.
- Der im Arbeitssystem ablaufende Prozess ist der *Arbeitsablauf*.
- Das Arbeitssystem übt Einflüsse auf seine Umgebung aus.
- Die Umgebung übt Einflüsse aus auf das Arbeitssystem.

Eine erfolgreiche Bewältigung der Arbeitsaufgabe, oder auch gesteckter Ziele im Betrieb, ist nur möglich durch das jeweils optimale Zusammenwirken von Menschen, Betriebsmitteln und Material. Die im Betrieb zu erledigenden Aufgaben müssen durch entsprechende *Arbeitsorganisation* koordiniert werden mit den zur Verfügung stehenden Ressourcen.

Was ist da zu organisieren? Z.B.

- Einzelarbeit oder Gruppenarbeit,
- fester Arbeitsplatz oder „Job-Rotation",
- Zuständigkeiten und Verantwortung,
- Gestaltung der Arbeitszeit,
- Gestaltung der Abläufe, u.a.m.

Die Betriebe sind gefordert, mit Hilfe der *Arbeitsstrukturierung* Arbeitssysteme zu bilden, bei denen neben den technischen und organisatorischen Ressourcen vor allem

- die *Leistungsbereitschaft*,
- die *Leistungsfähigkeit*,

- die *Leistungsentfaltung*
der darin tätigen Menschen optimal gegeben ist.

> Arbeitsstrukturierung beinhaltet das Festlegen von Arbeitsinhalten sowie technische, ergonomische und organisatorische Gestaltung der Arbeit.

Die Arbeitsstruktur ist also ein Gestaltungsergebnis, das durch entsprechende Strukturierungsmaßnahmen erreicht werden soll. *Gestaltungsziele* können sein: z.B.
- Flexibilität des Arbeitssystems,
- qualifikationsgerechte Arbeitsinhalte,
- Handlungsspielräume für die Mitarbeiter,
- Identifikation mit dem Produkt,
- Vermeidung von Monotonie,
- Befriedigung von Mitarbeiterbedürfnissen,
- Sicherstellung der Produktqualität,
- wirtschaftlicher Betriebsmittel- und Personaleinsatz,
- Job-Enrichment.

(An dieser Stelle sei an die Abhandlungen des 2.und 3.Kapitels erinnert.)

Bei der Planung und Realisierung von Strukturierungsmaßnahmen sind *Gestaltungsspielräume* gegeben, die es optimal zu nutzen gilt:
- Da ist das Produkt oder der Kunde, der mit einer bestimmten Leistung bedient werden will. Die sich daraus ergebenden *Anforderungen* sind wichtige Eingangsgrößen. Bezogen auf ein Werkstück sind dies z.B. Größe, Gewicht, Komplexität, Qualitätsanforderungen, Material, Menge je Auftrag.
- Die benötigten *Produktionsmethoden/-verfahren* haben Einfluß auf die gewünschte Gestaltung.
- Mit dem *Arbeitsinhalt* werden Art und Umfang von Job-Enrichment oder Job-Enlargement definiert, der Grad von Arbeitsteiligkeit ermittelt.
    → Bei der *Aufgabenteilung* sind die Arbeitsinhalte je Mitarbeiter so bemessen, daß jeder Mitarbeiter einen bestimmten Teil der Gesamtaufgabe an der Gesamtmenge Werkstücke durchführt. Jeder Arbeitsplatz ist anders gestaltet.
    → Bei der *Mengenteilung* erledigt der Mitarbeiter den der Gesamtzeit je Stück entsprechenden Arbeitsinhalt an einer Teilmenge. Es sind parallel mehrere gleichartige Arbeitsplätze vorzusehen.

Je flexibler die Arbeitsstruktur angestrebt wird, um so weitgehender wird Arbeitsteilung, Arbeitsfolge und Arbeitsgeschwindigkeit von den Mitarbeitern selbst bestimmt.

- Die *Arbeitsplatzanordnung*, das Layout, läßt die Wahl zwischen Werkstattfertigung, Fertigungsinsel, Autonomer Gruppe, Einzelarbeitsplätzen, Bandfertigung usw. zu. Jedes dieser Strukturierungsprinzipien hat seine spezifischen Stärken und Schwächen.

→ Die *Werkstattfertigung* zeichnet sich aus durch hohe Flexibilität und hohe Betriebsmittelauslastung, hat lange Durchlaufzeiten und geringe Identifikation der Mitarbeiter.

→ *Reihenfertigung (Bandfertigung)* hat einerseits kurze Durchlaufzeiten, benötigt geringere Anlernzeiten, wirkt jedoch negativ auf die Mitarbeiter durch Monotonie, einseitige Belastungen, unzureichende Kommunikation und Entscheidungsspielräume.

→ Die *Gruppenfertigung* soll sich durch hohe Flexibilität, hohe Identifikation der Mitarbeiter, gesicherte Kommunikationsmöglichkeiten und soziale Kontakte, Entscheidungsspielräume und damit höhere Produktivität auszeichnen, während die Wirtschaftlichkeit nicht in jedem Fall leicht darstellbar ist.

– Die Arbeitsplätze – oder auch Arbeitsgruppen – können lose oder starr miteinander verkettet sein, mit oder ohne Pufferbildung.

– Ein weiter Spielraum liegt in der *Gestaltung der Arbeitsorganisation* einschließlich der Lösung des Entlohnungsproblemes.

Anpassung Mensch und Arbeit
Jede Form von Arbeitssystemen hat ihre besonderen Wirkungen auf den oder die Menschen durch
→ die Arbeitsabläufe,
→ die Arbeitsorganisation,
→ das Arbeitsumfeld,
→ die zugewiesene Rolle.

Die Fähigkeiten des Menschen müssen den Anforderungen der Arbeit bzw. des Arbeitsplatzes angepaßt werden.

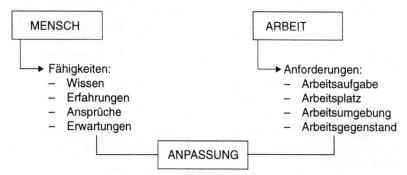

Der Mensch hat sich neben der Arbeitsaufgabe mit den aufgabenunabhängigen Arbeitsbedingungen sowie ggf. auch noch mit Umgebungsbedingungen auseinanderzusetzen. Daraus ergibt sich die Gesamt-Anforderung, der seine Eignung gegenüberzustellen ist.

Zu den *Arbeitsbedingungen* zählen Einflüsse, die auf die jeweilige Arbeitssituation unmittelbar oder mittelbar einwirken.

- Technisch-wissenschaftliche Faktoren:
  → Gestaltung des Arbeitsraumes, des Arbeitsplatzes, der Betriebsmittel wie Beleuchtung, Klimatisierung, Belüftung,
  → besondere Belastungen durch Lärm, Zug, Rauch, Dämpfe, Schmutz, Feuchtigkeit,
  → Monotonie und einseitige Belastungen,
  → Unfallgefährdung,
  → wirtschaftliche Bedingungen wie Tarifabmachungen, Betriebsvereinbarungen, Leistungsbewertung.
- Soziale Faktoren:
  → Die sozialen Leistungen des Betriebes,
  → die persönliche Situation des Mitarbeiters,
  → die sozialen Beziehungen im Betrieb,
  → der Führungsstil des Vorgesetzten.

Als Meister/Vorgesetzter werden Sie bemüht sein müssen, die Arbeitsbedingungen an die mitarbeitenden Menschen anzupassen; den Menschen an seine Arbeitsbedingungen anzupassen, ist zumeist mit größeren Schwierigkeiten verbunden.

Zur Ermittlung der Anforderungen aus der Arbeitsaufgabe bedient man sich z.B. der *Aufgaben-(Arbeitsanforderungs-)Analyse*.

→ Die Aufgabenanalyse beinhaltet die Zerlegung der Gesamtaufgabe in *Teilaufgaben,*

    ↳ daraus werden die vorzunehmenden *Tätigkeiten* ermittelt, die zur Erfüllung der Gesamtaufgabe notwendig sind.

Die Feinheit bzw. Breite der Analyse hängt ab von den Faktoren
- Komplexität der Aufgabe,
- Arbeitsmitteleinsatz,
- Grad der gewünschten Arbeitsteilung,
- Häufigkeit der Aufgabenwiederholung.

Die Ergebnisse der Analyse fließen ein in die *Arbeitsgestaltung* und in die Klärung der *Fragen des Personaleinsatzes*.

5.2 Leistungsfähigkeit/Leistungsbereitschaft

> Leistung = Fähigkeit + Bereitschaft

Haben wir das Anforderungsprofil aus der Aufgabenstellung gefunden, müssen hieraus die Eignungsvoraussetzungen abgeleitet werden. Die Eignung – die Leistungsfähigkeit – der zur Verfügung stehenden Mitarbeiter stellen wir dem Sollprofil gegenüber.

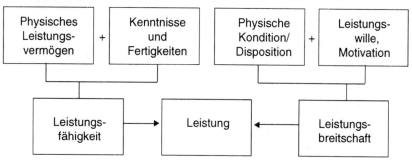

> Die *Leistungsfähigkeit* des Menschen wird bestimmt durch die körperliche Konstitution und die Fähigkeit, Kenntnisse und Fertigkeiten einzusetzen. (physisches Leistungsvermögen + mentales Leistungspotential)

Das Anpassen der gegebenen Leistungsfähigkeit an das Soll liegt vornehmlich im Bereich der Weiterbildung, z.B. durch
- Anlern- und Umschulungsprogramme,
- Trainingsprogramme, („on the job"),
- externe Lehrgänge.

Nun ist die Leistungsfähigkeit nicht alles, was die menschliche Leistung ausmacht. Betrachten wir uns einmal beispielhaft unseren zitierten Mitarbeiter Otto:

> Mitarbeiter Otto hat mit der Erledigung der ihm übertragenen Aufgabe eine Leistung erbracht. Wir haben seine Fähigkeiten dazu unterstellt bzw. für seine Befähigung Sorge getragen. Ist die Aufgabenerfüllung in unserem Sinne (Qualität, Zeitvorgabe) wie auch seinen Erwartungen entsprechend (Akkordverdienst, Befriedigung) gelaufen?

Das kann unter Umständen mitnichten der Fall sein. Otto hat dann „Null-Bock"! Das bedeutet, daß die Leistungsbereitschaft als wichtiger Faktor zu beachten – und zu beeinflussen – ist.

> Die *Leistungsbereitschaft* wird beeinflußt durch die körperlichen Faktoren; dominierender ist jedoch der Leistungswille, die seelische Konstitution.

Da ist einmal die körperliche Kondition und aktuelle Disposition, die *physische Leistungsbereitschaft*, die von periodisch und nicht-periodisch wirksamen Faktoren beeinflußt wird.

- Zu den periodisch wirksamen Faktoren zählt vor allem der biologische Tagesrhythmus, in gewisser Weise eine Abstimmung des Organismus mit der Umwelt.
  → Bereits vor ettlichen Jahrzehnten ist ermittelt worden:
  Zwischen 9.00 und 10.00 Uhr = 1. Maximum physischer Leistungsbereitschaft,
  13.00 und 15.00 Uhr = auf ein Minimum absinkende Leistungsbereitschaft,
  am frühen Abend = 2. Maximum,
  danach in die Nachtstunden = Absinken auf ein absolutes Minimum.

Ähnliches „Leistungs-/Ermüdungs-Auf u. Ab" zeigt sich auch über eine Woche, einen Monat oder ein Jahr.

Es wäre jedoch nicht korrekt, Arbeitsergebnisse unterschiedlicher Qualität daraus abzuleiten. Der Mensch ist in der Lage, „schwache Momente" durch besondere Konzentration auszugleichen, (was z.B. Tennis-Stars mitunter hervorragend vorführen!).

Zum anderen spielt die *geistig-seelische Leistungsbereitschaft*, der Leistungswille, eine dominante Rolle. Als Ursache von Bereitschafts-„Tiefs" können wir von vorhandenen Hemmnissen ausgehen, wogegen bei Arbeitseifer, hoher Bereitschaft, zweifellos bestimmte Antriebe im Spiele sind.

- Wie wirken sich *Hemmnisse* aus? Z.B.
  → Unlust, Energielosigkeit, Gleichgültigkeit, Nervosität, Widerwillen, Ängstlichkeit u.ä.
  Welche „Reize" können die Ursache sein?
  → Private Sorgen, Krankheit, Schulden, Erfolglosigkeit, fehlende Anerkennung durch das Umfeld, die Kollegen, mangelhafte Betriebsorganisation, Unzufriedenheit im Beruf, keine Freude an der Arbeit u.a.m.

Es ist Aufgabe und Sorge des Betriebes – und damit eine unternehmerische Verpflichtung für den Meister – , die „Null-Bock"-Phasen bzw. Leistungstiefs ihrer Mitarbeiter zu erkennen und durch entsprechende Maßnahmen Antriebe zu schaffen.

Dabei ist übrigens nicht immer die sachlich-formelle Ebene gefragt. Im Sinne der Arbeitszufriedenheit und zur Förderung der Leistungsbereitschaft müssen *infor-*

melle Beziehungen genutzt und gestützt werden. Informelle Beziehungen sind nichts Unanständiges! Sie durchziehen einen Betrieb in einem dichten Netz und tragen sehr viel bei zu Erfolg, aber auch zu Mißerfolg.

- *Informelle Beziehungen*
  - verschaffen dem Einzelnen soziale Geltung,
  - dienen als Ventil, „Dampf abzulassen",
  - geben dem Einzelnen ein Gefühl der Geborgenheit,
  - dienen als Kommunikationsebene,
  - regeln so manches außerhalb der Organisation.

Gehen wir jedoch weiter der Frage nach, wie der Betrieb, der Meister, Antriebe schaffen kann.

- Wie zeigen sich *Antriebe*? Z.B.:
  - An der Freude an der Arbeit, an der Sache,
  - an der guten Stimmung,
  - am Interesse, dem Eifer,
  - an der Geduld, der Konzentration,
  - am Verantwortungsbewustsein, an dem Berufsstolz.

Welche Anreize können dabei fördernd wirken? Z.B.:
- Vermitteln der Zusammenhänge bei der Aufgabenübertragung,
- klare Unterweisung, klare Arbeitsunterlagen,
- gute Betriebsmittel und Werkzeuge,
- unterstützende Hilfsmittel,
- physiologisch richtige Gestaltung der Arbeitsmittel,
- Ordnung und Übersichtlichkeit im Betrieb,
- Sichtbarmachen des Arbeitsfortschrittes und des Ergebnisses.

- Neben derartigen aufgabenbezogenen Fakten beeinflußt der Betrieb die „Schaffensfreude" seiner Mitarbeiter natürlich wesentlich durch z.B.
  → die Form der Entlohnung,
  → das Erteilen von Status und Befugnissen,
  → das Führungsverhalten: Anerkennung, Kritik, Konfliktbewältigung, Mitarbeitergespräche, Delegation von Aufgaben und Verantwortung, Mitarbeiterbeteiligung.

5.3 Die Stimmung im Betrieb, das Betriebsklima

Letztendlich ist es auch die Stimmung im Betrieb, in der Gruppe, die die Leistung beeinflußt, die Arbeitsbereitschaft dämpft oder fördert. So können zum Beispiel Unstimmigkeiten und Konflikte in der obersten Führungsetage, der Geschäftsleitung, eklatant üble Auswirkungen auf die „Arbeitsmoral" der gesamten Mannschaft haben. Angesprochen ist damit das Betriebsklima, das so oft herhalten muß, wenn der Betrieb nicht richtig läuft.

- Das Betriebsklima ist erklärbar als Einwirkungen sozialer Art auf dort tätige Menschen.
- Jedes Mitglied des Sozialen Systems „Unternehmen", jeder Betriebsangehörige, leistet seinen Beitrag zum Betriebsklima, in gutem wie in schlechtem Sinne.

Wodurch wird Betriebsklima verursacht?

- Von wesentlicher Bedeutung ist das *Führungsklima*. Es wird geprägt durch den Führungsstil der Vorgesetzten, die Führungstechniken und vor allem die Art, wie die Techniken angewendet werden.
- Das *Organisationsklima* ergibt sich aus den in dem Betrieb bestehenden Organisationsstrukturen, den Abläufen, den Kompetenzverteilungen, den geltenden Vorschriften.
- Das *Arbeitsklima* findet seine Ursachen in den Aufgabenstellungen für die tätigen Menschen, in den entsprechenden Arbeitsbedingungen, den Entfaltungsmöglichkeiten und Erfolgserlebnissen.

Das Betriebsklima ist somit eine Kombination aus Motivation und Arbeitsbedingungen.

In welchen Auswirkungen zeigt sich Betriebsklima?

- Für das Unternehmen kann das Betriebsklima grundsätzlich ein „Aushängeschild"sein:
  → Die allgemeine Einstellung zu dem Betrieb,
  → der „Ruf", der von dem Betrieb ausgeht.

- Bei der Belegschaft zeigt sich das Betriebsklima in
  → dem sozialen Verhalten der Mitarbeiter zueinander wie auch gegenüber Vorgesetzten,
  → der Arbeits- und Leistungsbereitschaft,
  → der Pünktlichkeit, der Verfügungszuverlässigkeit,
  → der Qualität der erbrachten Leistung,
  → der Produktivität,
  → der Höhe von Krankheitsquoten und Fehlzeiten.

Können Sie als Leser diese Aufzählung noch ergänzen?

Als Vorgesetzter im Betrieb haben Sie es in der Hand, ein gutes Betriebsklima zu fördern durch Ihre Loyalität, die Sie üben, das Vertrauen, das Sie besitzen und entgegenbringen, die Ruhe und Ausgeglichenheit, mit der sie führen, Ihre Bereitschaft, Hemmnisse und Konflikte sachlicher wie persönlicher Art schnell zu beheben bzw. garnicht erst aufkommen zu lassen.

5.4 Motivation und Bedürfnisbefriedigung

Das Thema Leistungsbereitschaft kann nicht abgeschlossen werden, ohne eine tiefere Betrachtung der Fakten Motivation, Zufriedenheit, Entfaltung u.ä.

Wenn wir von „Zufriedenheit" reden im Zusammenhang mit der Bereitschaft, etwas zu leisten, dann schließen wir von vornherein Empfindungen wie *Selbst*zufriedenheit, Wohlbefinden u.ä. aus, um Mißverständnissen vorzubeugen.

Bei den nun folgenden Betrachtungen der Theorien der Herren Maslow und Herzberg geht es nicht darum, der Wissenschaft zu huldigen. Vielmehr müssen wir uns bei unserem Bemühem, durch Anreize die Arbeitsleistung unserer Mitarbeiter zu sichern bzw. zu steigern, fragen, welche Mitarbeiter-Bedürfnisse unseren Vorstellungen von Mitarbeiterverhalten gegenüber stehen. Die Motivationsforschung hat sich mit eben diesen Fragen nach den Beweggründen menschlichen Handelns auseinandergesetzt.

☐ Mitarbeiter Otto macht mit zwei weiteren Kollegen jede Menge Überstunden. Otto macht Überstunden, um „Kohle zu machen". Der eine Kollege meldet sich fleißig zu derartigen Sonderleistungen, weil er beim Meister positiv auffallen möchte. Der Dritte im Bunde schließlich ist froh, seinem Zuhause länger fernbleiben zu können.

In dem geschilderten Beispiel zeigen drei Personen bei im Prinzip gleichem Verhalten sehr unterschiedliche Motive, sie möchten unterschiedliche Bedürfnisse befriedigen.

Die Maslow'sche Bedürfnispyramide
Die bekannteste Zusammenfassung von der Befriedigung dienenden Motiven hat der Psychologe Maslow in seiner „Bedürfnispyramide" dargestellt.

Bei den Maslow'schen Überlegungen wird davon ausgegangen, daß das menschliche Handeln und Verhalten von zwei Hauptarten von Bedürfnissen maßgeblich beeinflußt wird:

– Den *Mangel-Bedürfnissen* (Defizit-Bedürfnissen)
– Den *Wachstums-Bedürfnissen*

Den Mangel-Bedürfnissen werden zugeordnet:

→ die *Grundbedürfnisse* (physiologische Bedürfnisse)
  wie Essen, Trinken, Schlafen usw. (→ 1.Stufe)
→ die *Sicherheitsbedürfnisse*
  wie sicherer Arbeitsplatz, Altersversorgung usw. (→ 2.Stufe)
→ die *Sozialbedürfnisse* (Kontaktbedürfnisse)
  wie Geborgenheit in der Gruppe, in der Familie (→ 3.Stufe)

→ die *ICH-bezogenen Bedürfnisse*
wie Anerkennung, Status, Vorwärtskommen (→ 4.Srufe)

→ Zu den Wachstumsbedürfnissen (Selbstverwirklichung) zählen SELBSTENTFALTUNG, Erfüllung persönlicher Wünsche und Träume, mitgestaltend eingreifen usw. (→ 5.Stufe)

- Die wichtigste Aussage von Maslow ist, daß die jeweils obere Stufe der Pyramide – und deren Bedürfnisse – nicht aktiviert werden können, bevor die Bedürfnisse der darunterliegenden Ebene in einem bestimmten, ausreichenden Ausmaß befriedigt worden sind.

Stufe	Anreize
Bedürfnis nach Selbstentfaltung	Selbstverwirklichung, Erfüllung persönlicher Träume Vollmachten, Zielvereinbarungen Delegation, Eigenverantwortlichkeit Persönliche Entscheidungsspielräume, Mitsprache, Mitgestaltung
ICH-bezogene Bedürfnisse	Status, Statussymbole, Stolz übertragene Kompetenzen, Prestige, Gehaltshöhe Berufserfolg, Aufstiegsmöglichkeiten Ehrentitel, öffentliche Belobigung
Soziale Bedürfnisse	Art des Fahrzeuges, Firmenparkplatz Kummunikation am Arbeitsplatz Teamarbeit, Geborgenheit in der Gruppe Konferenzen, Gespräche, Problemlösungszirkel Information, Kollegentreffen, Gleicher unter Gleichen Kontaktbedürfnis
Sicherheits-Bedürfnisse	Krisen- und unfallsicherer Arbeitsplatz Gehalt, sicheres Einkommen Kompetenzen im Alter, Altersversorgung Kündigungsschutz, Betriebskrankenkasse Mitwirkung bei Neuerungen
Physiologische Bedürfnisse	Beachtung des Tages-, Wochen- und Jahresrhytmus Arbeitszeit, Pausen, Überstunden Schichtarbeit, Freizeit

Bild 5.1: Anreize, die auf der Basis der Maslow'schen Bedürfnispyramide motivieren können

In der Pyramiden-Darstellung dieser Ausführungen sind den einzelnen Stufen Anreiz-Faktoren zugeordnet, wie sie im betrieblichen Leben Realität sein können. Wenngleich auch die Darstellung theoretisch erscheinen mag, so kann sie

Ihnen als Vorgesetzter und Meister doch Hinweise geben über Förderungsmöglichkeiten und Anreize zur Leistungsbereitschaft.

Wenn wir davon ausgehen, daß zwischen Bedürfnissen und Motiven (Anreizen) ein enger Zusammenhang besteht, dann müssen wir uns auch über folgendes im klaren sein:

- Ist ein Bedürfnis einmal befriedigt, läßt sich damit keine Motivation mehr erzeugen!

Die Herzberg'sche „Zwei-Faktoren-Theorie"

Für die Betrachtung der Fragen, was die Menschen wohl zur Leistung anregt, ist die Herzberg'sche Theorie aus Führungs-Seminaren nicht wegzudenken. In seiner Studie ist Herzberg der These nachgegangen, daß „Arbeitszufriedenheit leistungsfördernd wirkt". Im Ergebnis kam er zu der Erkenntnis, daß es zwei grundverschiedene Motivationsfaktoren gibt, und zwar solche, die wir Menschen als soziale und zivilisatorische Errungenschaften als selbstverständlich hinnehmen sowie solche, die uns zu besonderer Entfaltung anregen.

- Die ersteren der beiden Faktorengruppen nannte Herzberg „*Hygienefaktoren*", dies wohl deshalb, weil sie als „saubere Basis" für jegliches Handeln und Leisten erforderlich sind. Die Erfüllung dieser Faktoren „reißt keinen mehr vom Stuhl", das heißt wir können Mitarbeiter damit nicht zu besonderer Leistung motivieren. Im Betrieb zählen dazu z.B.
- die Arbeitsbedingungen,
- die Organisationsstruktur, die Verwaltung,
- das Führungsklima, die zwischenmenschlichen Beziehungen,
- der Lohn bzw. das Gehalt,
- die Arbeitsplatzsicherheit.

Es ist durchaus einzusehen, daß wir hiermit die Faktoren ansprechen, die das Betriebsklima ausmachen, also Voraussetzungen, die der Betrieb zur Sicherung der Arbeitszufriedenheit seiner Belegschaft schaffen muß.

- Die Motivationsfaktoren, die unsere Entfaltungsbedürfnisse ansprechen, erfaßte Herzberg unter der Bezeichnung „*Motivatoren*". Die Bezeichnung „Motivatoren" soll deutlich machen, daß nur mit diesen Faktoren eine Motivation zu besonderer Leistung erzeugt werden kann. Dazu zählen im Betrieb z.B.
- Leistung, das Gefühl, etwas fertigzubringen bzw. zu schaffen,
- Die Arbeit, die Aufgabe, die Tätigkeit,
- übertragene Verantwortung,
- sachliche Anerkennung,
- Vorwärtskommen.

Es sind hiermit Anreize angesprochen, durch die Sie als Meister die Erwartung von *Erfolgserlebnissen* bei den Mitarbeitern wecken können!

An dieser Stelle paßt wohl das Zitieren eines Ausspruches von Antoine de Saint-Exupery:

„Wenn Du ein Schiff bauen willst, dann trommle nicht Männer zusammen, um Holz zu beschaffen, Aufträge zu vergeben und Arbeit zu verteilen, sondern lehre sie die Sehnsucht nach dem weiten endlosen Meer".

5.5 Arbeits(platz-)gestaltung

Leistungsfähige und motivierte Mitarbeiter sind, wie wir wissen, nicht alles, was die betriebliche Leistung ausmacht. Es bedarf noch der betrieblichen Maßnahmen, die sicherstellen, daß Menschen, Arbeitsmittel/Betriebsmittel und Material/Arbeitsgegenstände optimal zusammenwirken. Die organisatorische Gestaltung muß einerseits die menschlichen Bedürfnisse berücksichtigen; andererseits besteht für alle Beteiligten im Betrieb wohl kein Zweifel, daß die am Markt, am Kunden, ausgerichteten Zielsetzungen zu erfüllen sind und für das Unternehmen die wirtschaftlich günstigsten Verfahrensweisen zum Ansatz kommen müssen.

Betriebsgestaltung und Arbeitsplatzgestaltung soll im Sinne unternehmerischer Strategien erfolgen. Doch sollten wir uns der eingangs bei der Frage „Wandel in der Arbeitswelt" gemachten Feststellungen besinnen: „Es gilt, das Wissen und das Erfahrungspotential der Mitarbeiter aufzuschließen ....usw". Das bedeutet, daß ohne das Verständnis der betroffenen Mitarbeiter, die in einer Gruppe oder auch in „normaler" Werkstattstruktur am Produktionsprozess beteiligt sind, sich kein durchschlagender Erfolg einstellen wird.

> Wenn wir Fortschritte und Erfolge erzielen wollen, dürfen wir niemals die Möglichkeiten unserer Mitarbeiter unterschätzen

Die Rolle der Betriebsleitung sollte vornehmlich darin bestehen, die Mittel zur Verfügung zu stellen und den Gesamtüberblick über das Unternehmen zu beherrschen. Die heutigen Mitarbeiter sind vielfach sehr gut in der Lage, ihre Arbeit optimal zu gestalten. Vorgesetzte täten gut daran, ihre Mitarbeiter zu fragen, was sie für sie tun können, um sie bei der Arbeitsgestaltung zu unterstützen.

– Der Betrieb schafft die Voraussetzungen, der Mensch macht's möglich! Es gibt sehr wohl Betriebe, die bei einem Betriebsrundgang den Eindruck vermitteln, daß für Betriebs- und Arbeitsplatzgestaltung sehr viel investiert worden ist. Die Effektivität jedoch kann man erst daran ermessen, wenn man erkennt,
  → wie die Arbeitsplätze eingerichtet sind,
  → wie Werkzeuge gelagert werden,
  → wie die „persönliche Ecke" der Mitarbeiter gestaltet ist,
  → wie mit Abfall und Spänen umgegangen wird,

→ wie am Arbeitsplatz Qualität „demonstriert" wird,
→ wie in den Gruppen Sichtkontakt gewährleistet, Information organisiert ist
u.a.m.

Als Basis für eine aufgabenbezogene Gestaltung gelten, wie schon fest gestellt, die Ergebnisse der Arbeitsanforderungsanalyse, die empfehlenswerterweise zu gliedern ist nach einzelnen Faktoren wie

- *Arbeitsplatz* (→ ergonomische Bedingungen),
- *Arbeitsmittel* (→ Betriebsmittel, Werkstücke, Unterlagen),
- *Arbeitsraum* (→ Größe, Belüftung, Klima, Beleuchtung),
- *Arbeitsvorgänge* (→ Arbeitsablauf, verrichtungs-/produktbezogen),
- *Arbeitsorganisation* (→ Auftragsablauf, Einzel-/Gruppenarbeit),
- *Arbeitskooperation* (→ Zusammenarbeit mit ..., Kompetenzen, Verantwortung, Kunde-Lieferant-Verhältnis)

Wenn man bedenkt, welche Quellen für Verschwendungen in Form von Leerlauf, Stockungen, Doppelarbeit, Wartezeiten, Ausfall durch Unfälle und Krankheit bis hin zu Fehlzeiten wegen „Unlust" in der Art, Arbeit zu gestalten, verborgen sind, dann wird wohl jedem die Bedeutung, dieses Geschäft zu beherrschen, bewußt.

Als Meister müssen Sie sich bei gestaltenden Maßnahmen die berühmten *„W-Fragen"* stellen:

Zum Beispiel: *Was* soll getan werden?
Wofür soll es getan werden?
Wer soll es tun?
Wo soll es durchgeführt werden?
Womit soll es erledigt werden?
Wie soll die Erledigung erfolgen?
Warum soll es so und nicht anders gemacht werden?

Die richtige Art der Fragestellung ist oft entscheidend für den späteren Erfolg oder Mißerfolg bei der Realisierung.

Die Arbeits(platz-)gestaltung beinhaltet im weitesten Sinne sowohl die Anpassung der Arbeit an den Menschen, z.B.
→ Gestaltung von Einrichtungen, Vorrichtungen, Werkzeugen, Abläufen, als auch die Anpassung des Menschen an die Arbeit, z.B.
→ Sicherheitsschulung, Fachausbildung, Weiterbildung.

- Die Anpassung des Arbeitsplatzes an den Menschen erfolgt unter Beachtung von z.B.
  - Körpermaßen (→ Arbeitshöhe, Sitze, Tische),
  - Wirkräumen der Arme und Beine, Körperhaltung, Körperstellung
    (→ Greif-und Wirkraum),

- Körperkräften (→ einseitige Belastungen, Kraftübertragungsmittel, statische/ dynamische Muskelbelastungen),
- Gesichtsfeld (→ Sehentfernung, Sehwinkel).

Es geht um die Entlastung der Mitarbeiter von Belastungen, die ihre Leistungsfähigkeit wie auch ihre Bedürfnisse beeinträchtigen.

Neben den oben genannten Faktoren spielt die *Gestaltung der Umgebung* eine entscheidende Rolle auch für die Förderung der Zufriedenheit. So ist z.b. wohl allgemein die Wirkung von *Farbgebungen* bekannt:
→ Farben verbessern nicht nur die Wahrnehmung von Gegenständen und Ereignissen (z.B. Gefahren!); Farben können die Orientierung sicherstellen und ganz wesentliche Wirkungen auf das Befinden der Mitarbeiter haben.

- Bedeutsam bei der Gestaltung der Arbeitsumgebung ist
  - das Minimieren von Lärm, Staub, Gasen, Dämpfen,
  - das Sicherstellen eines verträglichen Klimas und guter Belüftung,
  - das Einstellen der Beleuchtung auf die für die Arbeit erforderlichen Lux-Werte,
  - das Vermeiden störender Schwingungen, auch für Betriebs- und Meßmittel,
  - letztendlich auch die Farbgebung von Räumen, Einrichtungen und Betriebsmitteln.

- Informationstechnische Gesichtspunkte bei der Arbeitsplatzgestaltung:
  - Wahrnehmung optischer Informationsübertragung
    (→ Sehabstand, Beleuchtung, Form von Skalen, Ziffern usw.),
  - Wahrnehmung akustischer Informationsübertragung
    (→ Intensität der Signale, Wahrnehmungsschwellen),
  - Anordnung und Gestaltung von Anzeigen (→ Beispiel: Spannung EIN-AUS) und Stellteilen (→ Bedienungselemente, Steuerhebel),

- Regeln für die Darstellung von Informationen auf dem Bildschirm (→ einheitliche Aufteilung des Bildschirmes, Info-Inhalte auf das Wesentliche beschränken, einfache Quittierprozeduren, leicht verständliche Sprache und Symbole verwenden, u.a.m.).

- Die Gestaltung der Arbeitssicherheit geschieht
  → unter Beachtung aller sicherheitstechnischen Vorschriften: Die sicherheitstechnische Arbeitsplatzgestaltung umfaßt alle gestaltenden Maßnahmen, die der Unfallverhütung und der Verhinderung von Berufskrankheiten dienen.

An dieser Stelle sei Meistern die dringende Empfehlung gegeben, an für ihre Aufgabenstellung relevanten Lehrgängen der Berufsgenossenschaften teilzunehmen.

- Gestaltung des wirtschaftlichen Ablaufes:
  - Die an einem Arbeitsplatz oder auch innerhalb einer Gruppe stattfindenden Aktivitäten und Bewegungsabläufe sollen nicht nur aus unternehmerischer Sicht rationell erfolgen. Auch den auf Zielerfüllung ausgerichteten

Mitarbeitern können schlechte Abläufe oder Monotonie „auf den Geist gehen", mit der Konsequenz der Leistungsminderung bis hin zu Gleichmut.

- Die Gestaltungsmaßnahmen beziehen sich auf die Leistungsfähigkeit der Betriebsmittel, den rationellen Einsatz von Werkzeugen und Vorrichtungen, geschickte Anordnung von Vorratsbehältern, Mechanisierung oder auch Automatisierung zur Zu- und Abführung, arbeits- und auftragsabhängige Informations-/Meldesysteme.

- Zur rationellen Gestaltung zählt schließlich auch die *Methodengestaltung*, wobei hier eine zweifache Wirkung auftritt:
  → Vermeiden unnötiger Bewegungen, das Anstreben simultaner Bewegungsabläufe, das Entlasten der Sinnesorgane u.a.m. führt nicht nur zu zeitgünstigen Verrichtungen; es kommen auch ergonomische Gestaltungsfaktoren zur Wirkung.

Die Beherrschung dieses Geschäftes ist nicht nur den Spezialisten in der Arbeitsvorbereitung vorbehalten. Auch für den Meister sollte die Absolvierung der entsprechenden REFA-Lehrgänge zur Pflicht werden.

- Gestaltung des sozialen Umfeldes:
  Mehr Handlungsspielraum, mehr Eigenverantwortung für die Mitarbeiter erfordert auch gestalterische Maßnahmen im Umfeld des Arbeitssystems.
  – Zur Sicherstellung der Information und Kommunikation innerhalb der Gruppe wie auch mit angrenzenden Bereichen sind dezentrale „Pausen-Ekken" in unmittelbarer Nähe der Gruppe vorzusehen. Dieser Platz dient auch für Gruppengespräche, Problemlösungen usw. und deckt wesentliche soziale Bedürfnisse ab (→ Kontakt, Geborgenheit).
  – Ein allgemein – auch für Besucher – verständliches Informations-System (als Schautafel oder Schaukasten) soll die Gruppe wie auch andere über aktuelle Daten wie Qualitätsstand, Produktionsergebnisse sowie besondere Ereignisse und Leistungen informieren.

Beispiele für Schautafel-Informationen

- Zuständiger Vorgesetzter bzw. Gruppensprecher
- Soll-Ist-Vergleich Qualitätsziele
- Produktionskennzahlen
- Ausgezeichnete Verbesserungsvorschläge
- Durchgeführte Verbesserungen
- Urlaubsplan
- Schichtpläne
- Maschinen-Layout
- Besondere Ereignisse in der Gruppe
- Standard-Arbeitspapiere

- Zu einem entspannten Arbeitsklima gehört die Möglichkeit, irgendwo „Dampf abzulassen". Es haben sich hierfür sogenannte Mecker-Kästen oder Mecker-Stecktafeln bewährt. Damit wird den Mitarbeitern die Möglichkeit gegeben, ihre Probleme, ihre Ärgernisse „an den Mann" – den Vorgesetzten/Meister – zu bringen. Dieser ist verpflichtet, sich hier täglich zu informieren und die Angelegenheit auch zügig zu erledigen.

Beispiel für eine Art Checkliste, die zur Gestaltung einer Montagegruppe Hinweise gab:

Gestaltungshinweise
(Auszug)

- Kapitalintensive Betriebsmittel und Arbeitsplätze so einplanen, daß sie langfristig ortsfest bleiben können.
- Einrichtungen, die Umwelteinflüsse ausüben, von den übrigen Arbeitsplätzen isolieren, jedoch Blickkontakt erhalten lassen. (betrifft Lärm, Dämpfe)
- Blickkontakt zwischen den Arbeitsplätzen sicherstellen.
- Kommunikation zwischen den Gruppenmitgliedern sicherstellen.
- Pausen-/Gruppengesprächs-Fläche vorsehen.
- Bereitstell-„Bahnhof" und Liefer-„Bahnhof" an gleicher Stelle vorsehen.
- Materialfluß so gestalten, daß Hand-in-Hand-Arbeiten erfolgt.
- Verkehrswege eindeutig kennzeichnen, Fluchtwege markieren.
- Kleinmaterialversorgung nach dem Kanban-System vom Zentral-Lager.
- Sicherheitsvorschriften beachten
- Informations- und Meldeterminal in der Gruppe zentral anordnen.

- Arbeitszeit-Gestaltung:
Die Gestaltung der Arbeit schließt auch ein die Regelung von Arbeitszeiten, Schichtzeiten sowie die Organisation der Pausen.
- Gesetzliche (ArbZG) und tarifliche Bestimmungen sind zu beachten.
- Unter Berücksichtigung der Interessen der Mitarbeiter können Betriebsvereinbarungen abgeschlossen werden.
- Organisatorische Gegebenheiten (→ Bindungen an andere Funktionseinheiten, Nutzung kapitalintensiver Einrichtungen u.a.m.) müssen berücksichtigt werden.

Wie wirken die Gestaltungsmaßnahmen auf die Mitarbeiter?
Zunächst gilt ein Grundsatz, der damit zusammenhängt, daß wir es heute mit mündigen, nach mehr eigenständigem Handeln strebenden Mitarbeitern zu tun haben:
- Die Gestaltung der Arbeit und des Betriebes mag optimal menschengerecht sein oder auch nicht. Wenn die Mitarbeiter als Betroffene daran beteiligt waren, leben sie mit dem Ergebnis und tragen es mit.

- Sofern der Betrieb die Mitarbeiter an den gestalteten Arbeitsplätzen, in den Arbeitsgruppen, den Fertigungsinseln, an dem System des KVP, des „kontinuierlichen Verbesserungs-Prozesses" beteiligt (und das sollte er tun!), werden die Mitarbeiter aus eigenem Interesse an der Optimierung der in ihrem Arbeitssystem ablaufenden Prozesse aktiv sein.
  → Die Mitarbeiter wollen stolz sein auf ihren Arbeitsplatz!

Im übrigen ist davon auszugehen, daß die menschengerechte Gestaltung der Arbeit mit all den vorstehend genannten Faktoren von den Mitarbeitern als das gesehen werden, was sie sein sollen: Hygiene-Faktoren.

5.6 Gestaltung des Entgeltsystems

Die Anforderungen, die durch die Aufgabenstellungen in dem Arbeitssystem an die Mitarbeiter gestellt werden sowie die gegebenen Einflußmöglichkeiten auf das Arbeitsergebnis durch die Mitarbeiter bilden die Grundlage für die Erarbeitung des optimal geeigneten Entgeltsystems.

- Bindungen an bestehende Tarifverträge müssen beachtet werden.
- Entsprechend den Bestimmungen des Betriebsverfassungsgesetzes (§ 87) sind die Mitbestimmungsrechte des Betriebsrates bei der Gestaltung betrieblicher Entlohnungsfragen zu beachten.

Bei den Zielsetzungen für das Entgeltsystem sind die betrieblichen Erfordernisse wie auch die Erwartungen der Mitarbeiter, insbesondere die motivierenden Wirkungen, zu berücksichtigen. Infolge der sich verändernden Arbeitsstrukturen (→ Losgrößen, Gruppenarbeit, Flexibilität, Aufgabenintegration statt -teilung) haben sich bisher bewährte Entlohnungssysteme zum Teil überlebt, z.B. ist das Aufwand-Nutzen-Verhältnis beim Einzel-Akkord vielfach nicht mehr vertretbar.

Grundsätzlich ist das Entgelt-Problem ein so umfassendes Thema, das den Rahmen dieser Abhandlungen sprengen würde, wollte ich es hier sinnvoll bearbeiten. Es bedarf wohl auch keiner tieferen Erläuterungen, daß die Arbeitsbewertung und die Aufgabenanalyse der Entgeltklärung dienen.

Nachdem wir uns eingangs schon mit dem „Wandel unserer Arbeitswelt" befaßt haben, muß in diesem Zusammenhang auch zum Entgeltthema eine modellhafte Betrachtung angestellt werden, modellhaft deswegen, weil es kein „käufliches" Entlohnungssystem geben kann, das auf jeden Betrieb paßt.

Eine besondere Betrachtung ist auch angebracht, weil durch die Umstrukturierungen (→ Gruppenarbeit, Fertigungsinseln)
  → Angestellte und gewerbliche Mitarbeiter gemeinsam an der Leistung beteiligt sind,

→ die Detailplanung der Arbeitsabläufe im Rahmen der Handlungsfreiräume weitgehend durch die Gruppenmitglieder vor Ort geschieht und damit „Vorgaben von oben" entfallen.

Es bietet sich daher an, einen „leistungsbezogenen Zeitlohn", für Angestellte wie gewerbliche Arbeitnehmer gleichsam in der Produktion vorzusehen. Eingebettet in tarifliche Regelungen lassen sich die Grundlagen wie folgt darstellen:

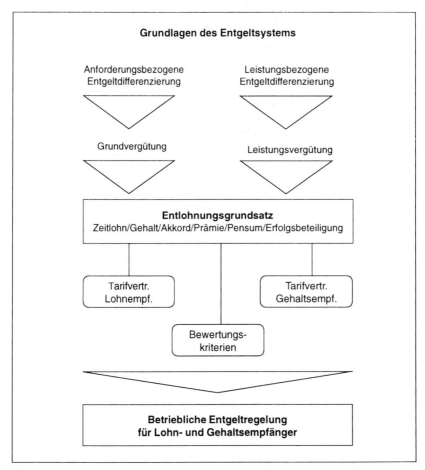

Bild 5.2: Grundlagen des Entgelts

Bei dem „Entgelt der Zukunft" ist von folgenden Fakten auszugehen:

- Die physische Leistung des Menschen ist durch den fortschreitenden Wandel der Technologien nur noch bedingt eine Meßlatte für die Beurteilung menschlicher Leistung.
- Die Organisationsformen und das Verhalten der Mitarbeiter bestimmen mehr und mehr das Ergebnis.
- Die Entgeltform, bisher stark zeitwirtschaftlich geprägt, muß die betriebswirtschaftliche Gesamtleistung als tragenden Aspekt enthalten.

Die Tarifpartner werden sich hoffentlich auf ein System einigen, das die folgenden Parameter enthält:

- *Grundvergütung*   (→ anforderungsabhängig)
- *Leistung*   (→ keine „Besitzstandszulage"!)
- *Erfolg*   (→ nach dem „Chance-Risiko"-Prinzip!)
  (siehe Bild 5.3)

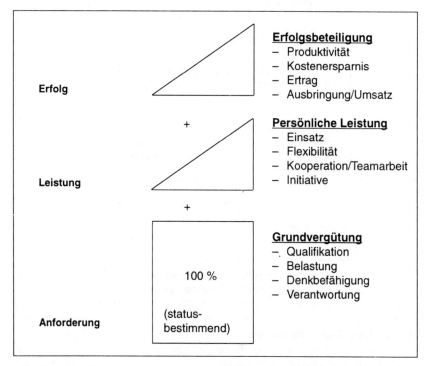

Bild 5.3: Entgeltkomponenten bei erfolgsorientierter Entgeltdifferenz

Welche Erwartungen können daran geknüpft werden?
Die motivierende Wirkung von Geld (→ als Zulage) ist bekanntlich nicht von anhaltender Dauer. Dabei ist als Ursache vielfach weniger der Verdienst pro Monat bzw. Jahr in seiner Höhe entscheidend als die eigene Verdiensthöhe in Relation zu der anderer gesellschaftlich gleichgestellter Menschen, was sowohl Anreiz als auch Druck erzeugt.

Durch eine verhaltensorientierte Entlohnung und die Beteiligung am Erfolg bleibt ein ständiger Anreiz bestehen. Nicht kurzfristig „verrechnete" Leistungsgrade sind bestimmend für das Entgelt, sondern die permanent erbrachte betriebswirtschafliche Leistung. Damit wird das Betriebsinteresse gefördert und zugleich der Ansporn zu Zusammenarbeit und Nutzung der Gestaltungsspielräume gegeben, letztendlich auch dienlich der Arbeitszufriedenheit.

Für den Meister besteht die Verpflichtung, Entgeltgruppe wie auch Entgelthöhe gegenüber jedem einzelnen seiner Mitarbeiter zu vertreten. Daraus erwächst die weitere Verpflichtung, Lohngerechtigkeit walten zu lassen und für die Entgelthöhe die Verantwortung zu übernehmen. Es stände ihm nicht gut an, würde er bei Lohnproblemen „den Schwarzen Peter" der Personalabteilung zuschieben.

5.7 Die Rolle des Meisters

Wenn davon gesprochen wird, daß der „Meister 2000" eine veränderte Rolle im Betrieb übernimmt, dann ist dies ursächlich nicht allein auf eine veränderte Rollenverteilung in der Betriebshierarchie zurückzuführen.

- In zum Teil hochtechnisierten Werkstätten sind Menschen als Mitarbeiter tätig, die hohe (teilweise Doppel-)Qualifikationen aufweisen und nach Eigenständigkeit streben.

- Aufgaben, Funktionen und Status der Facharbeiter werden durch technologische und strukturelle Veränderungen aufgewertet.

Für den Meister verändert sich das Bild vom „guten Mitarbeiter" mit dem „richtigen" Verhalten:

- Nicht der unauffällige, zurückhaltende Mitarbeiter ist der gute, sondern der kritische, ideenreiche und dabei kommunikationsfähige Mitarbeiter ist gefragt.
- Eigeninitiative, Selbständigkeit, Entscheidungsfähigkeit, Bereitschaft zum Zusammenwirken und Selbstvertrauen zeichnen gute Mitarbeiter – vor allem bei Teamarbeit – aus.

Diese Schlüsselqualifikationen heranzubilden und zu fördern, gehört zu dem „Coaching", der neuen(?) Rolle des Meisters.

- Die von den Mitarbeitern erwünschten und in neuen Arbeitsstrukturen erforderlichen größeren Handlungsspielräume setzen bei den Mitarbeitern qualitätsbewußtes Handeln und Verhalten voraus.
- Gleiches gilt für die Erfüllung von Zielsetzungen wie Terminerfüllung, Qualitätsverbesserung, Kostensenkung u.ä.

Dies verändert die Führungsaufgabe des Meisters. Es gilt, das Arbeitsergebnis zu bewerten, statt detailliertem Vorgeben von Arbeitsschritten und laufend „zwischen-zu-kontrollieren".

Zielvereinbarungen zu treffen bedeutet Vertrauen in den Partner zu setzen. Statt fachlicher Qualitäten gewinnt die Führungsqualifikation an Bedeutung, gepaart mit organisatorischen Fähigkeiten und persönlicher Autorität.

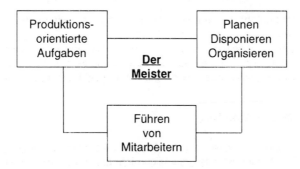

Die Integration indirekter Funktionen in die produzierenden Arbeitssysteme reduziert weitgehendst die bisherige Fremdbestimmung. Im „Meisterbereich", wie immer man das „Meister + Mitarbeiter-Team nennen mag", werden Arbeitsvorbereitungs- und Steuerungsaufgaben sowie Wartungs- und Bereitstellungsaktivitäten wahrgenommen.

Hier sind unternehmerische Handlungsweisen gefragt, die auch über den Meisterbereich hinaus zu den dienstleistenden Stellen erforderlich sind.

Wenden wir uns dem gewünschten „unternehmerischen Denken und Handeln" des Meisters zu, so müssen wir einige Gedanken darauf verschwenden, was denn auf die „Funktion Meister" einwirkt, wonach er wohl sein Denken und Handeln ausrichten muß:

- Das Unternehmen als soziales System,
  → Verhaltensregeln, Einflüsse auf das Gruppenverhalten, informelle Gruppen.
- Das Unternehmen als leistungsorientierte Organisation,
  → Produktkosten, Stückzahlen, Durchlaufzeiten, Ertragsdruck.
- Das ökonomische Prinzip der Wirtschaftlichkeit,
  → mit gegebenen Mitteln größtmöglichen Erfolg erzielen.

- Der Markt, der Kunde, die Konkurrenz,
  → Preise, Qualität, Schnelligkeit, Flexibilität.
- Der Mitarbeiter und seine Bedürfnisse,
  → gerechter Lohn, Entwicklungsmöglichkeiten, Arbeitszeit, Arbeitsbedingungen u.a.m.
- Gesamtgesellschaftliche und politische Normen,
  → Gesetze, Mitbestimmung, Freizeitverhalten.
- Technische Regeln und Verfahren,
  → Arbeitssicherheit, Produktionsprozesse, Materialien
- Die Umwelt,
  → kritische Prozesse, Fremdeinwirkungen.

Aus diesen sicher nicht komplett dargestellten Einwirkungen läßt sich wohl ein Anforderungskatalog für die „Funktion Meister" ableiten, natürlich ergänzt um die betriebsspezifischen Anforderungen.

Wenn wir hier Veränderungen der Rolle des Meisters behandelt haben, soll das nicht heißen, daß die Fachkompetenz des Meisters nicht mehr erforderlich ist (im Gegenteil!). Es vollziehen sich Aufgabenverlagerungen von Meister-Aktivitäten auf die Mitarbeiter, die Gruppen, während der Meister, wie schon mehrfach dargestellt, existenziell wichtige Aufgaben für *seine Fabrik in der Zukunft* zu erfüllen hat. Es ist schlichtweg Unsinn, zu glauben, die Meister würden durch neue Arbeitsstrukturen arbeitslos werden.

Der Meister als Führender und Geführter

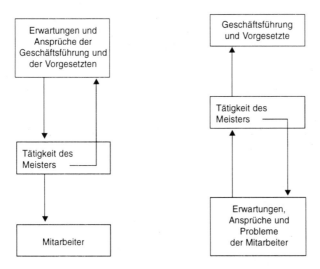

Bild 5.4: Der Meister als „Mittler" zwischen Geschäftsleitung und Mitarbeitern

Abwägen des Machbaren unter Berücksichtigung der Mitarbeiter-Interessen	Abwägen des Machbaren unter Beachtung der Unternehmens-Interessen
↳ Vorgaben der Geschäftsleitung (1)	↳ Wünsche, Bedürfnisse, Vorschläge der Mitarbeiter (2)

☐ (1) Die Geschäftsleitung gibt Ihnen als Meister die Anweisung, Ihren Mitarbeiter Otto mit einer Sonderaufgabe an den nächsten zwei Samstagen zu beauftragen.
Ihr Problem: 1. Otto für eine andere Arbeit einsetzen?
2. Und das an gleich zwei Samstagen?
3. Und was sagt der Betriebsrat?
Ihre Aufgabe: *Klären* der Möglichkeiten zur Erledigung der notwendigen Sonderaufgabe.
→ Otto's Interessen berücksichtigen,
→ Einmischungen „von oben" nicht akzeptieren.
Rückmeldung an Ihren Chef.

☐ (2) Mitarbeiter Otto ist sich mit den Kollegen einig, eine Pausenecke, wo auch kurze Abstimmungsgespräche stattfinden können, zu beantragen. Für das Wie und Wo haben sie schon einen Lösungsvorschlag.
Ihr Konflikt: 1. Ist bisher nicht üblich!
2. Idee ist nicht schlecht, kann die Effektivität erhöhen!
3. Realisierung ist genehmigungspflichtig!
Ihre Aufgabe: Realisierungsmöglichkeiten und eventuelle Folgewirkungen *abwägen*, machbares Konzept bei der Geschäftsleitung *durchsetzen*. *Rückmeldung* an Ihre Mitarbeiter.

Derartige „Mittler"-Funktionen erlebt ein Meister reichlichst in seinem Tagesgeschäft und das mit durchaus konfliktreicheren Situationen. Hier gilt es, persönliche Autorität zu zeigen. Der Meister unterliegt einerseits der Verpflichtung, die Unternehmensinteressen wahrzunehmen, „im Sinne" der Geschäftsleitung zu handeln; andererseits sind es seine Mitarbeiter, die mit ihrer Leistungsbereitschaft den entscheidenden Beitrag zur Wertschöpfung leisten. Ihren Bedürfnissen sollte er aufgeschlossen gegenüberstehen, berechtigte Forderungen vertreten.

Gegensätzliche Interessen gibt es sehr natürlicherweise selbst bei Übereinstimmung ALLER bezüglich der übergeordneten Ziele:

Mögliche Interessengegensätze		
Geschäftsführung	↔	Mitarbeiter
LEISTUNG	↔	LOHNGERECHTIGKEIT
ÜBERSTUNDEN	↔	FREIZEIT
DURCHSETZUNG	↔	MITBESTIMMUNG

Kennen Sie Beispiele aus eigenem Erleben?

5.8 Grundsätze für Führung und Zusammenarbeit

Wenn Unternehmen im Wettbewerb bestehen wollen, ist dies nur erreichbar, wenn jedes Mitglied des Unternehmens das Optimum seiner Leistungsfähigkeit einbringt, sich zum Nutzen des Ganzen entfalten kann. Der „Gordische Knoten", der zu durchschlagen ist, besteht demnach in der Realisierung von Rahmenbedingungen, unter denen sachbezogene und personenbezogene Ziele gleichwertig zusammengeführt werden. Dazu gehört, wie schon festgestellt, die klare Formulierung der Grundwerte zur Unternehmenskultur. Je klarer wenige Leitwerte formuliert sind, desto besser wissen alle Mitarbeiter und Vorgesetzten, was sie in jedwelcher Situation zu tun haben, wie sie miteinander umgehen.

Ein wesentlicher Bestandteil der Leitwerte sind die *Grundsätze für Führung und Zusammenarbeit*. Insbesondere diese Leitwerte sollten öffentlich gemacht werden, auch wenn mitunter Mut aufgebracht werden muß, sich dazu zu bekennen.

Die Teilnehmer von Führungskräfte-Seminaren eines bedeutenden deutschen Unternehmens nahmen nach Absolvierung der Seminare einen kleinen transparenten Würfel mit, der ihren Schreibtisch zieren sollte, was er auch vielfach tat. Die 6 Seiten des Würfels gaben die sechs wichtigsten Grundsätze der Führung wider:

Vorbild sein	Sich der Anforderungen an das eigene Führungsverhalten bewußt sein, die eigene Führungspraxis kritisch bewerten und sich ständig weiterentwickeln.

Zusammenarbeit vertiefen	Die Zusammenarbeit im Unternehmen durch Aufgeschlossenheit und gegenseitiges Vertrauen fördern.

Kommunikation verbessern	Die Kommunikation auf allen Ebenen durch rechtzeitige klare Information sowie umfassenden Erfahrungsaustausch verbessern.
Verantwortung übertragen	Das Verantwortungsbewußtsein, die Kreativität und Leistungsbereitschaft der Mitarbeiter durch Übertragen von Aufgaben und Befugnissen steigern.
Motivation stärken	Das Engagement der Mitarbeiter durch Anerkennung ihrer Persönlichkeit und Leistung, durch konstruktive Kritik und leistungsgerechte Bezahlung stärken.
Mitarbeiter fördern	Die Mitarbeiter entsprechend ihren Fähigkeiten sowie den Erfordernissen des Unternehmens fördern und auf künftige Anforderungen rechtzeitig vorbereiten.

Heute mögen vielleicht andere Prioritäten gelten, doch inhaltlich sind diese Leitwerte brandaktuell.

- Selbständig denkende und handelnde Mitarbeiter sind ein bestimmen der Faktor für den Erfolg des Unternehmens.
- Führen durch Zielvereinbarung auf allen Unternehmensebenen.
- Unterstützen durch vermitteln von Zuversicht.
- Delegieren von Aufgaben, Kompetenzen und Verantwortung an die Mitarbeiter ist Bestandteil kooperativer Führung.
- Mitverantwortung durch gemeinsame Rechte und Pflichten.

Solche und sicher weitere Grundsätze finden sich immer wieder in zielorientiert geführten Unternehmen. Für die Führungskräfte sind derartige Festlegungen eine wichtige Orientierung und auch ein entscheidender Rückhalt, können sie sich doch sicher sein:

– Handeln sie im Sinne der Grundsätze, steht das Unternehmen hinter ihnen.
– Das Vereinbaren von Zielen und deren Realisation gemeinsam mit den Mitarbeitern wird erleichtert.
– Die Mitarbeiter nutzen ihre Spielräume zu ihrem Nutzen, was auch dem Unternehmen nutzt.

Führungsverhalten

> Mitarbeiter führen bedeutet, das Verhalten und Handeln des einzelnen Menschen oder einer ganzen Gruppe unter Berücksichtigung einer jeweiligen Situation auf ein gemeinsam gesetztes Ziel hin zu steuern.

Mit dem Führungsverhalten ist die Persönlichkeit des Führenden angesprochen, die Werte seines Handelns, seine Einstellungen zu den Menschen seines Umfeldes, die Motive und Triebe seines Handelns, seine Neigungen und Fähigkeiten, die für ihn typischen Reaktionen.

Was lernen Seminarteilnehmer auf Führungslehrgängen? Zweifellos nehmen sie eine Menge Wissen über die diversen Führungsstile mit nach Hause, doch hoffentlich auch die Erkenntnis, daß damit keine Qualifizierung des Führungsverhaltens erlangt worden ist. Sie nehmen die Erfahrungen mit, wie sie in Rollenspielen auf die Partner gewirkt haben, wie sie „angekommen" sind (oder auch nicht).

Die Praxis zeigt (mitunter recht schmerzhaft), daß Führungsverhalten „Umgang mit Menschen" bedeutet. Wenn mancher Vorgesetzte VOR seinen Reaktionen und Handlungen wüßte, welche Reaktionen er damit bei seinen Mitarbeitern auslöst, hätte er wahrscheinlich am liebsten garnichts getan.

- Mitarbeiter reagieren sehr unterschiedlich auf Vorgesetztenverhalten.
- Äußerlich „ruhige Reaktion" bedeutet noch lange nicht Akzeptanz.

Es gehört somit zur „Kunst" im Führungsverhalten, mögliche Reaktionen vor einer Handlung – und bei impulsiven Handlungen schon gar – zu analysieren. Das ist nicht einfach, kann aber unter Umständen viel Ärger ersparen!

Ein wesentlicher Faktor des Vorgesetztenverhaltens, und den Vorgesetzten charakterisierend, ist das *„Menschenbild",* das sich der Vorgesetzte geschaffen hat. Das heißt, er sieht die Menschen in dem „Sozialen System Betrieb" auf eine grundlegende Art und Weise, „durch eine besondere Brille". Der amerikanische Unternehmensberater *McGregor* hat diese Vorgesetztenbilder über die Natur des Menschen in zwei Theorie-Blöcken dargestellt:

„Theorie X": Die Menschen – und damit die Mitarbeiter – werden von dem Vorgesetzten (der sich aus der Betrachtung herausnimmt!), als wenig ehrgeizig und eher arbeitsunwillig sowie verantwortungsscheu angesehen. Er leitet daraus ab, sein Verhalten dementsprechend einstellen zu müssen, d.h. wohl wenig kooperativ, eher dirigistisch autoritär. In der Praxis heißt das mehr direkte Anweisung, Kontrolle und Überwachung, möglichst keine Erwartungen an die Mitarbeiter stellen.

„*Theorie Y*": Die Mitarbeiter werden als lernwillig, leistungsfähig und kooperativ, mit Interesse an verantwortungsvollen und anspruchsvollen Aufgaben angesehen. Der Vorgesetzte wird in diesem Fall ein ganz anderes Verhalten zeigen. Er wird den Mitarbeitern Freiräume in der Gestaltung ihrer Arbeit zugestehen, wird Engagement und Initiative fördern, sie an Entscheidungsfindungen beteiligen.

Beide Theorien bergen die Gefahr von Irrtümern und zwar in der Frage nach Ursache und Wirkung:

- Sollten Sie als Meister gemäß „Theorie X" Ihre Mitarbeiter für, vereinfacht dargestellt, arbeitsunwillig ansehen, dann kann dies seine Ursache darin haben, daß Sie gegenüber Ihren Mitarbeitern eben das unter „Theorie X" beschriebene Verhalten an den Tag gelegt haben.
- Entsprechend ist dies auch für die „Theorie Y" zu bedenken. Bei Ihrer Handlungsweise müssen die Mitarbeiter zwangsläufig die beschriebenen Verhaltensweisen erbringen.

Vorsicht ist also geboten mit pauschalen Einschätzungen. Ebenso ist selbstkritisches Betrachten des eigenen Verhaltens notwendig.
- Letztendlich ist zu bedenken, daß Mitarbeiterverhalten auch ein Spiegelbild des Vorgesetztenverhaltens ist.

Eine typische Verhaltensweise, die insbesondere technisch ausgebildeten Vorgesetzten mitunter zueigen ist, betrifft das *sachorientierte Führungsverhalten* oder auch produktionsorientierte Führungsverhalten. Technisch orientierte Menschen neigen dazu, Leistung sachbezogen zu sehen, ohne daß auf zwischenmenschliche Beziehungen Rücksicht genommen wird. Das liegt unter anderem daran, daß die Berufsausbildung vom Facharbeiter über Meister, Techniker bis zum Ingenieurstudium sich intensivst dem Wie und Warum der Technik und der Technologien widmet, die Menschenführung und die Bedeutung des Humankapitals auch heute noch recht stiefmütterlich behandelt werden.

Wie wirkt sich dieses Führungsverhalten in der Praxis aus?
→ Der Vorgesetzte legt seine Schwerpunkte z.B. auf das Erreichen des Leistungs-Maximums durch
  - Diktieren, was wie womit wann zu tun ist,
  - Führen nach dem Prinzip „Befehl & Gehorsam",
  - einsames Entscheiden ohne Mitwirkung der Mitarbeiter,
  - Antreiben zu besonderen Leistungen.

Sicher ist dieses Verhalten nicht der optimale Weg, die Mitarbeiter zu begeisterten Mitstreitern zu machen. Daher findet man bei dem Versuch, Verhaltensbilder von Vorgesetzten darzustellen, wie es *Robert R.Blake & Jane S. Mouton* mit ihrem „*Verhaltensgitter*" getan haben, auch das *menschenorientierte Führungsverhalten*, das *mitarbeiterorientierte Führen*.

Wie zeigt sich Mitarbeiterorientierung in der Praxis?
→ Der Vorgesetzte legt seine Schwerpunkte auf das Bemühen, ein positives Klima sowie Harmonie mit und unter den Mitarbeitern sicherzustellen und das im Zweifelsfall zu Lasten der Sicherstellung des Sacherfolges. Das zeigt sich durch z.b.
- Schaffen und Erhalten guter zwischenmenschlicher Beziehungen,
- Wohlwollendes Aufnehmen von Meinungen, Ideen und Wünschen der Mitarbeiter,
- Neigung zu Zurückhaltung bei Widerspruch und Kritik,
- Neigung, Betriebsfrieden höher einzuschätzen als Anstrengung zur Leistung.

„Reinrassig" wird keine der beiden Verhaltensweisen in der Praxis als Verhaltensprinzip gepflegt werden. Das Zeigen von Verhaltensweisen ist ja mitunter auch eine Sache der Taktik, wie man einen – z.b. unangenehmen – Führungsstil in einem menschenfreundlichen Verhalten verpackt präsentiert. Gleichwohl sei nachstehend eine vereinfachte Form des *GRID-Verhaltensgitters* von Blake & Mouton dargestellt. In dem Verhaltensgitter, das nach dem Koordinatensystem aufgebaut ist, läßt sich gut ablesen, welche extremen oder gemischten Verhaltensweisen in Bezug auf Menschen- bzw. Sachbezogenheit möglich sind.

Betrachten wir einmal die in Bild 5.5 dargestellten Fixpunkte:

1.1-*Führungsverhalten*: Geringstes Einwirken sowohl auf die Motivation der Mitarbeiter als auch auf das Erzielen einer optimalen Sachleistung. Der Versuch, „als Überlebenskünstler zu wirken".

1.9-*Führungsverhalten*: Ausgeprägte Rücksichtnahme auf die Bedürfnisse der Mitarbeiter, auch zu Lasten der Leistung. Starkes Bemühen um angenehmes Klima, keinem wehtun, „Führen mit Glace-Handschuhen".

9.1-*Führungsverhalten*: Antreiben zu maximaler Leistung ohne Rücksicht auf Mitarbeiterbelange, Befehlen ist Gehorsam zu leisten, zwischenmenschliche Beziehungen gleich null. Motto „Herrsche und teile nicht!"

5.5-*Führungsverhalten*: Ständiges Bemühen, ein Gleichgewicht zwischen der Berücksichtigung der Mitarbeiterbelange incl. gutem Arbeitsklima und dem notwendigen Antrieb zu optimaler Leistung zu erreichen. Motto „Schlängeln auf dem goldenen Mittelweg!"

9.9-*Führungsverhalten*: Zusammenarbeit und engagierte Zielerfüllung durch motivierte Mitarbeiter in gegenseitiger Achtung. Gemeinschaftliche Aufgaben- und Konfliktlösung. Motto „Zielorientierte Teamarbeit".

Wo, glauben Sie, liegt Ihr persönliches Führungsverhalten? Wohin neigen Sie? Machen Sie ein Kreuz in das Bild 5.5!

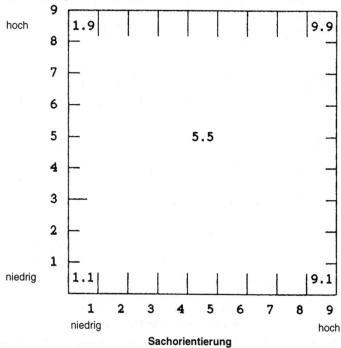

Bild 5.5: „Verhaltensgitter"

Eine interessante Bereicherung des Verhaltensgitters und der inhaltlichen Interpretationen von Blake & Mouton erfolgte durch REDDIN, indem er den im Prinzip gleichen Dimensionen, der Menschenorientierung = → *Beziehungsorientierung*, sowie der Sachorientierung = → *Aufgabenorientierung*, → die *Effektivität* hinzufügte.

Was verbirgt sich dahinter?

Der Erfolg eines Führungsverhaltens hängt nach diesen Thesen nicht nur von der mehr oder weniger Menschen- bzw. Sachorientierung ab, sondern zusätzlich von der jeweils anzutreffenden *Führungssituation*. Das soll heißen:

- Ein bestimmtes Führungsverhalten kann in einer eintretenden Situation richtig, d.h. effizient, in einer anderen jedoch falsch, also ineffizient, sein bzw. angesehen werden.
  → Wenn Sie als Meister Ihrem Mitarbeiter Otto sehr menschenorientiert entgegenkommend gegenüberstehen, wird Otto Sie ggf. als „Förderer" ansehen, dagegen mancher Ihrer Kollegen kann dies vielleicht als „Gefälligkeitsduselei" betrachten. Es kommt eben auf die Situation an!

Belassen wir es mal bei diesem kleinen Beispiel. Es zeigt wohl, wie komplex und vielleicht auch noch nicht zuende erforscht das Thema „Führen" ist.

Stellen wir fest:

> Führungsverhalten ist ein Zusammenwirken von gegenseitigem Vertrauen, einem Klima der Offenheit und dem als Autorität wirkenden Vorbild.

Als Meister sollten Sie ...

... Ihr Führungsverhalten im Sinne zielorientierter Partnerschaft (weiter)-entwickeln,
  → Führen unterliegt einem lebenslangen Lernprozess.

... Ihre Führungsaufgaben erkennen und danach handeln,
  → an Ihren Handlungen erkennt man Sie als Vorbild.

... das partnerschaftliche Zusammenwirken fördern,
  → auch über Ihren Kompetenzbereich hinaus.

... die Kreativität und Leistungsbereitschaft der Mitarbeiter wecken,
  → dies führt zu deren Identifikation mit Ihren Zielen und denen des Unternehmens

... durch Coachen der Mitarbeiter die betrieblichen Leistungsprozesse optimieren,
  → Führen bedeutet Zielsetzen, Gestalten und Steuern.

Führungsstile

Wir haben uns eingangs mit der Frage befaßt, ob Führung notwendig sei und wie sie funktioniert. Letztendlich geht es immer darum, das Verhalten anderer zielorientiert zu beeinflussen und dies kann auf mannigfaltige Art und Weise geschehen. Das dies so ist, beobachten wir Tag für Tag im öffentlichen Leben, die Medien breiten die Führungsqualitäten von Politikern wie Wirtschaftsgrößen vor uns aus und wir selber bekommen die diversen Führungsqualitäten im Beruf wie auch privat zu spüren oder lassen sie andere spüren. Die Art und Weise, wie wir dies tun (bzw. empfinden), das ist der Führungsstil, die „Technik", die man anwenden sollte oder die man glaubt anwenden zu müssen, um sein Ziel zu erreichen.

Mit Sicherheit hat es nichts mit „Führen" zu tun, wenn man „den Karren laufen läßt". So wie dieser Karren eben im Graben landet, läuft auch im Betrieb nach vielem „kreuz und quer" bald nichts mehr. Das ist dann ein durchaus realistisches Ergebnis des sogenannten *Laissez-faire-Führungsstiles*.

☐ Sie sind Meister einer Mannschaft von 20 Mitarbeitern. Nach Ihrer eigenen Überzeugung führen Sie Ihre Mitarbeiter „an der langen Leine". Sie unterhalten zu Ihren Mitarbeitern ein sehr freundliches Verhältnis, aber sonst .... tun Sie im Prinzip nichts weiter.

Sie wirken nicht auf die Mitarbeiter ein in Bezug auf die Aufgabenerledigung, die Leistung der einzelnen usw.; jeder „werkelt" so für sich hin und Sie meinen, „die machen das schon recht", sind ja die Fachleute.

Zu Ihrer Ehrenrettung sei festgestellt, daß Sie auf Befragen schon Ihre Meinung kundtun und nach Aufforderung auch zum Handeln bereit sind.

Sei es drum, das ist Laissez-faire, mit der Möglichkeit des Eintretens oben angedeuteter Konsequenzen. Die Mitarbeiter empfinden Ihren Stil wohl als ganz nett, jedoch werden sie leicht in der Orientierungslosigkeit landen, denn wer läuft schon gern jemandem hinterher, um ihn was zu fragen oder gar zu einer Reaktion aufzufordern?

Der autoritäre Führungsstil

Wie sieht der Führungsstil der Zukunft aus? Diese Frage erscheint mir nicht ganz unberechtigt. Die Führungskräfte vom mittleren bis zum oberen Management lebten, zumindest in den letzten Jahrzehnten in einem sie zu überrollen drohenden Stress. Mag es echte Überlastung gewesen sein, lag es daran, daß sie mit zuviel Detail-Problemen befaßt waren oder waren es zuviel unproduktive Aktivitäten, mit denen sie sich beschäftigten, die zwischenmenschlichen Beziehungen blieben vielfach auf der Strecke und damit auch die so entscheidende gute Zusammenarbeit. So ist es kein Wunder, daß Entscheidungen mitunter „recht einsam" gefällt wurden. Das ist auch heute noch weiter verbreitet als man glaubt.

☐ Sie werden als Meister zu einer Meisterbesprechung gerufen, auf der Ihnen mitgeteilt wird, daß man sich entschlossen hat, den Maschinen Ihrer Abteilung eine neue Farbe zu geben und zwar weiß. Sie äußern dazu Ihre Bedenken wegen der Verschmutzungsgefahr durch Öle, Staub usw., doch haben Sie den Beschluß zur Kenntnis zunehmen und „alles Weitere" zu veranlassen.

Das ist zweifellos ein Fall von *„autoritärer Führung"*. Ein einzelner Vorgesetzter – oder auch mehrere – obere Führungskräfte vollziehen einen Entscheidungsprozess und die Führungsebene darunter hat mitsamt ihren Mitarbeitern der Entscheidung Folge zu leisten. Wer kennt nicht den Slogan „die da oben machen ja doch, was sie wollen". Der autoritäre Führungsstil kann sich in verschiedenen Ausprägungen zeigen:

- Da ist der ehrgeizige charismatische Aufsteiger, der endlich mal anordnen will, der zeigen will, wo es lang geht, weil er es so will.
- Da gibt es den Vorgesetzten, der aufgrund seiner Funktion im Rahmen der gegebenen Organisation Macht ausübt, funktionale Macht.
- Da ist der pflichterfüllende aber „menschenscheue" Vorgesetzte, der bis in die kleinsten Details seinen Mitarbeitern vorschreibt, was wie wann womit zu tun ist, der Lob und Tadel ausschließlich nach seinem Gutdünken erteilt, der alle wichtigen Entscheidungen selber fällt, der nach den Grundsatz *„Befehl & Gehorsam"* regiert.

Allen Erscheinungsformen ist gleichermaßen zueigen, daß die Mitarbeiter den Vorgesetzten nicht als Autorität anerkennen. Initiative, geistige Selbständigkeit, eigenständiges Handeln bei den Mitarbeitern wird von derartigen Vorgesetzten nicht gerne gesehen.

- Da sind aber auch die Mitarbeiter, die vor lauter Passivität und Gleichgültigkeit dem Vorgesetzten gar keine Wahl lassen, als zu autoritären Methoden zu greifen.

Autoritäre Führung bedeutet Macht über Menschen, über die Gruppe.
Autoritäre Führung bedeutet aber auch alleinige Verantwortung.

- Die Verantwortung ist es auch, die in *Not- und Zwangs-Situationen* ein Handeln im autoritären Stil erforderlich macht, d.h. in Situationen, wo ein Befehl notwendigerweise strikt befolgt werden muß.

Der patriarchalische Führungsstil

Den autoritären Führungsstil gibt es allerdings noch in einer „netten Verpackung", als *„patriarchalischen Führungsstil"*. Das patriarchalische Führen steht ja für „väterlich & fürsorglich", was in der Historie alter Unternehmerfamilien, wie z.B. Faber-Castell, in sehr positivem Sinne nachlesbar ist. Die sozialen Leistungen dieser Patriarchen alter Prägung sind in unserer derzeitigen Gesellschaft Bestandteil erworbener oder erkämpfter Sozial-Leistungen geworden. Was patriarchalisch Führende allerdings heute wie einstmals gemeinsam haben, ist der absolute Herrschaftsanspruch.

Speziell in den oberen Führungsebenen finden wir derartige Patriarchen, die privat sehr nett sind und gerne davon reden, daß „wir doch eine Familie sind". Wenn sie ihre Mitarbeiter – auch die nächsten Führungsebenen – ansprechen, benutzen sie gerne Redewendungen wie

- ...„aber, meine Lieben,.."

- ..."oh, Ihr Brüder......"
- ..."Kinder, so geht das nicht".

Das klingt sehr menschlich, darf aber nicht darüber hinwegtäuschen, daß dahinter ein eisenharter Wille steckt, etwas nach eigenem Gusto durchzusetzen.

> Patriarchalisch Führende halten sich als „Vater der Familie" für unersetzlich und meinen, daß nur sie in der Lage sind, die Dinge zu überschauen und regeln zu können.

Ob diese Art, zwischenmenschliche Regungen zu zeigen, die Belegschaft wie auch die unterstellten Führungskräfte dazu motiviert, besondere Leistungsbereitschaft – insbesondere Kreativität und Initiative – zu zeigen, bleibt umstritten.

Der situative Führungsstil

Gibt es den idealen, den optimalen Führungsstil? Nein, das würde der Vielfältigkeit im alltäglichen Zusammenleben in unserer Gesellschaft nie gerecht werden können. Die Führungserlebnisse in der Praxis des Umgangs mit Menschen sind derart verschieden, daß man fürwahr ein Leben lang in einem Lernprozess steckt. Eine solchartige Betrachtung über das Führen in verschiedenen Situationen mit dem Kriterium „Reifegrad der Geführten" haben *Hersey & Blanchard* bei ihrem Modell *„Situative Führung"* angestellt.

☐ Sie betrachten sich als Meister die Qualifikation Ihrer 20 Mitarbeiter. Unter Qualifikation verstehen Sie

a) die Fähigkeiten, d.h. die aufgabenbezogene Reife und
b) die Motivation, d.h. die persönlichkeitsbezogene Reife jedes einzelnen Mitarbeiters. Letzteres ist für Sie wichtig, weil Sie Wert legen auf die Bereitschaft, Verantwortung zu übernehmen und sich anspruchsvolle Ziele zu setzen. Bei Ihrer Umschau stellen Sie fest, daß sich ganz bestimmte Differenzierungen über die ganze Mannschaft hinweg ergeben. Dem einen mangelt es an den Fähigkeiten, dem anderen am Wollen; Ihren „Top-Leuten" mangelt es weder an Fähigkeiten noch an persönlichem Ehrgeiz und schließlich sind da eventuell der eine oder andere, denen es an beidem mangelt. Bei letzteren werden Sie nachdenklich.

Nach Hersey & Blanchard werden vier Reifegrade unterschieden:

- Geringe Reife (1): Dem Mitarbeiter mangelt es sowohl an der Fähigkeit, seine Aufgaben erfolgreich zu erledigen als auch am Willen.
- Geringe bis mäßige Reife (2): Der Mitarbeiter zeigt zwar den guten Willen, aber es mangelt an den Fähigkeiten.
- Mäßige bis hohe Reife (3): Bei dem Mitarbeiter sind die Fähigkeiten zur erfolgreichen Aufgabenbewältigung vorhan-

den, aber der Wille, konsequent an die Aufgabe heranzugehen, fehlt.

- Hohe Reife (4): Der Mitarbeiter steht auf hohem Niveau, Wille wie auch Fähigkeiten sind vorhanden.

Welche Art zu Führen ist nun nach Hersey & Blanchard in den jeweiligen Situationen angebracht? Die nachstehende Grafik soll dies veranschaulichen.

stark mitarbeiter-bezogen	(2) **Argumentieren** überzeugen statt anordnen, Hilfestellung geben	(3) **Partizipieren** Mut machen zu entscheiden, Ideen geben
wenig mitarbeiter-bezogen	(1) **Diktieren** intensiv und genau anweisen, ständig die Leistung überwachen	(4) **Delegieren** Aufgaben und Verantwortung übertragen, Kompetenzen erteilen für Entscheidungsbefugnis
	stark aufgabenbezogen	wenig aufgabenbezogen

Diese Darstellung entspricht nicht dem „Original" von Hersey & Blanchard; sie weisen die reifegrad-abhängigen Führungsansätze in Form einer Glockenkurve aus. Inhaltlich jedoch geben die vier Quadranten Ihnen die Möglichkeit einer Orientierung, wie Sie nach Ihrer kritischen Analyse mit Ihren Mitarbeitern „umgehen" sollten.

— Wenn Sie derartige Flexibilität im Führungsstil ausüben wollen, sollten Sie beachten, daß Mitarbeiter sich leicht auf ein Verhalten, auf Ihren Führungsstil, einstellen, sich daran gewöhnen. Sorgen Sie dafür, daß eine nicht konstante Art zu führen nicht zu Unglaubwürdigkeit bei den Mitarbeitern führt.

Wenn wir die verschiedenen möglichen Führungsstile vor unserem geistigen Auge Revue passieren lassen, dann sind da alle Varianten des Entscheidungsspielraumes für den Vorgesetzten einerseits und für die Mitarbeiter andererseits gegeben.

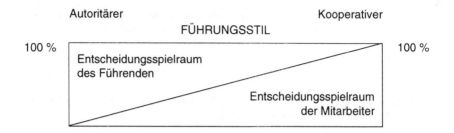

Zwischen den beiden Extremen „autoritär herrschender Vorgesetzter" und „hundertprozentige Eigenentscheidung durch die Mitarbeiter" liegen die beliebigen Abstufungen der Art zu führen bzw. der Übertragung von Kompetenzen auf die Mitarbeiter. Die beiden Extreme werden in der Praxis nicht anzutreffen sein, weil einerseits Mitarbeiter nicht gänzlich manipulierbar sind, andererseits auch die beste Gruppe nicht ohne Führung auskommt.

Der kooperative Führungsstil

☐ Die Unternehmensleitung will im Rahmen des TQM (Total Quality Management) das Qualitätsbewußtsein in der Belegschaft fördern, unter anderem durch die These „hell und sauber fördert die Qualität". Ihr Meisterbereich ist als Mustergruppe ausgewählt worden. Zielsetzung ist, die in gedeckten Farbtönen gehaltenen Betriebsmittel mit einem „Weißton" zu versehen.
Sie als Meister beziehen Ihre Mitarbeiter in die Entscheidungs findung ein.
In Gruppengesprächen (oder auch „Qualitätszirkeln") werden die Fakten des „Für & Wider" erfaßt, Problemstellungen behandelt und Lösungsvorschläge erarbeitet. Die Entscheidung über die zu realisierende Variante trifft die Unternehmensleitung im Konsens mit den Mitarbeitern.

Hier wird der *„kooperative Führungsstil"* gepflegt. Ein optimales kooperatives Zusammenarbeiten zeigt sich darin, daß die Mitarbeiter – ihren übertragenen Spielraum nutzend – an Entscheidungsfindungen beteiligt sind, Vorschläge erarbeiten und der Vorgesetzte die Entscheidung trifft im Konsens mit den Mitarbeitern.

Kooperation hat etwas mit Vertrauen zu tun: Sie haben ein privates Problem. Hätten Sie zu Ihrem Vorgesetzten soviel Vertrauen, mit diesem Problem auf ihn zuzugehen und es mit ihm zu besprechen?

Kooperation bedeutet auch, Mut zum Entscheiden aufzubringen; sehr im Gegensatz zu mitunter geäußerten Meinungen, kooperatives Führen sei „so eine lasche Führung". Es ist ein starker Wille notwendig, den Partnern, den Mitarbeitern Vertrauen zu zeigen durch das entsprechende Führungsverhalten. Kooperatives Führen stellt mitunter harte Anforderungen an den Führenden, z.B. wenn es darum geht, „sich zurückzunehmen".

Kooperativ führen heißt:

- Bei der Aufgabenstellung an die Mitarbeiter einen abgesteckten Spielraum öffnen, → nicht das Vorgehen in seinen Einzelheiten vorschreiben!
- Sich auf die Kontrolle der Ergebnisse konzentrieren, → nicht Details bzw. zwischendurch kontrollieren!
- Die gemeinsame Erfüllung von Aufgabenstellungen und Zielsetzungen in den Mittelpunkt stellen, → nicht die persönliche Macht!
- Sich als Mitglied der Gruppe fühlen, → nicht „hierarchisch" abheben!
- Positive Zielsetzungen mit den Mitarbeitern erarbeiten, → nicht unter Druck führen!
- Den Mitarbeitern Interesse, Arbeitsfreude und Verantwortungsbereitschaft unterstellen, → nicht annehmen, sie seien arbeitsunlustig, verantwortungsscheu und uninteressiert!

Was unterscheidet die autoritäre von der kooperativen Führung?

autoritärer Führungsstil:	Kooperativer Führungsstil:
– Der Vorgesetzte ist für alles selber verantwortlich.	Den Mitarbeitern wird in vereinbartem Rahmen Eigenverantwortung übertragen. Diese Verantwortlichkeiten muß der Vorgesetzte abtreten.
– Der Vorgesetzte entscheidet ohne Rücksprache mit den Mitarbeitern.	Die Mitarbeiter werden an dem Entscheidungsprozess beteiligt, tragen die Entscheidung mit.
– Der Vorgesetzte bestimmt, wer was wie wann macht.	Die Mitarbeiter gestalten in dem vereinbarten Freiraum die Arbeit selbst.
– Vorschläge der Mitarbeiter sind nicht erwünscht.	Kritisches Denken und Initiative bei den Mitarbeitern wird gefördert, Vorschläge gefordert.
– Anweisungen erfolgen in Form von Befehlen.	Anweisungen erfolgen in Form von Vereinbarungen.
– Der Vorgesetzte hat ein grundsätzlich negatives Menschenbild.	Der Vorgesetzte hat ein grundsätzlich positives Menschenbild.
– Macht über die Gruppe	Macht mit der Gruppe
– Von den Mitarbeiter wird erwartet: Gehorsam Gefügigkeit Ergebenheit Folgsamkeit	Von den Mitarbeitern wird erwartet: Kritisches Urteilsvermögen Selbstbewußtsein Beteiligung an Verantwortung Aufgeschlossenheit

Im Rahmen einer kooperativen Führung ist es die primäre Aufgabe des Vorgesetzten, die Mitarbeiter zu führen und die Mitarbeiter ihre Arbeit ausführen zu lassen. Unerwünscht an einem Vorgesetzten sind Einstellungen wie
→ „Hier bestimme nur ich"!
→ „Die kriegen das ja doch nicht hin"!
→ „Das mache ich am besten selber".

Grundsätze des Delegierens

☐ Ihr Chef kommt auf Sie zu, um mit Ihnen über die Führung Ihres Meisterbereiches zu reden. Er meint, die Entwicklungen im Bereich der Produktionstechniken wie auch auf dem Gebiet der Organisation einerseits sowie der Qualifikationsstand Ihrer Facharbeiter andererseits lassen es angeraten sein, darüber nachzudenken, inwieweit Sie sich von Teilen Ihres komplexer gewordenen Aufgabenumfanges entlasten können. Zielsetzung ist
a) dem Streben der Mitarbeiter nach mehr Entscheidungsfreiheit entgegenzukommen,
b) die Mitarbeiter stärker in die Mitverantwortung für die Aufgabenerledigung Ihrer Abteilung einzubeziehen,
c) Sie persönlich von Aufgaben zu entlasten, die auf der Ebene der von Ihnen geführten Mitarbeiter erledigt bzw. entschieden werden können.

Recht hat der Mann! Delegieren hat nichts damit zu tun, jemandem etwas wegzunehmen oder gar denjenigen „in die Ecke zu stellen". Ein Vorgesetzter, der „unternehmerisch" an der Spitze seiner Mitarbeiter stehen will und auch den Aufgaben der Personalführung gerecht wird, hat fürwahr keine Langeweile.
Was heißt Delegieren?

Delegieren ist das Übertragen von Aufgaben und Verantwortungen mit präzise abgegrenzten Kompetenzen.

- Entscheidend ist dabei, die den Aufgaben zuordnungsbaren Kompetenzen und Verantwortungen ungeteilt zu delegieren, um Überschneidungen, und somit mögliche Konflikte zwischen mehreren Personen, zu vermeiden.

- Delegierbar ist alles, was auf der Ebene nach dem Delegierenden erledigt bzw. entschieden werden kann.

- Wer Aufgaben delegiert bekommt, ist verpflichtet, diese unter den gegebenen Bedingungen selbständig zu erledigen.

Aufgabe + Kompetenz = Verantwortung

Was kann und darf nicht delegiert werden?

Nicht delegierbar sind die Vorgesetzten-Aufgaben der *Personalführung*, z.B. Mitarbeiter einführen, schulen, weiterbilden, qualifizieren, beurteilen, anerkennen und kritisieren, fördern, motivieren. Da sind weiterhin Aufgabenstellungen wie Zielesetzen, kontrollieren des Verhaltens, lösen von Konflikten, Rat und Hilfe geben. Letztendlich können Sie sich als Meister durch Delegieren nicht von der Verantwortung für die Produktionsergebnisse Ihrer Abteilung „freikaufen" und von der Verantwortung für Sicherheit und Ordnung schon garnicht.

Welche organisatorischen und personellen Voraussetzungen müssen erfüllt werden?

- Zu den *organisatorischen Voraussetzungen* gehören
  - bezüglich der *Aufgaben* eindeutig definierte Aufgabenbeschreibung,
  - bezüglich der *Kompetenzen* klare Abgrenzungen der notwendigen Entscheidungsbefugnisse (hier spielen die betriebliche Aufbauorganisation sowie die Ablauforganisation eine wichtige Rolle),
  - die Übertragung der *Verantwortung*, bündig zu erteilten Kompetenzen,
  - die Sicherstellung der *Informationen*, die zur Erfüllung der delegierten Aufgaben erforderlich sind,
  - Erfüllung aller Funktionen der *Kontrolle* zur Zielerreichung durch den Vorgesetzten.

- Zu den personellen Voraussetzungen zählen bezüglich

  der Mitarbeiter:
  - Bereitschaft zur Übernahmen neu formulierter Aufgaben,
  - fachliche und soziale Qualifikation für diese Art der Zusammenarbeit,
  - Verantwortungsbereitschaft,
  - Entscheiden-wollen,
  - Bereitschaft zu Informationsaustausch, Initiative und Selbständigkeit,
  - Identifikation mit dem Unternehmen, wichtig als Grundlage zu verantwortlichem Handeln;

  der Vorgesetzten:
  - Bereitschaft, Vertrauen in die Mitarbeiter zu setzen und „sich selbst zurück zunehmen",
  - Kommunikations- und Informationsbereitschaft,
  - Bereitschaft und Fähigkeit, die Selbständigkeit der Mitarbeiter zu fördern,
  - Menschenkenntnis und Einschätzungsvermögen über die Leistungsfähigkeit der Mitarbeiter,
  - Organisationstalent,
  - Fähigkeit, zu überzeugen.

Delegation von Aufgaben und Kompetenzen ist nicht nur ein Führungsmittel, um die Entfaltung der nach Eigenständigkeit dürstenden Mitarbeiter zu fördern. Der durch den Markt ausgeübte Preisdruck zwingt in immer stärkerem Maße zur Reduzierung nicht wertschöpfender Tätigkeiten. Dazu zählen unter anderem auch Unterweisen, Einrichten, Endkontrollieren, Warten von Einrichtungen u.a.m.. Das bedeutet, daß die am Produkt tätigen Mitarbeiter, die sogenannten „Produktiven", Funktionen übertragen bekommen müssen (incl. der Verantwortung), für die bislang sogenannte „Unproduktive" wie Vorarbeiter, Wartungspersonal u.ä. zuständig waren. Damit ergibt sich auch der Zwang, nicht nur Bereitschaft hierfür zu zeigen, sondern auch, sich dafür zu qualifizieren und zwar aus persönlichem Interesse. Mitarbeiter, die dies nicht akzeptieren, laufen Gefahr, zumindest langfristig einem Ausleseprozess unterworfen zu werden.

5.9 Organisation als Grundlage für Führung und Zusammenarbeit

Jegliches menschliches Handeln erfolgt auf irgendeine Art und Weise organisiert. Da ist ein Ziel, das es zu erreichen gilt, da wird geplant, entschieden und ausgeführt, was man zum Erreichen des Zieles glaubt, tun zu müssen. Im Prinzip geschieht nichts anderes in Klein-, Mittel- oder Großunternehmen der Wirtschaft und des Handels, bei Behörden, Interessenverbänden usw.

Alle die möglichen Organisationen unterscheiden sich grundsätzlich entsprechend ihrer Aufgabenstellung in

- leistungs- bzw. zweckorientierte Organisationen,
  → z.B. Behörden, Krankenhäuser, karitative Vereine, Polizei,
- und gewinnorientierte Organisationen,
  → z.B. Industrie, Handwerk, Handel, Banken, Versicherungen.

Kennzeichnend ist für alle Organisationen:
- Sie sind soziale Gebilde mit bestimmter Zahl von Mitgliedern.
- Sie dienen der Erfüllung definierter Zwecke und Ziele.
- Sie sind in bestimmter Art und Weise rational gestaltet.
- Sie befinden sich in einem Umfeld, das auf sie einwirkt und auf das sie einwirken.

Eine jede Organisation – so auch der Betrieb – setzt sich aus einzelnen Elementen, z.B. Abteilungen, Stellen, zusammen, die in einer bestimmten Struktur verknüpft Aufgaben wahrnehmen und in denen selbst sich Arbeitsprozesse vollziehen. Die Verknüpfung der Elemente ergibt die *Aufbauorganisation*.

> Die *Aufbauorganisation* befaßt sich mit den Fragen der Gliederung von institutionalen Stellen und deren Aufgabenstellung.

Die Problematik zeigt sich in der notwendigen Abgrenzung von Zuständigkeiten (Verteilung der Macht!) und damit der Festlegung der zueinander bestehenden

Beziehungen. Unabhängig von den möglichen Prinzipien der Organisationsstruktur sind Bedingungen zu erfüllen, z.b.:
- Funktionen und Kompetenzen müssen eindeutig abgegrenzt sein.
- Kompetenzen müssen den zu erfüllenden Funktionen entsprechen.
- Die Anzahl der Führungsebenen muß sicherstellen, daß die Kommunikation und der Informationsfluß zwischen der obersten Führungsebene und der untersten ausführenden Ebene ungehindert (und ungefiltert) gewährleistet ist.

Beispiel:

Geschäftsleitung	= 1. Führungsebene
Betriebsleitung	= 2. Führungsebene
Meister	= 3. Führungsebene
Ausführende	= Ausführende Ebene

Dieses Thema ist eines der meistdiskutierten und problematischsten im Zusammenhang mit dem „Schlankmachen" von zu träge und aufwendig gewordenen Gebilden in unserer Gesellschaft.

Die Aufbauorganisation eines Betriebes wird gebildet aus der Anzahl Funktions-Elemente, die zur Erfüllung der Zweckbestimmung erforderlich sind. Zweck und Ziele des Unternehmens sind die Basis für die *Aufgabenanalyse*, mit deren Hilfe die elementaren Aufgaben ermittelt werden. Aus den einzelnen Aufgabenstellungen von sicher unterschiedlichem Umfang ergeben sich Stellen, Abteilungen, Hauptabteilungen, Bereiche. Aus jeder Elementaraufgabe sind abzuleiten:

- *Führungsaufgaben* und
- *Ausführungsaufgaben*.

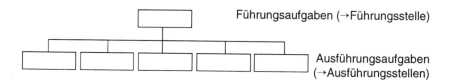

Führungsaufgaben (→Führungsstelle)

Ausführungsaufgaben (→Ausführungsstellen)

Dabei können je nach Zweckmäßigkeit (optimaler Erfolgschance!) unterschiedliche Kriterien für die Aufgabenanalyse zum Ansatz kommen. Hier seien nur zwei wesentliche genannt, die auch bei der Bildung von Fertigungsinseln oder Gruppen Entscheidungskriterien darstellen:

1. Verrichtungszentralisierung

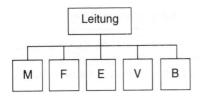

2. Objektzentralisierung

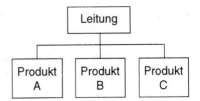

M = Materialwesen
F = Fertigung
E = Entwicklung/Konstruktion
V = Vertrieb/ Verkauf
B = Betriebswirtschaft/Rechnungswesen

Im Falle der Verrichtungszentralisierung würden Sie als Meister in der Mechanischen Fertigung nach diesen Beispielen Teile aller 3 Produkte mit Ihrer Mannschaft bearbeiten. Im Falle der Objektzentralisierung hätte jeder Produktbereich seine eigene Mechanische Fertigung.

- Bei der *Verrichtungszentralisierung* werden gleichartige Tätigkeiten in einer Organisationseinheit zusammengefaßt. Eine Zusammenfassung von Produkten geschieht auf der Ebene der Teilefamilien.

- Bei der *Objektzentralisierung* werden alle Aufgabeninhalte (alle Verrichtungen), die zur Erstellung eines Produktes erforderlich sind, in einer Organisationseinheit zusammengefaßt.

In der Praxis finden wir meist eine Mischung beider Prinzipien vor: Während in der Einzelteilherstellung die Verrichtungen zentralisiert sind (kapitalintensive Fertigung!), tritt bei der Baugruppen- und Endmontage zunehmend die Produktzentralisierung auf.

Die Zentralisierung von Verrichtungen verliert mit zunehmender Unternehmensgröße erheblich an ihrer Effektivität. Die Einheiten sind dann in der Regel zu groß, werden damit schwerfällig und lassen sich nur mit sehr großem Aufwand steuern, einer der Gründe für die Bildung neuer Strukturen wie Fertigungsinseln und ähnlicher effektiv wirksamer Produktionseinheiten.

Die kleinste mögliche Einheit in der Aufbauorganisation ist die *Stelle*. Dieser Stelle zugeordnet ist ein bestimmter Umfang von Elementaraufgaben, die von einem *Stelleninhaber* mit entsprechender Befähigung nach Menge und Qualität wahrgenommen werden müssen.

Alle ausführenden Stellen bedürfen der Weisung, der Koordination, der Information, der Kontrolle usw. zu ihrer Aufgabenerfüllung. Sie stehen in einer *Linienbeziehung* zu der weisungsberechtigten Stelle, ihrem Vorgesetzten.

Zwischen dem Meister und seinen Mitarbeitern besteht eine Linienbeziehung, die dem Meister das Recht zur Erteilung von Anweisungen gibt. Die Linienbeziehung regelt auch die Informations- und Kommunikationswege.

Die Gestaltung von Linienbeziehungen

In der Praxis gibt es verschiedene Prinzipien der Gestaltung von Linienbeziehungen. Die optimale Organisationsform hängt ab von den Abhängigkeiten der einzelnen Unternehmensfunktionen, der gegebenenfalls notwendigen Flexibilität bei Veränderung der Bedingungen u.a.m.

Das *Einlinien-System*:

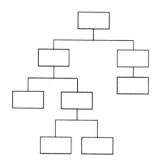

Vorteile:
- Klare Unterstellungsverhältnisse,
- klare Anordnungswege u. Kompetenzen,
- klare Rollenverteilung.

Nachteile:
- Verantwortungsbereitschaft der unteren Ebenen wird nicht gefördert,
- konsequente Einhaltung des „Dienstweges" macht die Organisation schwerfällig.

Das System entspricht im Prinzip der „funktionalen Organisation", d.h. dirigistische Führung mit „Befehl von oben". Jeder Stelleninhaber kann nur von einer Stelle Weisungen erhalten, darf die nächsten Instanzen nicht überspringen (weder nach oben noch nach unten). Willensdurchsetzung von oben nach unten wird (wenn nicht „gemauert" wird) erleichtert. Die Vorgesetzten werden durch die geforderte strikte Einhaltung des Informations- und Kommunikationsweges – auch von unten nach oben – stark belastet. Hohe Anforderungen an die fachliche und soziale Kompetenz sind die Konsequenz.

Das *Mehrlinien-System*:

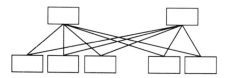

Vorteile:
- Fachliche Spezialisierung erleichtert Problemlösungen,
- geringere Belastung des einzelnen Vorgesetzten.

Nachteile:
- Sehr schwierige Abgrenzung der Kompetenzen,
- Weisungsüberschneidungen und Weisungskonflikte führen zu Unsicherheiten bei den Mitarbeitern.

Mehrere gleichrangige Vorgesetzte teilen sich auf ihrem jeweiligen Spezialgebiet die Führungs- und Koordinationsaufgaben.

Das *Stab-Linien-System*

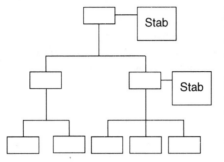

Vorteile:
- Erleichterung der Führungsaufgaben,
- Beibehaltung der klaren Weisung,
- Vermeidung von Verunsicherungen.

Nachteile:
- Kostenaufwendige Organisation,
- Gefahr der „Fach-Autorität" durch die Stabsstellen-Inhaber,
- Gefahr der Abhängigkeit der Linieninstanz von den Stäben.

Die Einführung von Stabsstellen erfolgt vornehmlich zur Unterstützung bzw. Entlastung einer Führungsfunktion. Dabei ist die Führung nach dem Einlinien-System gewährleistet bei gleichzeitiger Stärkung der Führungs-Stelle durch die Fachkompetenz der zugeordneten Stabsfunktion. Die Stabsstelle, die vornehmlich planende, koordinierende und unterstützende Aufgaben wahrzunehmen hat, verfügt über kein Weisungsrecht. Die Funktion kann von einer Einzelperson wahrgenommen werden (eine Stelle) oder durch eine Gruppe von Spezialisten (z.B. Fertigungstechnologie) erfüllt werden; dann handelt es sich um eine Abteilung, wobei einer der Stabs-Mitarbeiter die Koordination der Gruppe übernimmt.

Die *Matrix-Organisation*

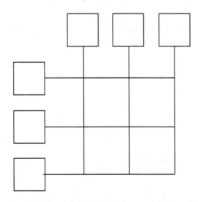

Vorteile:
- Optimierung der Entscheidungen durch Mitwirkung der horizontalen Ebenen (Fachabteilungen, Mitarbeiter),
- wirkungsvolle Projektführung durch Einbeziehung aller beteiligten Funktionen.

Nachteile:
- Übergeordnete Entscheidungsinstanz ist erforderlich, wenn Unstimmigkeiten zwischen vertikaler Verantwortung und horizontaler Mitverantwortung auftreten.

Die Matrix-Organisation beruht auf der Erteilung einer projektorientierten Kompetenzerteilung zusätzlich zu der durch die Linienorganisation gegebenen vertikalen Führungsstruktur. Es handelt sich somit im Prinzip um eine Mehrlinien-Organisation. Dabei haben die (auf Zeit) ernannten Projektmanager quer durch die „vertikalen Linien" eine Koordinierungsfunktion mit dem Recht, auf die Entscheidungen der Linien-Vorgesetzten Einfluß zu nehmen.

Die Ablauforganisation

> Die *Ablauforganisation* befaßt sich mit dem räumlichen und zeitlichen Ordnen der technischen und ökonomischen Arbeitsvorgänge im Unternehmen.

- Bei der Betrachtung der Abläufe im Unternehmen, im Betrieb, werden die Organisationseinheiten (Stellen, Abteilungen, Bereiche) als Vorgänge angesehen.

Im letzten Abschnitt haben wir eingangs festgestellt, daß am Beginn allen Organisierens die Aufgabenanalyse steht. Nun ist es ja nicht so, daß die betrieblichen Abläufe sich an der gegebenen Aufbauorganisation orientieren; dies kann im Zweifelsfall zu chaotischen Vorgängen im betrieblichen Alltag führen. Um eine rationelle Organisation sicherzustellen, sollte am Anfang das „Auflisten" der notwendigen Aktivitäten eines Ablaufes einschließlich des *Wo/durch welche Stelle* und des *Wann* (Reihenfolge) stehen.

- Während die *Aufbauorganisation* auf der Basis der zu bewältigenden *Aufgaben* die Stellenbildung sowie die Gestaltung der Hierarchien vollzieht, ist es Inhalt der *Ablauforganisation*, Arbeitsabläufe zu erfassen, zu analysieren bzw. *Soll-Arbeitsabläufe* zu planen und zu realisieren.

- ☐ Für Ihren Meisterbereich benötigen Sie aus dem zentralen Materiallager regelmäßig bestimmte Hilfsstoffe. Fällt der Ersatzbedarf an, kommt ein Mitarbeiter zu Ihnen, Sie schreiben den Materialbedarfsschein aus, geben ihn weiter an Ihren Chef (weil der genehmigen muß!), über die Hauspost landet der Materialbedarfsschein bei der Materialverwaltung, die schließlich im Lager die Ausgabe und die Anlieferung per Innentransport veranlaßt.

Das Beispiel ist garnicht so aus der Luft gegriffen. Sicher werden Sie sich über derartige Abläufe ärgern, weil

→ der Chef mal nicht da ist,
→ die Hauspost nicht funktioniert,
→ in der Materialverwaltung Ihre Bestellung liegen bleibt,
u.a.m.

Wenn Sie glauben, an dem Ablauf etwas verbessern zu können, werden Sie
1. den IST-ABLAUF in allen seinen Arbeitsschritten auflisten,
2. den gewünschten SOLL-ABLAUF – ebenfalls aufgelistet – beschreiben.

Dieses kleine Beispiel steht stellvertretend für die vielen Abläufe in einem Unternehmen, die zielorientiert rationell organisiert sein müssen, die bei der Bewältigung des Tagesgeschäftes nicht mit Hemmnissen versehen und mit Stolpersteinen gepflastert sein dürfen.

Den optimalen Ablauf zu finden, bedeutet nicht nur, die Wege zu verkürzen, die Durchlaufzeit zu minimieren, sondern auch die Frage zu stellen, ob durch bessere Kompetenzverteilung (→ Delegation) Arbeitsabläufe über weniger Stellen laufen können, die Anzahl von Vorgängen zu minimieren ist. Aufgrund derartiger Überlegungen sind in Unternehmen schon manche Stellen wegrationalisiert worden.

Somit ist es nicht vermessen, festzustellen, daß die zur Zielerreichung notwendigen Abläufe bestimmend sind für die Gestaltung der Aufbauorganisation und nicht umgekehrt!

Wie kann Ablauforganisation dargestellt werden?

- *Verbale Beschreibungen* in nicht systematischer Form eignen sich nur dann, wenn es sich um einfache Abläufe ohne Verzweigungen, z.B. innerhalb nur einer Stelle, handelt.

- *Verbale Darstellungen* in Tabellenform erhöhen schon wesentlich die Übersichtlichkeit: Was soll wo in welcher Menge wann wie unter welchen Bedingungen in den einzelnen Ablaufsteps geschehen?

- In *Diagramm-Form* lassen sich Abläufe graphisch sehr bildlich darstellen, z.B. als Balken-Diagramme oder als Ablaufdiagramme in Form von Vordrucken.

- Speziell für das Analysieren, Beschreiben, Planen sowie Steuern und Überwachen von Projekten ist die *Netzplantechnik* entwickelt worden. Die verschiedenen Verfahren (z.B. CPM = „Kritischer-Pfad-Methode") beruhen auf der systematischen Darstellung der Reihenfolge von Tätigkeiten im logischen Ablauf eines Projektes. Die komplexesten Verkettungen von Vorgängen können so dargestellt werden.

Basis ist auch hierbei die Auflistung der Vorgänge:
- Welcher Vorgang muß abgeschlossen sein, bevor der Vorgang, den ich gerade behandele, beginnen darf?
- Welcher Vorgang kann erst beginnen, nachdem der jetzige Vorgang erledigt ist?
- Welche Vorgänge können parallel zu dem jetzigen Vorgang ablaufen?

Dieses „netzplanmäßige Denken" sollte man generell beim Organisieren von Abläufen beherrschen! Es lohnt sich, das Wissen hierüber in der Fachliteratur zu vertiefen.

Wo kann man sich innerbetrieblich „schlau-machen"?

In der Regel gibt es in jedem Unternehmen eine Stelle, die die Problematik „Ablauforganisation" wahrnimmt. Zu einem gut geführten Unternehmen gehört ein Handbuch, das Beschreibungen der Aufbauorganisation wie auch der gewichtigen Abläufe enthält. Für Teilbereiche finden sich darin auch Verfahrensregeln und Darstellungen spezieller Abläufe. Für Unternehmen, die sich nach der DIN-ISO-9000 ff. qualifizieren, ist dies ohnehin eine Verpflichtung. Ein Handbuch beinhaltet auch allgemeine Themen wie

– Sinn und Zweck des Handbuches,
– Unternehmensziele,
– Unternehmenskultur und -Historie,
– Grundsätzliche Organisationsprinzipien,
– Führungsgrundsätze.

Ein gutes Organisationshandbuch zeichnet sich nicht dadurch aus, daß es sehr dick ist und die betrieblichen Peanuts regelt, sondern durch einen ständig aktuellen Stand der betrieblich lebenswichtigen Abläufe, Zuständigkeiten und Verantwortlichkeiten.

Abläufe in der Produktion

Das Thema Ablauforganisation sollten wir nicht verlassen, ohne einige typische Werkstattabläufe erwähnt zu haben:
(siehe auch: REFA, „Arbeitsgestaltung in der Produktion")

– Wer kennt sie nicht, die rein handwerkliche Fertigung an der Werkbank, die *Werkbankfertigung*,
– räumliche Zusammenfassung gleicher Arbeitsplätze und Betriebsmittel, die *Werkstättenfertigung* nach dem Verrichtungsprinzip,
– Anordnung der Arbeitsplätze und Betriebsmittel entsprechend dem Ablauf der Herstellung der Werkstücke/ des Produktes,
– *Fließfertigung*, wenn zeitlich gebundener Ablauf vorliegt,
– *Reihenfertigung*, wenn keine zeitliche Bindung gegeben ist,
– die *autonome* oder *teilautonome Gruppe*, die die Abläufe zwischen ihren einzelnen Mitgliedern und Arbeitsplätzen selbst optimiert,
– die unter „Werkstatt im Wandel" bereits behandelte *Fertigungsinsel* als produktorientierte, mit hoher Autonomie ausgestattete Einheit innerhalb des Betriebes.

..... Und wie sieht das der Meister aus seiner Ebene?

Als von der Unternehmensführung eingesetzt scheint der Meister in ein wohlaufbereitetes „warmes" Nest gesetzt zu sein, um im Sinne des Unternehmens wirken zu können.

– Da ist die Führungshierarchie, um die er sich nicht kümmern muß,
– die Unterstellungs- und Überstellungsverhältnisse sind klar geregelt,

- Kompetenzen und Verantwortung sind „von oben" erteilt worden,
- alle Fragen der formalen Organisation sind bestens geregelt und auch nachlesbar,
- Menschen, Betriebsmittel, Raum und Material stehen zur Verfügung,
- was wer wann wie womit in seiner Abteilung zu tun hat, wird von vorgelagerten Stellen bestimmt.

Was kann da noch schief gehen?

So sehen Sie es als Meister hoffentlich nicht! Als Meister sind Sie Bestandteil der Führungsriege des Unternehmens und haben somit Mitverantwortung für eine der kooperativen Führung und Zusammenarbeit entsprechende, d.h.angepaßte, Aufbau- und Ablauforganisation.

Nirgendwo sind die Folgen fehlender Organisationsentwicklung diesbezüglich verheerender wirksam als an den direkt wertschöpfenden Stellen.

> Wie immer auch die Gestaltung aussieht, die Führung und Zusammenarbeit ist eingebettet in die betriebliche Organisation!

Sowohl die sachlichen Beziehungen gemäß der formalen Organisation als auch die zwischenmenschlichen Beziehungen im Rahmen der „informellen Organisation" werden qualitativ durch den Betrieb selbst bestimmt. Als Meister haben Sie dazu eine Menge beizutragen! Wer meint, nicht „mitreden zu dürfen", sollte sich auf dies besinnen:

Wer nichts zu sagen hat, ist selber schuld.

6 Meisterlich führen

6.1 Aufgabenstellung „Meister"

Wir sind uns sicher von vorn herein darüber einig: Der Meister ist kein „Kümmerer", sondern eine Führungskraft. Als solche haben Sie im Prinzip ein Anrecht darauf, eine „Stellenbeschreibung" mit der Darstellung Ihrer Aufgaben, Ihrer Verantwortlichkeiten und den abgegrenzten Kompetenzen in Ihrem Schreibtisch zu verwahren. Derartige Beschreibungen können ein gewisses Gefühl der Sicherheit (auch der übertragenen Macht?) vermitteln, bergen aber die Gefahr der Abgrenzung, d.h. Eigeninitiative und unternehmerisches eigenverantwortliches Handeln werden damit eher gebremst. Also gehen wir lieber davon aus, daß ein Meister aus seiner Verantwortung heraus

1. seine *fach-/sachbezogenen Aufgaben* am besten selbst kennt:

> Den unterstellten Mitarbeitern sind Aufgaben/ Aufgabenbereiche zu übertragen. Dazu gehört die Schaffung und Sicherstellung aller notwendigen Voraussetzungen zur erfolgreichen Aufgabenerledigung.

Die einzelnen Aufgaben einmal zu formulieren und aufzulisten, ist sehr zu empfehlen. Für viele Meister führte dies danach zu für sie sehr nutzbringenden Gesprächen mit ihrem Vorgesetzten.

2. sich der Notwendigkeit der *Wahrung humaner Ansprüche* bewußt ist:

„Arbeitgeber und Betriebsrat haben darüber zu wachen, daß alle im Betrieb tätigen Personen nach den Grundsätzen von Recht und Billigkeit behandelt werden, insbesondere, daß jede unterschiedliche Behandlung von Personen wegen ihrer Abstammung, Religion, Nationalität, Herkunft, politischen oder gewerkschaftlichen Betätigung oder Einstellung oder wegen ihres Geschlechts unterbleibt. Sie haben darauf zu achten, daß Arbeitnehmer nicht wegen Überschreitung bestimmter Altersstufen benachteiligt werden. Arbeitgeber und Betriebsrat haben die freie Entfaltung der Persönlichkeit der im Betrieb beschäftigten Arbeitnehmer zu schützen und zu fördern."
(„Grundsätze für die Behandlung der Betriebsangehörigen" gemäß Betriebsverfassungsgesetz, § 75)

Die Grundlage hierfür ist zu finden in unserem Grundgesetz. Darin heißt es im Artikel 2:

„Jeder hat das Recht auf freie Entfaltung seiner Persönlichkeit, soweit er nicht die Rechte anderer verletzt und nicht gegen die verfassungsmäßige Ordnung oder das Sittengesetz verstößt."

Der heutzutage stark spürbare Drang nach Entfaltung hat also einen tiefen Ursprung. Andererseits haben wir ja festgestellt, daß der Betrieb, die Arbeit, persönlichkeitsformende Wirkungen aufweist (→ Betrieb als soziales Umfeld). Inwieweit diese Prägungen positive Auswirkungen auf Leistungsbereitschaft und Leistungsfähigkeit zur Folge haben, hängt stark von der Fähigkeit des Vorgesetzten, des Meisters, ab, von seiner *menschengerechten Mitarbeiterführung*.

Menschengerechtes Führen setzt voraus, daß die Bereitschaft zur Pflege guter zwischenmenschlicher Beziehungen vorhanden ist (das ist nicht gleichzusetzen mit kumpelhaftem Verhalten!). Gute zwischen menschliche Beziehungen

- sind wichtig für das Gefühl der Geborgenheit,
- sind frei von verzehrenden Spannungen,
- erleichtern die Zusammenarbeit,
- sind motivierend.

Welche Erwartungen setzen Mitarbeiter in die *menschengerechte Führungspraxis* ihres Meisters? Wo immer aus welchen Gründen dazu von Mitarbeitern Aussagen gemacht wurden, die Schwerpunkte waren:

- Die Interessen der Mitarbeiter beachten und vertreten.
- Mitwirken der Mitarbeiter in Fragen, die ihre Arbeit betreffen.
- Arbeitseinsatz entsprechend den Fähigkeiten.
- Abwechslungsreiche Arbeit, Überforderungen erkennen.
- Gute Arbeitsplatzgestaltung.
- Vorsorge zur Unfallvermeidung, bessere Unterweisung.
- Fördern der persönlichen Fähigkeiten.
- Gerechte Behandlung, speziell bei Fehlverhalten.
- Persönliche Anerkennung, Belohnung von Leistung.
- Gerechte und befriedigende Entlohnung.
- Umgangsformen entsprechend der Achtung der Würde des Einzelnen.
- Ansprechbar sein für die Nöte und Probleme der Mitarbeiter.
- Sicherheit des Arbeitsplatzes.

Als Umkehrschluß kann man sich natürlich die Frage stellen, welche Auswirkungen „schlechte" Mitarbeiterführung zur Folge hat. Über bewußtes wie auch unbewußtes *Führungs-Fehlverhalten* seien hier nur einige Beispiele benannt:

Fehlverhalten, zum Beispiel:	Auswirkungen, zum Beispiel:
– Für Mitarbeiter keine Zeit haben.	→ Verringerung der Mitarbeiteraktivität, Gleichgültigkeit, „Null-Bock", Ablehnung des Vorgesetzten.
– Mitarbeitern drohen.	→ Seelische Probleme bei den Mitarbeitern, Konflikte in der Zusammenarbeit.
– Mitarbeiter ohne ihre Zustimmung an Arbeiten setzen, für die sie nicht ausgebildet sind.	→ Unzufriedenheit, Ablehnung, Frust, schlechte Qualität, Flucht in Fehlzeit und Krankheit.
– Mitarbeiter zusammenbringen, die nicht miteinander zusammenarbeiten können.	→ Konflikte in der Tagesarbeit, Gefahr für Produktivität und Qualität, schlechtes Betriebsklima, Fehlzeiten, Fluktuation.
– Mitarbeiter ohne Begründung und Vorbereitung an einen anderen Arbeitsplatz versetzen.	→ Seelische Probleme beim Mitarbeiter, Flucht in Fehlzeiten, Fluktuation bei nächster Gelegenheit.
– Mitarbeiter ohne Anerkennung lassen.	→ Unzufriedenheit, sinkende Arbeitsbereitschaft und Leistung, keine Identifikation mit der Arbeit und dem Unternehmen.

Dieser Beispiel-Katalog läßt sich sicher noch beliebig erweitern, oder? Sicher aber ist dies:

- Schlechte Mitarbeiterführung hat mit Sicherheit negative Folgen für das betriebswirtschaftliche Ergebnis und für die Zusammenarbeit schon gar; denn Mitarbeiterverhalten ist auch eine Reaktion auf das Verhalten des Vorgesetzten.

Die Erwartungen an den Meister

Die Übertragung von Aufgaben zieht zwangsläufig das Wecken von Erwartungen nach sich, d.h. neben der Unternehmensleitung einerseits und den Mitarbeitern andererseits nehmen auch Funktionen und Stellen aus dem Umfeld zum Teil anspruchsvolle Erwartungshaltungen ein.

Da sind die Kollegen, die gute Zusammenarbeit, Information, Erfahrungsaustausch erwarten, aber auch Solidarität und Abstimmung gemeinsamer Interessen.
Der Betriebsrat als eine der wichtigen Kontakt-Funktionen erwartet nicht nur die Beachtung von Betriebsvereinbarungen, Tarifverträgen und der Bestimmungen des Betriebsverfassungsgesetzes, er will gehört werden und ggf. mitbestimmen.
Es ist noch nie ein Fehler gewesen, bei Fragen, Problemen und Planungen, die die Mitarbeiterinteressen berühren, den Betriebsrat rechtzeitig „mit ins Boot" zu holen.

Bild 6.1: Erwartungen der Unternehmensleitung/der Mitarbeiter

Es gibt noch eine ganze Reihe anderer Unternehmensfunktionen, die die Meisterfunktion in ihrem Blickfeld haben, z.b. das Personalwesen incl. Ausbildungsfunktionen, die Qualitätssicherung, die Arbeitsplanung, die Auftragsbearbeitung und -steuerung, die Betriebswirtschaft usw.

Wir sehen, Meister sein erstreckt sich auf mehr als „nur" Mitarbeitern vorzustehen, und mitunter ist es sogar weitaus schwieriger, mit den Außenstehenden klar zu kommen, als mit der eigenen Mannschaft (da ist man „in der eigenen Familie"!). Um einen erfolgreichen Umgang mit seiner Umwelt pflegen zu können, bedarf es bei einem Meister – wie auch bei anderen Vorgesetzten – einiger Grundeigenschaften, die, gepaart mit seinem Führungsverhalten und seinem persönlichen Rollenverständnis seine *Persönlichkeit* widerspiegeln. Dazu gehören in erster Linie

– Selbstvertrauen, um Vertrauen zu gewinnen,
– Eigenständigkeit, ohne Berufung auf Amtsgewalt,
– Glaubwürdigkeit, bei freundlichem Umgang mit anderen,
– Kontaktfähigkeit und Bereitschaft zur Kommunikation.

Daß Persönlichkeitsentwicklung ein lebenslanger (Reifungs-)Prozess ist, muß an dieser Stelle wohl nicht nochmals betont werden.

Persönlichkeit = Autorität?

	übertragene Autorität: *Amtsautorität*	erworbene Autorität: *Fachautorität* *Personale Autorität*
Basis:	– Macht	– Fachwissen – Vertrauen
Voraussetzungen und Mittel:	– Befehl – Drohung – Strafe – Zwang	– Erfahrung – Überzeugen – Glaubwürdigkeit – Ausstrahlung – Vorbild – Gerechtigkeit – Initiative – Hilfsbereitschaft
Auswirkungen auf die Beteiligten:	– Gehorsam – Passivität – Unterwürfigkeit – Unselbständigkeit	– Akzeptanz – Mitwirkung – Mitverantwortung – Selbständigkeit

Autorität = Anerkennung + Ansehen + Achtung

Es gibt kein Zusammenleben von Menschen ohne Autorität!
Was WAR Autorität? Wie oben dargestellt: Macht und Gehorsam, Heiliges Reich → Autorität Gottes, absolutistische Herrscher, Fürsten, die sich Autorität anmaßten: „Souverän ist derjenige, der neben dem unsterblichen Gott keinen Größeren kennt als sich selbst" (Jean Bodin)
Was IST Autorität? Anerkennung des Führenden, Autorität hat Verbindlichkeit:
(in unseren Wer die Kompetenz nicht anerkennt, kann auch die Autori-
Regionen!) tät nicht anerkennen.

An dieser Stelle könnte man tiefsinnige Betrachtungen über die Entwicklung in unserer von wirtschaftlichem und technologischem Fortschritt geprägten Gesellschaft anstellen, z.B., ob uns nicht zunehmend die Frage nach dem Sinn unseres Schaffens verlorengegangen ist.

Wenn wir uns in den vorausgegangenen Kapiteln mit dem Wandel der Arbeitswelt befaßt haben, stellen wir zum Thema Autorität folgenden Wandel fest:
- Sozial verantwortete Autorität herrscht nicht,
  → sie dient dem Ganzen.

- Autorität muß um Anerkennung ringen,
  → Dialog, Diskussion, Information.
- Autorität berät,
  → Coaching, Teamarbeit.
- Die Autorität wird durch das Team unterstützt,
  → Beteiligung der Mitarbeiter.

Die 10 Gebote der guten Menschenführung

1. Behandeln Sie Ihre Mitarbeiter so, wie Sie von Ihrem Chef behandelt werden möchten.
2. Handeln Sie als Vorbild, aber nicht als Prediger,
   – mit der natürlichen Autorität ihrer Persönlichkeit,
   – seien Sie in Ihren Handlungen konsequent,
   – dulden Sie weder „Radfahrer" noch „Ohrenbläser".
3. Nehmen Sie Ihre Mitarbeiter wie sie sind, nicht wie Sie sie gerne sehen möchten,
   – akzeptieren Sie ihre individuelle Persönlichkeit,
   – bemühen Sie sich, jeden einzelnen zu erkennen und zu verstehen.
4. Nutzen Sie Wissen, Erfahrungen, Interessen Ihrer Mitarbeiter,
   – setzen Sie jeden entsprechend seinen Fähigkeiten ein,
   – vermeiden Sie Unterforderung wie Überforderung.
5. Setzen Sie klar definierte und erreichbare Ziele,
   – verhindern Sie Unsicherheiten, die in die Orientierungslosigkeit führen.
6. Vertreten Sie Ihre Standpunkte mit Festigkeit,
   – entscheiden Sie mit Bestimmtheit, ohne „Weichmacher".
7. Üben Sie Mitarbeiter-Kontrolle aus mit „offenem Visier",
   – Mitarbeiter wollen beurteilt werden,
   – „jede Arbeit ist des Lohnes wert".
8. Vermitteln Sie bei Ihren Mitarbeitern das Gefühl, daß es sich lohnt, die gestellten Aufgaben zu erfüllen,
   – keiner in Ihrer Mannschaft soll sich überflüssig fühlen.
9. Fördern Sie das miteinander Arbeiten, miteinander Reden und miteinander Leben,
   – lösen Sie Probleme und Konflikte, schieben Sie sie nicht beiseite,
   – geben Sie Orientierung, Rat und Hilfe,
   – hören Sie Ihren Mitarbeitern zu.
10. Vergessen Sie nie, daß Sie an so manchen Fehlern Ihrer Mitarbeiter selbst beteiligt sind,
    – arbeiten Sie an sich, es lohnt sich.

6.2 Führen bedeutet Ziele setzen

Wer sich auf den Weg macht, um ein Ziel zu erreichen, hat sich vorher über den Weg zum Ziel Gedanken gemacht: *Der Weg ist das Ziel!* Nichts schlimmeres kann Ihnen als Meister passieren, als daß Sie selbst und Ihre Mannschaft ziellos „in den Tag hinein werkeln". Wer führt, muß sich Ziele gesetzt haben.

> Führung koordiniert Zusammenarbeit und lenkt sie auf die Unternehmensziele.

Erfolgserlebnisse geschehen sehr selten aus Zufall, sie sind das Ergebnis zielorientierter Planungen, Entscheidungen, Maßnahmenrealisierung und wirksamer Kontrollen. So wie kein Unternehmen es sich leisten kann, positive Betriebsergebnisse dem festen Glauben an die Zukunft zu überlassen, so müssen Sie als unternehmerisch denkender und handelnder Vorgesetzter mit jedem Ihrer Mitarbeiter – oder mit den Gruppen – Zielvereinbarungen treffen.

> Ziele sind Ansprüche an die Zukunft, die mit den vorhandenen Mitteln erfüllt werden müssen.

Da ein Leben und Arbeiten ohne Ziele mit großer Wahrscheinlichkeit in die Orientierungslosigkeit führt, wird auch Ihr Vorgesetzter mit Ihnen Zielvereinbarungen treffen, die Sie persönlich oder gemeinsam mit Ihren Mitarbeitern zu erfüllen haben.

- Als Meister vertreten und interpretieren Sie die *Unternehmensziele* gegenüber Ihren Mitarbeitern.
- *Gruppenziele* können verhaltensorientiert sein oder sich an Kundenerwartungen orientieren.
- Jeder Einzelne lebt mit Zielvereinbarungen über *Aufgaben und Kompetenzen.*

Ziele setzen erfordert das Bestimmen von Inhalt, Umfang und Zeitrahmen:

> Ziele müssen klar, realistisch und meßbar sein.

- Ein Ziel ist der „rote Faden" für all unser Handeln, ist Antrieb und Motivator zugleich.
- Jeder muß und will wissen, was von ihm erwartet wird.
- Mit Zielen werden Prioritäten gesetzt.

▢ Ihr Mitarbeiter Otto übernimmt eine Aufgabe, die der termingerechten Fertigstellung eines Auftrages dienen soll. Damit er weiß, worum es geht, formulieren Sie Ihre Zielsetzung und treffen mit Otto gemeinsam eine *Zielvereinbarung* nach obigen Gesichtspunkten. Otto hat seine eigenen Vorstellungen, wie er vorgehen möchte. Die Abstimmung mit Ihnen schließt die *Planung* ab, die *Entscheidung* über die Vorgehensweise leitet die *Realisierung* ein. Otto wird aktiv.

Sie werden über Otto's Wirken *Kontrolle* ausüben,
a) um ihn ggf. zu unterstützen, und
b) um zu verhindern, daß ihm seine Aktivitäten „aus dem Ruder laufen".

In Abstimmungsgesprächen mit Otto wird ein *Abgleichen* zwischen Soll und Ist erfolgen. So kann es sein, daß Otto feststellt: „So geht das nicht". Das führt dann z. B. zur Korrektur der Vorgehensweise; schlimmstenfalls ist gar die Zielsetzung zu korrigieren (was aber unter Umständen weitere Folgen nach sich ziehen kann!).

Regeln zum Thema Zielsetzung / Zielvereinbarung:

– Ziele sind zu vereinbaren und nicht als Dekret zu erlassen, sie müssen von den Betroffenen mit getragen werden.

– Überzeugen Sie diejenigen, die die Ziele erreichen sollen, die Überzeugung ist die beste Motivation.

– Beachten Sie beim Setzen von Zielen, daß für die Mitarbeiter die *Zielerreichbarkeit* bei der Zielvereinbarung erkennbar sein muß.

– Bei Zielsetzungen muß die *Überprüfbarkeit* gewährleistet sein; sonst sind es nur „Absichtserklärungen".

– Mit einer konsequenten Durchführung der Maßnahmen, die zur Zielerreichung führen sollen, steht und fällt der Erfolg.

Beispiele für Zielsetzungs-Schwerpunkte im Betrieb mögen noch Hinweise geben auf die betriebswirtschaftliche Bedeutung:

– Reduzierung von Ausschuß, Materialverbrauch, Fehlerkosten,
– Unterschreiten des „kalkulatorischen Mehrverbrauchs",
– Abbau von Fehlzeiten und Fluktuation.

Im Umkehrschluß erweisen sich als typische Zielsetzungen mit Kostenwirksamkeit zum Beispiel:

- Beseitigen von Störungen,
- Bestände niedrig halten,
- Vermeiden jeglicher Vergeudung,
- Vereinfachen von Arbeitsabläufen,
- Unfälle verhüten,
- Qualität sicherstellen durch Herstellen,
- Maßnahmen zur Fehlzeitenminimierung realisieren,
u.a.m.

Fällt Ihnen da nicht auch noch einiges ein?

6.3 Führen bedeutet informieren

Wir setzen voraus, daß wir mündige Mitarbeiter haben wollen, die sich aktiv am Geschehen im Unternehmen beteiligen. Wenn wir dies wollen, dann ist Information dafür eine Voraussetzung. Ohne ziel- bzw. zweckorientiertes Wissen über das WAS, WIE, WO, WANN und die weiteren Zusammenhänge kann es keine erfolgversprechenden Handlungen geben. Informieren bedeutet mehr als die Verpflichtung, den Mitarbeitern „das Nötige mitzuteilen":

- Information ist auch die Verpflichtung, Informationsdefizite aufzuspüren und zu beseitigen.

Bezogen auf unser Bestreben, bei unseren Mitarbeitern Leistungsbereitschaft zu fördern, zu Leistung herauszufordern, bedeutet

Information = Wissen = Leistung.

Information als Führungsmittel heißt aber auch, als Vorgesetzter sich selbst zu informieren. Eine gute und erfolgreiche Zusammenarbeit setzt entsprechende Pflege von Kontakten voraus sowie das Ernstnehmen dabei empfangener Informationen und Probleme.

Die Gewichtung des Führungsfaktors „Information" im Arbeitsleben wird vielfach von Führungskräften noch nicht hoch genug eingeschätzt. Dabei wird übersehen, daß in unserer heutigen „Multi-Medien-Gesellschaft" Informiertsein erste Bürgerpflicht geworden ist. Auch der „Normalverbraucher" nimmt nicht mehr alles so hin, er will überzeugt sein, „besorgt sich" ggf. gewünschte Informationen. Zu dem „Wandel in unserer Arbeitswelt" gehört also auch ein Bewußtseinswandel über die Einstellung zu dem „informierten Mitarbeiter".

In der „Management by..."-Epoche wurde auf der Mitarbeiterebene vielfach das „Management by Champinion" als im Hause üblich zitiert: „Die Mitarbeiter im Dunklen lassen und regelmäßig mit Mist beschmeißen"

Diese Zeiten sind wohl entgültig vorbei. Die im Betrieb Tätigen müssen informiert sein, ggf. informieren sie sich selber auf den meist informellen Wegen, und über die Qualität von informellen Informationen läßt es sich streiten.

Ist Information eine *Bringeschuld* oder eine *Holeschuld?* Diese Frage wurde vielfach je nach Situation mal so, mal so beantwortet. Der Holeschuld, – „besorge Dir doch das Wissen, das Du brauchst" –, ist entgegen zu halten, daß der Information Suchende sehr genau wissen muß, woher er sie bekommt. Und das ist in zu vielen Fällen allein wegen der aufgesplitteten Zuständigkeiten eine fragwürdige Annahme. Was dann an Informationen verwendet wird, sind oft Halbheiten wenn nicht sogar verfälschte Informationen. Ganz schlimme Folgen sind zu erwarten, wenn Informationslücken aufgefüllt werden durch Gerüchte, gegensätzliche Informationen oder gar Mißtrauen. Daraus abzuleiten, Information sei also ausschließlich Bringeschuld, ist nicht korrekt.

> Befriedigende Information beruht auf der Ausgewogenheit zwischen Informationsbereitstellung und der Informationsbeschaffung.

☐ Mitarbeiter Otto hat ein recht kompliziertes Frästeil zur Anfertigung bekommen, mit der Zusatzinformation, aber ja auf die Qualität zu achten. Otto fängt die Arbeit an, unterbricht aber bald, kommt zu Ihnen, dem Meister, und fragt: „Warum sind da so enge Toleranzen und so hohe Oberflächengüten gefordert?"

Sie können ihm hoffentlich sagen, für welches Produkt das erforderlich ist, evtl. auch welche Funktionen mit dem Teil erfüllt werden. Sie können sicher sein, Mitarbeiter Otto hat dann nicht nur eine wichtige Information bekommen, er geht auch sehr motiviert an den Auftrag heran.

• Informierte Mitarbeiter identifizieren sich mit der von ihnen erwarteten Qualität.

Ziel der *betrieblichen Informationspolitik* muß sein, die Mitarbeiter dazu zu bringen, daß sie ihr Verhalten und ihr Handeln an den vorgegebenen Informationen ausrichten, weil sie sich damit identifizieren.

– Durch Information ist das Vertrauen der Mitarbeiter in das Unternehmen zu stärken.

– Information kann dem Mitarbeiter die Gewißheit geben, daß er wichtig genommen wird.

- Information, die rechtzeitig, vollständig und glaubwürdig erfolgt, verhindert Gerüchte.
- Information dient der sachlichen Aufklärung über betriebliche Vorgänge.
- Information muß zum Ziel haben, die Qualität der Zusammenarbeit, der Arbeitsausführung und der Kommunikation zu sichern und zu fördern.

Es muß unbedingt vermieden werden, daß durch unzureichende Information ein Gefühl der Verlassenheit, der Angst, den Dingen ausgeliefert zu sein, aufkommt. Das gilt für Mitarbeiter wie für Vorgesetzte. Niemand wird von Frust und Aggression verschont, wenn derartige Gefühle aufkommen.

Aus der Sorge heraus, Mitarbeiter nicht rechtzeitig genug mit ins Boot zu bekommen, können sich allerdings selbst gut gemeinte INFO-Maßnahmen als Fehlschlag erweisen:

☐ In einem renommierten Unternehmen wurde die Neuorganisation der Produktion nach sorgfältiger Planung mit einer Informationsoffensive eingeleitet. Bis ins „letzte Glied" wurden alle Mitarbeiter über die beabsichtigten Veränderungen unterrichtet. Führungskräfte von der Basis waren in die Erarbeitung von Konzepten und als Referenten nach dem Schneeball-System für die Information herangezogen worden. Alles schien hervorragend gelaufen zu sein, bis es an die Realisierung der Maßnahmen ging.
Da plötzlich stellte sich heraus, daß viele Mitarbeiter und auch Vorgesetzte meinten, davon nicht betroffen zu sein („es kann nicht sein, was nicht sein darf"). Welche Lehre wurde daraus gezogen? Die Informationen waren von vielen als „Berieselung" wohlwollend aufgenommen worden, ohne daß man sich als Betroffener fühlte. Ziel mußte aber sein, die Mitarbeiter zu Betroffenen zu machen.

Information wird wofür benötigt?

Jeder, der zu informieren hat, der Informationen verarbeiten muß, sollte sich diese Frage immer wieder stellen. Nur so ist sicherzustellen, daß Informationen zweck- bzw. zielorientiert „gesendet" und „empfangen" werden. Dies gilt gleichermaßen für Mitarbeiter wie für Vorgesetzte.

Informationen sind erforderlich, um
- Planungen durchzuführen,
- Entscheidungen zu treffen,
- Maßnahmen zu realisieren, Aufgaben zu erledigen,
- Kriterien für Kontrollen zu kennen,
- Orientierung zu erhalten
  u.a.m.

Gibt es Schwerpunkte von Informations-Defiziten?
Ja, es gibt sie immer wieder. Ein typisches Beispiel aus dem Alltag ist dies:

☐ Sie kommem fröhlich pfeifend des morgens an Ihren Arbeitsplatz, als ein Mitarbeiter auf sie zukommt. „Meister, Sie sollen heute um 11.30 Uhr zum Chef kommen, die Sekretärin hat gerade angerufen." Natürlich greifen Sie zum Telefon, um von der Dame den Grund zu erfahren. „Keine Ahnung", sagt sie, „das werden Sie ja schon sehen." Was geht wohl in Ihnen jetzt vor? Im Zweifelsfalle gehen Sie im Geiste alle kleinen Pannen der letzten Zeit durch, werden leicht beunruhigt. Kommt Ihnen in Laufe des Vormittags noch etwas in die Quere, wird Ihre Stimmung eventuell angespannt und die Mitarbeiter bekommen das ggf. zu spüren. Vorbereiten können Sie sich auch auf nichts.
Der Termin kommt heran und was geschieht? Ihre Chef bedankt sich für das gute Ergebnis im vergangenen Monat (Sie entspannen sich) und dann fragt er nach dem zu erwartenden Ergebnis des laufenden Monats (Sie sind nicht vorbereitet, Schei..benkleister).

Derartige Erlebnisse sind Folgen von vermeidbaren Halbinformationen. Zur Termin-Information gehört die Angabe des Grundes, worum es geht.

Informationsdefizite treten grundsätzlich dann auf, wenn Stellen oder gar Abteilungen Wissen als Macht ansehen. Das zeigt sich dann in der Form, daß Informationen nur zögerlich, unter Druck gegeben, mitunter sogar bewußt zurückgehalten werden. Von kooperativer Zusammenarbeit zeugt derartiges Verhalten nicht.

Weitere Schwachpunkte aus der Sicht von Mitarbeitern sind z.B.

- „Feedback" über die erbrachte Leistung im Alltag, nicht nur einmal im Jahr, weil es der Tarifvertrag vorschreibt.
- Informationen über die mögliche berufliche Entwicklung, Rat und Hilfe bei der persönlichen Entwicklung,
- Veränderungen im Betrieb, organisatorisch und personell.

Wie oft sind Sie schon von Ereignissen oder Dingen überrascht worden, über die Sie schlecht oder gar nicht informiert wurden?

Wie kommt man Informationsdefiziten „auf die Schliche"?
In neuen Organisations-Strukturen wie Fertigungsinseln oder Gruppenarbeit ist dies kein Thema. Hier sind regelmäßige *Informationsgespräche* oder Problemlösungs- bzw. *Teamsitzungen* Bestandteil der Arbeitsorganisation. Die Mitarbeiter haben die Möglichkeit, ihre Informationsbedürfnisse und Probleme öffentlich zu machen, sowohl im Gespräch als auch z.B. an *Pin-Wänden* oder durch Einwurf einer Notiz in einen *„Mecker-Briefkasten".*

Es gibt auch Unternehmen, die in regelmäßigen Abständen (z.B. am Freitagnachmittag) eine „INFO-Stunde" mit Teilnahmepflicht durchführen. Auch hier sollen

Informationen gegeben wie auch Mitarbeiterwünsche und -probleme aufgenommen werden.

Eine weitere Möglichkeit, „Klima-Analysen" durchzuführen, ist die *Mitarbeiterbefragung* per Fragebogen (kommt am ehesten bei Mitarbeitern an, wenn sie vom Betriebsrat veranstaltet wird). Über die Wirksamkeit ist Zurückhaltung angebracht. Aktivitäten wie Befragungsauswertung, Erarbeitung von ggf. erforderlichen Verbesserungen und Realisierung durchzuführender Maßnahmen müssen mitarbeiterorientiert erfolgen. Ist das immer sicherzustellen?

Im engeren Bereich der eigenen Abteilung, eines Meisterbereiches, gibt es jedoch sehr individuelle Möglichkeiten, den Mitarbeitern „auf's Maul zu schauen" und – auch eigene – Schwachstellen zu erkennen.

Wie informiere ich mich selbst?
Selbstinformation beginnt damit, daß ich mich per Feedback informiere, wie meine Informationen angekommen sind.

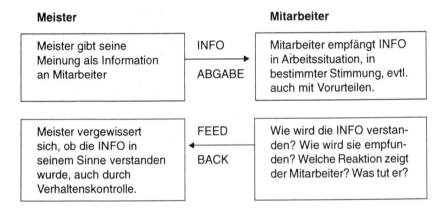

Wer seine Mitarbeiter führen will, muß informiert sein, sowohl aus sachlicher wie auch aus sozialer Verpflichtung. Dabei darf man sich nicht passiv verhalten, „die gebratenen Tauben fliegen einem nicht ins Maul". Es ist also zu empfehlen, nicht zu warten, bis man informiert wird (und schon gar nicht über „Dritte"!), vielmehr holt sich der gut informierte Meister seine Informationen.

Das einfachste Mittel dazu ist, *beobachten* und *fragen*, immer wieder fragen und ... *zuhören*, immer wieder zuhören.

- Wer sich informieren will, muß sich aufgeschlossen zeigen, den Partnern die Empfindung vermitteln, daß man zuhören will.
- Nehmen Sie sich Zeit, „Bescheid zu wissen".

- Wer auf Informations-Suche ist, darf nicht ungeduldig sein, auch dann nicht, wenn der Partner Sie (aus welchen Gründen auch immer) nervös macht. Beherrschen Sie sich!
- Gehen Sie konsequent gegen Heimlichtuerei und Verheimlichung vor.
- Prüfen Sie Informationen auf ihren Wahrheitsgehalt, bevor Sie daraufhin Handlungen begehen.

In welchen Richtungen muß Information funktionieren?

Entsprechend dem hierarchischen Aufbau jedes Betriebes müssen Informationen von oben nach unten, von unten nach oben und quer (auf der gleichen Ebene) laufen. Im Prinzip weist jede Darstellung von Ablauf- und Aufbauorganisation aus, in welchen Richtungen jeweils Informationen stattzufinden haben:

- *Abwärtsinformationen,* z.B. Vorgesetzter → Mitarbeiter:
  - Arbeitsanweisungen, Aufgaben, Aufträge, Anerkennung & Kritik usw., Bringeschuld des Vorgesetzten.
- *Aufwärtsinformationen,* z.B. Mitarbeiter → Vorgesetzter:
  - Arbeitsergebnisse, Probleme und Nöte, Verbesserungsvorschläge usw., Bringeschuld der Mitarbeiter.
- *Querinformationen,* z.B. zwischen Abteilungen auf gleicher Ebene:
  - Gute Zusammenarbeit ist auch eine Frage funktionierender Information zwischen Kollegen. Erfahrungsaustausch, Abstimmungen, gegenseitige Information haben Einfluß auf die Gesamtleistung.

Methoden und Mittel der Information

Gute Information ist diejenige, die so verstanden wird, wie sie gemeint ist.

Diesem Grundsatz folgend ist jede mündliche Informationsart den schriftlichen vorzuziehen. Information ist eine Form von Dialog und insofern dann effektiv, wenn der Informierende unmittelbar die Reaktion des Informations-Empfängers erhält.
- Fragen können gestellt werden.
- Unklarheiten werden herausgestellt und (möglichst) beseitigt.

Das schließt nicht aus, daß Informationen in schriftlicher Form auch ihre Berechtigung haben, vielfach sogar unumgänglich sind.

Sicher ist dies: Schlecht gegebene Information kann in der Auswirkung so unangenehm sein wie unterlassene Information. Mißverständnisse oder gar Konflikte sind die Folge.

Die nachfolgend wiedergegebene „Checkliste" enthält typische in der Praxis angewendete Mittel bzw. Methoden zur Mitarbeiterinformation.

Bewerten Sie selbst aus Ihrer Sicht die Wirksamkeit der Methoden bei folgender Annahme:

☐ In Ihrem Meisterbereich soll innerhalb des laufenden Jahres Gruppenarbeit eingeführt werden.

Informationsmethode:	Wirkung:		
	gut	mittel	schlecht
Anschlag am „schwarzen Brett":			
Rundschreiben, mit oder ohne Unterschrift:			
Besprechungsprotokoll:			
Werkszeitung:			
Mitteilungsblatt „an ALLE", Verteilung an der Eingangspforte oder in der Kantine:			
Betriebsrats-INFO:			
Brief an die Mitarbeiter:			
Betriebsversammlung:			
Mitarbeitergespräche:			
Gruppengespräche:			
gezielte Informationsveranstaltung:			
„Weitersagen von Mund zu Mund":			
Qualitätszirkel, Teamgespräch:			

Lassen Sie uns unser Beispiel abschließen mit zwei verschieden wirkenden (und wohl auch gemeinten?) Informationen, jeweils verfaßt von der Geschäftsleitung:

1. „In der Sitzung vom ...... ist beschlossen worden, in dem Meisterbereich ..... innerhalb dieses Jahres Gruppenarbeit einzuführen."

2. „In der Sitzung vom ..... ist ein Projekt eröffnet worden mit der Zielsetzung, die Wirksamkeit von Gruppenarbeit in dem Meisterbereich ..... zu überprüfen und ggf. eine Pilotgruppe im Laufe dieses Jahres zu starten."

Die Information nach Variante 1 hat offensichtlich den Charakter einer *Nachricht*, d.h. sie ist „vorgedacht" und scheint etwas Unabänderliches zu übermitteln. Welche der beiden Varianten ist wohl die von kooperativem Geist getragene?

Regeln zum Thema „Informieren":

- Informieren Sie rechtzeitig, vollständig, glaubwürdig und verständlich.
- Wecken Sie das Interesse, auch durch die Wahl der jeweils richtigen Informationsform.
- Informieren Sie aktuell, so vermeiden Sie, daß eine ggf. verfälschte Vorabinformation die Ihrige überholt.
- Informieren Sie direkt, wenn Sie wollen, daß Ihre Information 1:1 „rüberkommen" soll.
- Vergewissern Sie sich durch entsprechende Kontrolle, z.B. der Mitarbeiter-Reaktionen, ob die Information in Ihrem Sinne „angekommen" ist, d.h. richtig verstanden worden ist.
- Informieren Sie in angemessenem Umfang, je nach Bedeutung für den „Empfänger".
- Bemühen Sie sich stets, über die Wahrheit informiert zu sein.

Bedarfsgerechte Information mit EDV

EDV-gestützte Informationssysteme zur Bereitstellung von Informationen wie auch zur Eingabe von Informationen gehören heute zum betrieblichen Alltag. Wichtig für die Anwender ist

- die Zuverlässigkeit der abrufbaren Daten,
- die rechtzeitige Bereitstellung zu jeweils fälligen Entscheidungsprozessen,
- die laufende Aktualisierung der Daten,
- der zielorientierte Einsatz der EDV, d.h. Mut zur Beschränkung.

EDV verlockt zu leicht, den „großen Bruder Rechner" zum Informationsgrab zu machen. Eine EDV-Anwendung darf nicht zum Selbstzweck werden und EDV darf nicht als Ersatz für zwischenmenschliche Beziehungen dienen!

Schriftliche Information muß auch sein

Wer kennt sie nicht, die Papierflut, die uns per Hauspost auf den Tisch kommt, gelesen werden muß und ggf. sogar eine schriftliche Beantwortung erforderlich macht. Wir müssen trotzdem akzeptieren, daß der Anforderung und der Situation entsprechend die Schriftform der mündlichen Information vorzuziehen ist bzw. diese zu ergänzen oder zu bestätigen hat.

Gute betriebliche Kommunikation erfordert den beherrschten Umgang mit den anforderungsgerechten Formen mündlicher und schriftlicher Information.

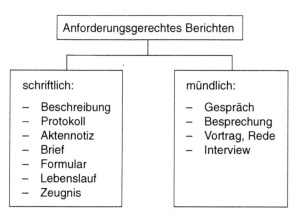

Worauf kommt es an? Ein guter Bericht ist

Klar: Seine Sprache ist einfach und eindeutig, die Gedanken werden in der richtigen Reihenfolge zum Ausdruck gebracht.
Vollständig: Er gibt alle notwendigen Informationen, unterschlägt nichts, beantwortet im voraus mögliche Einwände und Fragen.
Konzentriert: Er enthält die wesentlichen Tatsachen, Gedanken und Daten.
Sachlich: Er ist frei von Urteilen, Vorwürfen und Selbstdarstellungen.
Richtig: Alle Angaben und Daten sind überprüft, alle Folgerungen sind genau überlegt oder abgesprochen.

Schriftliche Information hat – gut verfaßt – ihren Sinn; entscheidend ist die Zielsetzung des „Schriftstückes".

Berichten bedeutet *Beschreiben* von

- Gegenständen, → technische Beschreibungen,
- Vorgängen, → Abläufe, Richtlinien,
- Geschehnissen, → Sitzungen, Besprechungen, Vorfälle,
- Situationen, → Stand eines Vorhabens, eines Projektes,

- Lebensläufen, → Darstellung der Persönlichkeit,
- Leistungen, → Zeugnisgeben über Befähigungen,
- Untersuchungen, → Gutachten, Ergebnisberichte.

Im betrieblichen Geschehen gehören diese genannten Beispiele zur alltäglichen Praxis.

☐ Mitarbeiter Otto bekommt für seine Maschine eine im Betriebsmittelbau erstellte Vakuumspannvorrichtung. Die Anwendung und Funktion des Betriebsmittels muß beschrieben werden.

Die Beschreibung eines *Gegenstandes* sollte enthalten:
- Art und Zweck,
- wofür verwendbar,
- Form und Größe,
- Aussehen des Gegenstandes und seiner Einzelteile,
- Beschaffenheit, Material,
- besondere Kennzeichen.

So gliedert man einen Bericht:

1. Kopf: Gibt klare Auskunft über Absender und Empfänger des Berichtes, → wer berichtet wem?

2. Betreff: Gibt an, worum es geht, zunächst allgemein das Gebiet, dann das besondere Thema des Berichtes, → was ist der Inhalt?

3. Zusammenfassung: Gibt eine kurze Vorwegnahme des wesentlichen Inhaltes, insbesondere der Ergebnisse. Ist wichtig für den Empfänger, der sich hier entscheidet, ob er den ganzen Bericht lesen muß.

4. Hauptteil: Hier wird auf den Kern des Berichtes, auf die Einzelheiten eingegangen; notwendige Daten und Fakten müssen hier nachlesbar sein. Eine übersichtliche und leicht lesbare Gestaltung wird erreicht durch Absätze, Zwischentitel, Unterstreichungen usw.

5. Folgerungen: Aus dem Inhalt des Hauptteiles sind hier die Schlußfolgerungen darzustellen und zu erläutern.

6. Anlagen: Unterlagen, die dem Empfänger weitere Aufschlüsse geben bzw. Beweise liefern können, sollten dem Bericht beigefügt werden. Die „Titel" der beigefügten Unterlagen sind am Berichtsende aufzuführen.

Da Mitarbeiter Otto mit dem Gegenstand umgehen soll, ist die Gegenstandsbeschreibung zu ergänzen um die Beschreibung der *Funktion*. Dazu gehören folgende Erläuterungen:
- Voraussetzungen und äußere Bedingungen für den Einsatz,
- Erklärung, wie der Gegenstand funktioniert,
- Die Funktionen von Einzelteilen,
- Darstellung des Funktionsablaufes in seinen Einzelschritten,
- was beim Gebrauch zu beachten ist.

Beachten Sie bei der Erstellung von Beschreibungen drei *Grundregeln:*
- Verwenden Sie eine verständliche und klare Sprache.
- Ordnen Sie Beschreibungen von Ablaufschritten in der richtigen Reihenfolge an.
- Wählen Sie als Zeitform die Gegenwart.

Als wesentliche Hilfe bei der Erstellung von Berichten bieten sich die bekannten „W-Fragen" an:

→ **Was? Warum? Wer? Wem? Wie? Womit? Wann? Wo?** ......

Auf diese Art und Weise werden die Fakten gesammelt, die Wahrscheinlichkeit, etwas Entscheidendes zu vergessen, wird verringert.

Als kleine Übung beschreiben Sie doch mal Ihren Bleistift!

Das Protokoll

Eine besondere Form des Berichtes ist das Protokoll. Als Meister nehmen Sie mit Sicherheit an Sitzungen teil. So kann Sie jederzeit das harte Los treffen: „Ach, Herr ...., schreiben Sie doch bitte das Protokoll".

Anders als im Bericht wird im Protokoll in der Vergangenheit berichtet, über Gespräche, Sitzungen, Ereignisse, Unterweisungen, Belehrungen u.ä.

Zweck eines Protokolls ist,
- wichtige Fakten und Vereinbarungen festzuhalten,
- Verlauf und Ergebnisse von Sitzungen/Veranstaltungen zu dokumentieren,
- Informationen an Abwesende zu geben,
- Teilnehmern eine „Gedächtnisstütze" zu geben,
- festzuhalten, wer welche „Schularbeiten" bis wann zu erledigen hat.

Wie soll ein Protokoll grundsätzlich aufgebaut sein? Welche Punkte sollte es enthalten?
- Thema, → Grund der Zusammenkunft,

- Datum, (ggf. sogar die Uhrzeit), Ort,
- Teilnehmer,
- Tagesordnung,
- Inhalt der Besprechung,
- angesprochene Schwerpunkte,
- erledigte Aufgaben, → Ergebnisse?
- zu erledigende Aufgaben, → wer bis wann?
- Zielvereinbarungen, → besondere Hinweise,
- notwendige Maßnahmen,
- Verantwortliche, → wofür?
- Datum, Zeit und Ort der nächsten Zusammenkunft,
- Protokollführer, → wer, welche Abteilung.
- Unterschrift: Protokollführer, ggf. auch
- der Sitzungsleiter.

Zwei kleine Feinheiten sind noch zu bedenken (sie bestimmen den Aufwand!). Es gibt 2 Formen des Protokolls:

1. Das *Verlaufsprotokoll:*   Es muß lückenlos den Verlauf des Gesprächs, der Sitzung, der Verhandlung wiedergeben, einschließlich der einzelnen Diskussionsbeiträge und der Ergebnisse.

2. Das *Ergebnisprotokoll:*   Es enthält lediglich die Wiedergabe der Ergebnisse bzw. Beschlüsse des Gesprächs, der Sitzung, der Verhandlung.

Die Aktennotiz

Bestimmte Anlässe – typisch nach Telefonaten – können ein Festhalten wichtiger Fakten und Daten notwendig machen. Das muß nicht immer ein formvollendeter Brief sein, man schreibt dann eine *Aktennotiz*. Gleiches kann auch gelten für Mitteilungen „von Raum zu Raum". Bedenken Sie bei aller Einfachheit einer Notiz, daß auch sie verstanden werden soll, also

- knapp in der Sprache („Telegramm-Stil"),
- klar und übersichtlich in der Gliederung.
- Wem schreibt wer, aus welchem Anlaß, wann worüber,
- Name, Unterschrift.

Schriftliche Information sollte – im Gegensatz zur mündlichen Information – grundsätzlich so sparsam wie gerade noch tragbar erfolgen. Es wird ohnehin viel zuviel Papier erzeugt, mit oft nicht verkraftbarem Lesestoff.

Mit Formularen rationell arbeiten

Die Umschreibung „sparsam wie gerade noch tragbar" sollte auch für den Gebrauch von FORMULAREN gelten. Sie sollen die Abgabe von Informationen erleichtern und vereinfachen, die Auswertungen durch die Vereinheitlichung der Form rationeller gestalten. Kein Betrieb kann und sollte ohne Formulare leben. Allerdings sollte jeder, der meint, ein Formular zwecks rationeller Arbeitsweise erfinden zu müssen, beachten, daß platzsparende Sprachabkürzungen nicht von jedem verstanden werden und somit zu vermeiden sind.
Formulare sind gut als z.B.

- genormte Form der Information,
- zeitsparende Informationserfassung,
- schriftliches Beweismittel,
- „natürliches" Ordnungsmittel zur Bewältigung der Informationsflut,
- Sicherstellung einheitlicher Fragestellungen,
- Mittel, unvollständige Informationen zu verhindern.

- Als Meister sei Ihnen empfohlen, die betriebsüblichen Formulare zu kennen, d.h. mit ihnen umgehem zu können. Ihre Mitarbeiter werden es Ihnen ggf. danken.

Das Arbeitszeugnis

Wenn das Arbeitsverhältnis zwischen dem Unternehmen und einem Mitarbeiter beendet wird, hat der scheidende Mitarbeiter Anspruch auf ein Arbeitszeugnis. Dieses Zeugnis ist für ihn eine Unterlage, mit der er sich anderswo bewerben kann.

Dazu § 630 BGB: → „Pflicht zur Zeugniserteilung"
Bei der Beendigung eines dauernden Dienstverhältnisses kann der Verpflichtete von dem anderen Teile ein schriftliches Zeugnis über das Dienstverhältnis und dessen Dauer fordern. Das Zeugnis ist auf Verlangen auf die Leistungen und die Führung im Dienste zu erstrecken.

• Dem ausscheidenden Mitarbeiter ist ein Arbeitszeugnis zu erstellen, das von verständigem Wohlwollen getragen ist und dem Arbeitnehmer sein weiteres berufliches Fortkommen nicht unnötig erschwert.

Daraus darf nicht abgeleitet werden, daß Zeugnisse bewußt „geschönt" auszustellen sind, denn auch unwahre Behauptungen sind unzulässig. Es gibt allerdings Möglichkeiten, negative Bewertungen der Person des ausscheidenden Mitarbeiters gegenüber einem kundigen Leser des Zeugnisses zum Ausdruck zu bringen. Zunächst jedoch ein Hinweis auf die grundsätzliche *Gliederung eines Arbeitszeugnisses*:

1. Angaben zur Person,
2. Dauer der Tätigkeit,
3. Art der Tätigleit,
4. Einschätzung der Leistung,

5. Verhalten gegenüber Vorgesetzten und Kollegen,
6. Grund der Beendigung des Arbeitsverhältnisses.

Wie bereits festgestellt, darf ein Arbeitszeugnis keine negativen Aussagen enthalten. Also muß der Beurteilende, der „Zeugnis zu geben" hat, nach Wegen suchen, neben den positiven Aussagen auch die Schwächen des Beurteilten darzustellen.

Die einfachste Art, Negatives nicht zum Ausdruck zu bringen ist, es einfach wegzulassen. Dabei wird unterstellt, daß der nächste Arbeitgeber die richtigen Schlüsse daraus zieht.

„Er zeigte gegenüber den Kollegen ein umgängliches Verhalten",
└ bedeutet: → Mit den Vorgesetzten kam er nicht zurecht.

„Seine Vorgesetzten hatten keinen Grund zur Klage",
└ bedeutet: → Bei den Kollegen war er nicht beliebt
(wenn über die Zusammenarbeit mit den Kollegen keine Aussage erfolgt!).

Eine weitere Möglichkeit bietet die *verschlüsselte Formulierung*, die von dem nachfolgenden Arbeitgeber entsprechend gedeutet werden muß:

„Wegen seiner Pünktlichkeit war er stets ein Vorbild",
└ bedeutet: → ...aber sonst war mit ihm nichts los.

„Er zeigte für seine Arbeit Verständnis",
└ bedeutet: → ..aber keine Leistung, er brachte nichts zustande.

„Alle Arbeiten wurden ordnungsgemäß erledigt",
└ bedeutet: → ...und zwar ganz bürokratisch, ohne jegliche Eigeninitiative.

„Er hat unseren Erwartungen entsprochen",
└ bedeutet: → er war schlecht.

„Er war bemüht, die ihm übertragenen Aufgaben zu unserer Zufriedenheit zu erledigen",
└ bedeutet: → die gezeigten Leistungen waren ungenügend.

„Er hat die ihm übertragenen Aufgaben im großen und ganzen erledigt",
└ bedeutet: → die gezeigten Leistungen waren mangelhaft.

„Er hat die ihm übertragenen Aufgaben zu unserer Zufriedenheit erledigt",
└ bedeutet: → die gezeigten Leistungen waren ausreichend.

„Er hat die ihm übertragenen Aufgaben zu unserer vollen Zufriedenheit erledigt",
└ bedeutet: → die gezeigten Leistungen waren befriedigend.

„Er hat die ihm übertragenen Aufgaben zu unserer vollsten Zufriedenheit erledigt",

└ bedeutet: → die gezeigten Leistungen waren gut.

„Er hat die ihm übertragenen Aufgaben stets zu unserer vollsten Zufriedenheit erledigt",

└ bedeutet: → die gezeigten Leistungen waren sehr gut.

Die hier formulierten Aussagen über die Leistung sind allgemein zu einem üblichen Standard geworden.

– Wählen Sie bei der Erstellung von Zeugnissen Formulierungen, die einer gerechten Beurteilung entsprechen. Der ausscheidende Mitarbeiter hat im Zweifelsfall das Recht, eine andere/treffendere Formulierung zu erbitten.

6.4 Kommunikation als Voraussetzung für Kooperation

☐ Mitarbeiter Otto wünscht sich, von Ihnen als Meister kooperativ geführt zu werden. Er hält nichts davon, aufgrund von Informationen, die er jeden Morgen an seinem Arbeitsplatz vorfindet, seine Arbeit zu verrichten. Er möchte mit seinem Vorgesetzten kommunizieren, d.h. auf Informationen, die er von Ihnen erhält, reagieren, ihnen zu verstehen geben, wie er Sie verstanden hat, in „neudeutsch": Ihnen ein Feedback geben.

Mit der Kommunikation steht und fällt das soziale Zusammenwirken von Menschen und das gilt nicht nur für das betriebliche Geschehen. Kommunikation ist keine Einbahnstraße. Sie beruht darauf, daß eine Wechselbeziehung erfüllt wird zwischen Senden und Empfangen, zwischen Sprechen und Zuhören.

Mangelhafte oder gar fehlende Kommunikation macht ein Zusammenarbeiten schwer, wenn nicht gar unmöglich. Orientierungslosigkeit und Irritationen führen zu Störungen im Zusammenleben bis hin zu Konflikten.

Kommunikation ist kein Privileg für einzelne, z.B. Vorgesetzte, etwa nach dem Motto:

„Ich hinterlasse dem Mitarbeiter Otto doch 100%-ige Informationen; er muß nur danach arbeiten."

Kommunikation ist eine Beziehung und ein Bedürfnis zugleich zwischen Menschen, die miteinander Umgang zu pflegen haben.

Jeder möchte im partnerschaftlichen Zusammenleben und Zusammenarbeiten
- ansprechen und angesprochen werden,
- ausreden und zuhören dürfen,
- angehört werden und fragen dürfen.

Für jeden Beteiligten geht es darum,
- verstanden zu werden,
- zu überzeugen, akzeptiert zu werden,
- den bzw. die Partner zu verstehen.

Wie „funktioniert" Kommunikation?

Zum Zustandekommen wirksamer Kommunikation sind zwei Partner notwendig:

→ Der *Sender*, der eine Information mit einem bestimmten Inhalt sendet, sowie
→ der *Empfänger*, der den übermittelten Inhalt der Information empfängt.

Dieser Prozess erfährt eine Umkehrung, indem der Empfänger durch seine Reaktion – seine Erwiderung – zum *Sender* wird und dem Partner, der dann als *Empfänger* wirkt, zu verstehen gibt, wie er die Information aufgenommen hat.

Der dabei ablaufende Prozess hat seine Eigenheiten und Tücken. Die beiden Begriffe „Sender" und „Empfänger" verbindet in der Nachrichtentechnik ein wichtiges Element: die CODIERUNG. Die „ausgestrahlte" Botschaft des Senders kommt beim Empfänger als codierte (verschlüsselte) Information an und muß vom Empfänger decodiert (entschlüsselt) werden, damit er sie verstehen kann. Gleiches geschieht beim Kommunizieren.

- Die Art und Weise, wie eine Botschaft, durch Sprache und Gestik codiert, vom Sender gesendet und dann, vom Empfänger decodiert, verstanden wird, bestimmt die Qualität des Kommunikationsprozesses.

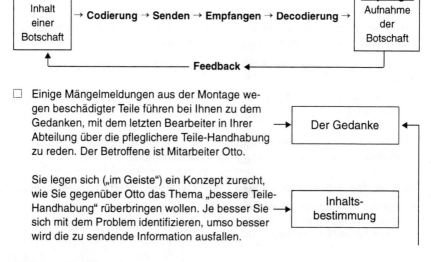

Als Informationsart wählen Sie das Gespräch (es hätte ja auch ein Brief sein können?). →	Informationsweg („Kanal")
Sie treffen sich mit Otto und reden mit ihm, tragen Ihre Gedankengänge vor, mit Ihren Worten und Ihrer Gestik. →	Codierte Sendung
Mitarbeiter Otto nimmt Ihre Worte – mitsamt Ihrer Gestik! – nach seinem Verständnis und seinem persönlichen Empfinden auf. →	Empfang + Decodierung
Mitarbeiter Otto versteht Ihre Information umso besser, je besser seine Beziehung zu dem Problem sowie vor allem zu dem Gesprächspartner (zu Ihnen) und der Vortragsform ist. →	Inhaltsbestimmung
Mitarbeiter Otto reagiert auf Ihre Rede entsprechend seinem Verständnis und seinen (impulsiven?) Empfindungen. Er gibt Ihnen ein Feedback aus dem Sie erkennen, wie er Ihre Rede aufgenommen hat. →	Reaktion Feedback

Ihre Botschaft wird also so verarbeitet, wie sie verstanden wurde, was nicht unbedingt gleichzusetzen ist mit dem von Ihnen beabsichtigten Informations-Inhalt!

Beachten wir bitte folgende Aussage:
„Ich weiß, Du glaubst zu verstehen, was ich gesagt habe; ich aber bin mir nicht sicher, daß das, was Du zu verstehen glaubtest, auch das ist, was ich zu sagen meinte."

In kürzerer Form heißt dies:

Wahr ist nicht, was ich sage, sondern das, was Du verstehst!

Das bedeutet: Eine „1:1"-Übertragung zwischen Gesprächspartnern ist nur dann annähernd gegeben, wenn die Kommunikationspartner „auf der gleichen Wellenlänge liegen".

Warum gestaltet sich dies vielfach so schwierig?
Das Kommunizieren ist ein vielschichtiger Prozess. Neben der Sprache mit ihrer Vielfältigkeit in der Ausdrucksweise werden dabei
- die Körpersprache, →Gestik, Mimik,
- Töne, Laute,
- Signale, Symbole

wirksam. Unterschiedliche Interessen, Motive, Einstellungen und Erfahrungen beeinflussen die Beziehungen zwischen den Kommunikationspartnern. Äußere Bedingungen wie Ort, Zeit, Umwelteinflüsse und ggf. unpassende Gelegenheit ergänzen das Maß möglicher Schwierigkeiten.

Einflüsse auf das Kommunizieren
Somit gibt es eine ganze Reihe von möglichen Ursachen für Störungen in der Kommunikation:

- Sind wir in der Lage, uns so präzise und klar auszudrücken, daß der Partner uns so versteht, wie wir es meinen? So hat jeder seine ihm eigene Ausdrucksweise, seine „persönlichen Sprüche", die von anderen durchaus unterschiedlich ausgelegt werden können.

- Ist der „Empfänger" in der Lage, unsere Informationen verzerrungsfrei zu entschlüsseln, in unserem Sinne wahrzunehmen? Derartige Verzerrungen können auftreten aufgrund von z.B.
  → Voreingenommenheit,
  → „den Herrn .... mag ich nicht",
  → fehlendem Vertrauen,
  → „der hat doch nie was richtiges gesagt",
  → ungeschickter Gesprächs-Einleitung,
  → der „erste Eindruck" ist oft bestimmend für die negative oder positive Aufnahme,
  → selektiver Informations-Aufnahme,
  → von persönlichen Bedürfnissen und Träumen geleitet, wird nur das wahrgenommen, was einem „in den Kram passt" oder eine Information wird entsprechend uminterpretiert.

- Stimmt das Kontakt-Verhalten zwischen den Kommunikationspartnern? Angesprochen ist hiermit die Tatsache, daß sich jeglicher Kommunikationsprozess auf *zwei Ebenen* abspielt,
  → der *Sachebene*, auf der mit dem Verstand der Pflicht zur Aufgabenerfüllung nachgekommen wird und
  → der *Gefühlsebene*, auf der die emotionale Beziehung zwischen den Kommunikationspartnern das Ergebnis beeinflußt.

Das entscheidende Problem beruht darin, daß es unmöglich ist, eine Kommunikation ausschließlich auf der Sach- / Verstandes-Ebene durchzuführen, also unter „Beiseiteschieben" aller emotionalen Empfindungen. Im Gegenteil muß bedacht werden, daß die Gefühlsebene sogar in der Bedeutung höher einzuschätzen ist als die Sachebene.

Solange Kommunikations-Partner auf der Gefühlsebene, d.h. in ihren Beziehungen zueinander wesentliche Probleme haben, wird eine Übereinstimmung in der Sache nicht zustande kommen.

Für die Praxis aus der Praxis hat F.Schulz von Thun zum Thema Kommunizieren das „Vier-Seiten-Modell" entwickelt. Dargestellt werden die „Vier Seiten einer Nachricht".

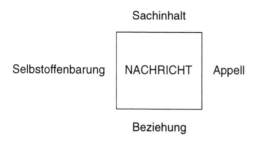

Auch hier wird gezeigt, daß neben einem verständlich und sachlich zu übermittelnden Sachinhalt weitere „Begleitbotschaften" einen spürbaren Einfluß auf die „Sendung" und den „Empfang" ausüben. Die drei hier skizzierten Begleitbotschaften können vor allem dann als Störfaktoren wirken, wenn Emotionen mit im Spiel sind.

- *Selbstoffenbarung* ist das Mitteilen von Informationen über die eigene Persönlichkeit:
   → Wenn Sie sich offenbaren, gestatten Sie Ihren Partnern einen Blick in das Innenleben Ihrer Persönlichkeitsstruktur.
   → Andererseits werden Sie – zumindest bei bestimmten Gelegenheiten – *Selbstdarstellung* ausüben. Dabei ist das Bemühen, sich von der besten Seite zu zeigen, durchaus natürlich; es gibt aber auch Momente, wo man versucht, negative Seiten seiner Persönlichkeit zu verbergen durch Vortäuschung einer „falschen Fassade".
   Sich „zu öffnen" (aber bitte in Maßen!), kann Vertrauen schaffen. Selbstdarstellung sollte nicht in Imponiergehabe ausarten, der Verwirrung eines Partners folgt dann wohl Vertrauensverlust.

Zur Selbstoffenbarung zählt auch die *Körpersprache*, die *nonverbale Kommunikation*. Mit Ihrer Körperhaltung, Mimik, Gestik und den Bewegungen unterstützen Sie das sprachliche „Rüberbringen" von Informationen, die verbale Kommunikation. Die Aufnahme der Informationen durch den Partner wird sehr stark mit den nonverbalen „Signalen" beeinflußt, mitunter auch störend!

Der Einsatz der Körpersprache sollte beherrscht geschehen; der Empfänger interpretiert die sachliche Information in Abhängigkeit der nonverbalen Signale. Im übrigen zeigen sich mit der Körpersprache auch emotionale Wirkungen mit erheblichem Einfluß auf die Beziehungsebene. Nutzbringende Erkenntnisse auf diesem wichtigen Gebiet lassen sich in Rhetorik-Seminaren erwerben.

- Im betrieblichen Alltag ist die Kommunikation zwischen Vorgesetzten und Mitarbeitern in der Regel damit verbunden, den Mitarbeiter zu einem bestimmten Handeln bzw. Verhalten zu bewegen. Hier zeigt sich der *Appell*:
  → Den Appell richtig anzubringen, sollten Sie beherrschen.
    - Wer von einem Partner etwas will, sollte nicht „um den Brei herum reden",
    - andererseits ist zu bedenken, ob der „Befehl" die richtige Wirkung zeigt.
    - Die Methode „Mögen Sie eventuell wollen .." ist sicher keine sehr empfehlenswerte.

Als kooperativ führender Meister werden Sie Ihre Appelle an die Mitarbeiter offen, mit erkennbaren Absichten vortragen. Mit sachlichen Argumenten überzeugen Sie die Mitarbeiter, Ihren Wünschen entsprechend zu handeln bzw. sich zu verhalten.

- Zu dem Thema *Beziehung* sind bereits in Zusammenhang mit den Kommunikationsebenen Aussagen gemacht worden. Die Betrachtungen zu dem „Vier-Seiten-Modell" bestätigen die Problematik des „Funktionierens" der Beziehungen zwischen Kommunikationspartnern.
  → Wenn Sie auf der Beziehungsebene Schwierigkeiten haben, lösen Sie *erst* diese Probleme, bevor Sie die Sachfragen angehen.

Wie sehen Sie Ihre Körpersprache?
(Ein Eigentest)

Sie trommeln mit den Fingern auf dem Tisch, wenn ....
→ ....

Sie ziehen die Augenbrauen hoch, wenn ....
→ ....

Sie zwinkern mit den Augen, wenn ....
→ ....

Sie kratzen sich am Kopf oder reiben mit der Hand das Kinn, wenn ....
→ ....

Sie verschränken die Arme vor der Brust, wenn ....
→ ....

Sie schütteln mit dem Kopf, wenn ....
→ ....

6.5 Die Transaktionsanalyse

> Eine *Transaktion* ist eine Kommunikations-„Grundeinheit", die jeweils aus einem *Reiz* und einer *Reaktion* besteht.

Meister: "Otto, wirst Du heute liefern?" → *Reiz*
Otto : "Sicher, Meister, wenn ich nicht gestört werde". → *Reaktion*

Zu einem von dem Sender mit seiner Botschaft ausgelösten Reiz gehört mehr als die gesprochenen Worte. Unser Gehirn reagiert auch auf Informationen, die nicht gesprochen sind, z,B.
→ Geräusche, Tonlage, Gerüche, Stimmungen ...bis hin zu Erinnerungen und Assoziationen.

Bei dem Empfänger kommt also eine *Totalinformation* an, die vom Sender ausgelöst, jedoch nicht gesprochen worden ist! Es gibt eine mehr oder weniger große Übereinstimmung von „gesendet" und „empfangen", aber auch Anteile, die empfangen, obwohl gar nicht gesendet wurden.

Eine Transaktion kann man sich wie folgt vorstellen:

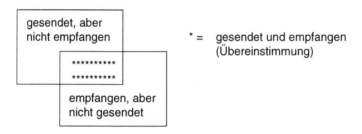

Die drei „ICH" in der menschlichen Persönlichkeit
Die Transaktionsanalyse basiert auf einem psychoanalytischen Strukturmodell der menschlichen Persönlichkeit (Eric Berne, Transaktionsanalyse in der Psychotherapie). Im Sinne der Fragestellung „wer bin ich?" wird festgestellt, daß jeder Mensch sich im Verlaufe seiner Entwicklung, der Sozialisation, in seinem Verhalten, Fühlen und Denken verändert.

- In den frühen Kindheitsmonaten, als Kleinkind, haben wir Informationen nur *gefühlsmäßig* aufnehmen können. Das Persönlichkeitsmerkmal „Gefühl" begleitet uns seit jeher das ganze Leben lang.
- Als Kinder haben wir die *Verhaltensmuster* der Eltern, aber auch anderer Autoritätspersonen wie Lehrer und Vorbilder unkritisch übernommen. Normen, Gebote, Verbote (→ Vorurteile, Recht, Sitte, Anstand und Ideale) sind in uns unauslöschbar „eingebrannt".

- Als Erwachsene haben wir gelernt, Fakten und Daten rein *vernunftbezogen* aufzunehmen und zu verarbeiten.

Daraus werden drei „*ICH-Zustände*" abgeleitet und abgegrenzt:

Das *Eltern-ICH*, → geprägt durch Verhaltensregeln, Gebote, Normen.
Das *Erwachsenen-ICH*, → geprägt durch die objektive Erfassung und Verarbeitung der Realität.
Das *Kindheits-ICH*, → geprägt durch gefühlsmäßige, emotionale Verhaltensweisen.

Die Rolle der ICH's in der Kommunikation

Das Gehirn des Empfängers reagiert mit ungeheurer Sensibilität auf eine gesendete Totalinformation. Dabei trifft die Information stets zunächst auf den „*Gefühlsspeicher*" – das Kindheits-ICH –, daher „*K-Speicher*" genannt. Innerhalb von Bruchteilen von Millisekunden erfolgt hier die Überprüfung der Information auf ihren emotionalen Gehalt (→Liebe, Sympathie, Gefahr u.a.m.).

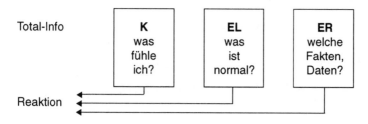

Nicht spürbar später prüft der *Normen-Speicher* – das Eltern-ICH –, daher „*EL-Speicher*" genannt, die Informationen auf Übereinstimmung oder Konflikte mit Normen, ethischen und moralischen Werten.

Belastet oder nicht belastet mit Emotionen und/oder Normen-Konflikten erfolgt dann im „*Sachbezogenen Speicher*" durch das Erwachsenen-ICH, daher „*ER-Speicher*" genannt, die rein sachliche Aufarbeitung der Informationen.

Die Reaktion – das Feedback – in Richtung *Sender* beinhaltet das Ergebnis aus den Reaktionen von K, EL und ER. Daß jedermann Informationen in dieser Reihenfolge aufarbeitet, sei an einem kleinen Beispiel gezeigt:

☐ Mitarbeiter Otto bekommt einen *Azubi* zugewiesen. Der taucht während der Arbeitszeit auf, ein mit ausgefransten Jeans bekleideter junger Mann mit langen roten Haaren. Als Erstes legt er seine Tasche mitten auf Otto's Werkbank.
→ Otto stellt fest: Rothaarige habe ich noch nie gemocht (K-Speicher!). Die Tasche gehört nicht auf meine Werkbank und lange Haare bindet man zusammen (EL-Speicher).

→ Dann, nach der Begrüßung, informiert Otto den AZUBI über die hier übliche Ordnung am Arbeitsplatz, die Gefahren bei lose hängenden Haaren u.a.m. (ER-Speicher).

Was zeigt die Analyse von Transaktionen?
Jeder Mensch empfängt und reagiert mit den drei Speichern K+EL+ER. Das bedeutet beim Kommunizieren, daß bei jedem an dem Gespräch Beteiligten Eltern-ICH, Erwachsenen-ICH und Kindheits-ICH entsprechend der jeweiligen Situation wirksam sind.

Die Transaktionsanalyse hilft uns, bei der Betrachtung von Gesprächen bzw. Gesprächsergebnissen festzustellen, warum unsere Gesprächspartner wie reagiert haben. Auch das eigene Verhalten kann unter die Lupe genommen werden.

> Ziel der Transaktionsanalyse ist, mit ihrer Anwendung zur Verbesserung des Kommunikationsprozesses beizutragen.

Das Prinzip beruht darauf, daß Reize und Reaktionen der einzelnen Partner analytisch dem ICH-Zustand zugeordnet werden, der für den bestimmten Reiz bzw. die bestimmte Reaktion verantwortlich ist.

	Otto	AZUBI	
„Wenn Du Dir die Haare nicht bindest, werden sie abgeschnitten".	EL	EL	„So dürfen Sie nicht mit mir umgehen, ich beschwere mich!"
	ER	ER	„Können wir uns nicht mal von Mann zu Mann unterhalten?"
	K	K	„Darf es ein rotes Band sein?"

Erkenntnisse aus dem gestellten Beispiel:
1. Otto „droht" dem AZUBI Folgen an, → EL-K.
2. In Variante 1 der Reaktion kommt der *Azubi* der Forderung nach, → K-EL; es handelt sich in dem Fall um eine *„parallele Transaktion"*, die ohne Konflikte verläuft.
3. In den Varianten 2 und 3 der Reaktion reagiert der *AZUBI* aus Otto's Sicht anders als erwartet. In beiden Fällen (→ ER-ER u. → EL-ER) liegen *„gekreuzte Transaktionen"* vor, kennzeichnend für einen Konflikt.

Eine in unserem Beispiel nicht dargestellte Variante ist die *„verdeckte Transaktion"*. Sie wird gern dann gezielt angewendet, wenn man als Sender eine „kitzlige" Nachricht hinter einer angenehmen, annehmbaren Information verbergen will.

Die Zweideutigkeit einer derartigen Aussage wird oft mehr erahnt, als real wahrgenommen. Typisch hierfür sind Mimik, Tonfall und Gestik des Senders.

Als REGELN für die Kommunikation können wir festhalten:
- Konfliktfreie Gespräche sind diejenigen, bei denen die Transaktionen (Reiz + Reaktion) parallel laufen. Die Reaktion des Empfängers entspricht den Wünschen und Erwartungen des Senders.
- Kreuzen sich Reiz und Reaktion, ist das Gespräch ohne Erfolg beendet, die Kommunikation ist gestört. Der Partner des Senders hat nicht den Wünschen und Erwartungen entsprechend reagiert. Ein daraus ggf. entstandener Konflikt muß gelöst werden.
- Wir müssen bei unseren Handlungen beachten, daß Gefühle und Normen unsere Sachentscheidungen beeinflussen.

Empfehlungen für den Meister zum Thema Kommunikation
- Schalten Sie jegliches menschliches Fehlverhalten aus, das zum Verfälschen von Informationen sowie zum Scheitern der Verständigung führt.
- Die Kommunikationsbereitschaft des Empfängers / Partners wird beeinflußt von seiner derzeitigen Situation, von der Spannung zwischen eigenen Erwartungen und der Realität der Nachricht. Besonderer Einfluß geht aus von Ihrer Überzeugungskraft, Ihrer Glaubwürdigkeit und Ihrer Fähigkeit, Interesse zu wecken.
- Bemühen Sie sich, als Sender die Sprache des Empfängers zu sprechen.
- Sorgen Sie für eine störungsfreie Übertragung der Informationen.

> Die Kommunikationsfähigkeit umfaßt die Befähigung, mitmenschliche Beziehungen einzugehen und zu pflegen sowie miteinander zu reden und Informationen auszutauschen.

Testen Sie Ihre Kommunikationsfähigkeit.

Dazu gehört:

Probleme?
ja	nein

- Kontaktfreude,
- Einfühlungsvermögen, sich auf Partner einstellen,
- Interesse wecken,
- klare unmißverständliche Darstellung,
- Überzeugungsvermögen,
- Urteilsvermögen,
- Selbstbeherrschung, emotionale Kontrolle,
- Aufnahmefähigkeit,
- aufmerksam zuhören können,
- Fragen stellen,
- Körpersprache positiv einsetzen,
- Verantwortung fühlen für das, was Sie vertreten.

6.6 Das Gespräch als „Werkzeug" der Führung

Kooperatives Führen bedeutet, die Mitarbeiter in das betriebliche Geschehen einzubeziehen. Einbeziehen anderer erfordert, mit ihnen zu kommunizieren. Damit erlangt das „miteinander reden", das *Gespräch*, eine bedeutsame Stellung als Führungsmittel.

☐ Als Meister machen Sie sicher täglich (möglichst kurz nach Arbeitsbeginn) Ihre Runde durch die Abteilung. Ob Sie nun jeden Mitarbeiter mit Handschlag begrüßen, ist wohl nicht so entscheidend, aber: Sie versäumen gar nie nicht, mit jedem ein Wort zu wechseln! Das muß nicht immer die Arbeit bzw. betriebliche Dinge betreffen. Entscheidend ist die Ansprache, über das „miteinander reden" die mitmenschlichen Kontakte zu pflegen. Dabei haben Sie (hoffentlich) Ihre hochsensible „Empfangsantenne" ausgefahren, um „die kleinen und größeren Weh-Wehchen" Ihrer Mitarbeiter aufzunehmen, Probleme zu erkennen; ggf. vereinbaren Sie einen Gesprächstermin.

Solches Vorgehen schätzen die Mitarbeiter und dem Betriebsklima ist es auch dienlich.

Warum sind sprachliche Kontakte für das Führen so wichtig?
- Über den Informationsaustausch werden persönliche, organisatorische und technische Probleme offengelegt. Rechtzeitige Reaktionen können erfolgen.
- Konflikte können (hoffentliche in der Entstehungsphase!) erkannt, gelöst bzw. gar vermieden werden.
- Über das Gespräch sind dem einzelnen Mitarbeiter oder auch der Gruppe Erfolgserlebnisse zu vermitteln.
- Die Beeinflussung und Steuerung des Mitarbeiterverhaltens erfolgt über das Gespräch, fördert Bereitschaft und Motivation.

> Ein Vorgesetzter verbringt bis zu 80 % seiner Zeit mit mündlicher Kommunikation.

Welcher Art sind die Gespräche, was sind die Anlässe?
Die häufigste Gesprächsform im betrieblichen Alltag wird wohl das *Gespräch zu Zweien* sein, z.B.:
- Das belanglose (?) Gespräch: „Wie geht's uns heute, Frau ...., Herr ...?"
- Die Auftragserteilung, Anweisungen geben,
- Durchführen einer Arbeits- oder Sicherheitsunterweisung,
- Klärungsgespräche zu personen- oder sachbezogenen Problemen,
- Beurteilungs-, Anerkennungs- und Kritikgespräche,
- Rat und Hilfe als Coach jedes einzelnen der Mannschaft.

Eines haben alle diese Gespräche gemeinsam: Es ist ein gegenseitiges Geben und Empfangen, ein wechelseitiges Sprechen und Zuhören wichtig für den Erfolg des Gesprächs. Sollte einer der Gesprächspartner einen Monolog zwecks Selbstdarstellung halten, wird dies für den anderen „kein gutes Gespräch" gewesen sein.

Wer im Betrieb eine Funktion einnimmt, muß als Gesprächsleiter oder Sitzungsleiter *Besprechungen* führen oder als Teilnehmer an solchen mitwirken, z.B.
- abteilungsinterne Gruppenbesprechungen,
- auftrags- oder organisationsbezogene Besprechungen mit Teilnehmern aus anderen Betriebsfunktionen.

Wenn mehrere Menschen an Gesprächen teilnehmen, dann muß es den Sinn haben, die Meinung eines jeden zu erfahren, sachdienliche Hilfen von jedem zu erhalten, sonst bräuchte er nicht dabei zu sein. An den Besprechungsleiter werden anspruchsvolle Anforderungen gestellt.
Er muß
- sich selbst und seine Meinung zurückhalten,
- Selbstdisziplin und Toleranz aufweisen,
- das Gespräch beleben, die Diskussion fördern,
- ausgleichend wirken, Standpunkte annähern,
- Gegensätzliches aufzeigen, Gemeinsames hervorheben.

Im Rahmen seiner Führungsaufgaben kommt keiner drum herum, vor einer mal größeren, mal kleineren Menge Menschen sprechen zu müssen, z.B.

- *Vorträge,*   → technische oder Organisationsthemen,
- *Präsentationen,*   → Problemlösungen, Planungsergebnisse u.a.m.,
- *Berichterstattung,* → Messebesuche, Besichtigungen u.ä.,
- *eine Rede halten,* → betriebliche oder personelle Anlässe,
- *Informationsgespräche* → incl. Auskunftsverpflichtung bei Fragen.

Derartige Veranstaltungen erfordern eine gute Vorbereitung, insbesondere in den Fällen, wo von den Zuhörern hinterfragt wird. Der Redner muß sich dessen bewußt sein, daß er auf die Frage eines einzelnen eine Antwort an alle formuliert. Hier reicht es nicht aus, ein „wasserdichtes" ablesbares Konzept vorbereitet zu haben; man sollte entweder gute allgemeine Kenntnisse zu dem Thema besitzen oder aber den Mut haben, zuzugeben, daß man „im Moment überfragt" sei. „Um den heißen Brei herum" zu reden, macht auf jeden Fall den schlechtesten Eindruck.

Grundsätze und Technik

Ein Gespräch – gleich, welcher Art – soll grundsätzlich für alle daran Beteiligten einen akzeptablen Verlauf und einen positiven Abschluß haben. Gute Gespräche werden fair geführt, ohne manipulative Hintergedanken oder destruktive Methoden der Gesprächsführung. Wer vertrauenvolle Zusammenarbeit erwartet, muß als Zielsetzung ein konstruktives Gespräch wollen, das zu einem für alle Seiten befriedigenden Ergebnis führt. Es darf am Ende gelaufener Gespräche keine Verlierer geben, schließlich will (muß!) man ja weiterhin miteinander leben und miteinander arbeiten.

Zu einem guten Gespräch gehört eine vernünftige Gesprächsatmosphäre. Konträre Meinungen wird es im betrieblichen Zusammenarbeiten immer geben und damit Interessenkonflikte, die in Gesprächen offenbar werden. Ziel muß es daher sein, in Gesprächen Gemeinsamkeiten und übergeordnete Aspekte herauszuarbeiten. Das ist ein Weg, auf dem trotz konträrer Standpunkte eine gemeinsame Problemlösung möglich ist. Dies darf nicht mißverstanden werden im Sinne „sich unterbuttern zu lassen"! Die eigenen Interessen müssen (auch für den Gesprächsleiter) mit verfolgt werden.

Derartigen Grundsätzen zu folgen, bedarf es auch einer gewissen Gesprächs- und Verhandlungstechnik:

- *Eröffnen und Beenden:*
  Sich fit-machen zu dem Gesprächsthema ist eine Selbstverständlichkeit. Aber wie und mit welchem Gedanken beginnen Sie? Die Eröffnung muß Interesse wecken. Gesprächspartner müssen empfinden, daß sie akzeptiert und gefragt sind. Führen Sie Gespräche mit Freundlichkeit aber gezielt zu dem von Ihnen gewünschten Ergebnis.

  Beenden Sie das Gespräch zur rechten Zeit mit verbindlichen Worten bestimmt, jedoch ohne zu brüskieren. Es gibt nichts schlimmeres bei Gesprächen als einen Gesprächsleiter, der nicht den Mut oder die Fähigkeit besitzt, einem Gesprächs-„Bandwurm" ein Ende zu bereiten. Vergessen Sie nicht, sich bei den Beteiligten für die Teilnahme zu bedanken!

- *Logisch argumentieren:*
  Jeder Teilnehmer eines Gesprächs geht mit einem eigenen Standpunkt in das Gespräch und vertritt diesen (hoffentlich!), argumentiert dementsprechend. Die Persönlichkeit des Gesprächspartners wird von Ihnen akzeptiert, seine Argumente werden ernstgenommen.

  Als Gesprächsführer sind Sie sich Ihrer Argumente (hoffentlich) sehr sicher. Sicherheitshalber haben Sie sich Ihre Argumente auf einem „Spick-Zettel" aufgelistet.
  → Erläutern Sie Ihre eigenen Standpunkte,
  → bringen Sie stichhaltige Begründungen,
  → erwähnen Sie treffende Beispiele,
  → ziehen Sie Schlußfolgerungen und fordern Sie Ihre Gesprächspartner auf, sich damit auseinanderzusetzen und Ihren Argumentationen zuzustimmen.

Gegenargumente werten Sie bitte nicht ab, ablehnen tun Sie sie schon gar nicht; wägen Sie Pro und Kontra gut ab und nutzen Sie die Kenntnis von Argumenten der „Gegenseite", Ihren eigenen Argumenten mehr Gewicht zu verleihen.
→ „Das haben Sie sehr gut dargestellt, aber ...."
Argumentieren ist Überzeugungsarbeit; dies zu beherrschen, sichert den Erfolg. Wer erfolgreich sein will, „schüttet seine Argumente nicht mit dem Eimer auf den Tisch", d.h. lassen Sie ein Argument nach dem anderen behandeln. Oft hat es sich als taktisch klug erwiesen, das stärkste Argument zum Schluß „aus dem Ärmel zu ziehen".

- *Einwänden begegnen*:
Einwände sind nicht gleichzusetzen mit „Gegnerschaft". Insbesondere Einwände zeigen, daß das Thema Interesse geweckt hat.
→ Begegnen Sie Einwänden nie verärgert.
→ Bejahen Sie Einwände; dann bitte mit „aber ......" kommen.
→ Greifen Sie Einwände auf, um mit der „Gerade-deshalb-Methode" Ihre eigenen Thesen zu beweisen.
→ Sofern die Chance gegeben ist, zu erwartende Einwände zu erkennen, beißen Sie sich lieber auf die Zunge, ehe Sie sie vorweg aussprechen; denn
  1. bringen Sie Ihre „Gegner" evtl.auf Gedanken, die sie bisher noch garnicht hatten und
  2. machen Sie die Diskussion kaputt, indem Sie den Gesprächspartnern die Chance nehmen, diese ggf. mitgebrachten Standpunkte zur Sprache zu bringen.

Grundsätzlich sollten Sie nie den Überlegenen herauskehren; die Gesprächs- „Gegner" müssen doch Ihre Partner bleiben? Und sollten stichhaltige Einwände erfolgen: Es ist keine Schande, Argumente anderer anzuerkennen.

- *Durch Fragen führen*:
In der Kunst der Gesprächsführung nimmt die Fragetechnik eine bedeutende Rolle ein.

Mit Fragen
- kommen wir ins Gespräch,
- holen wir Informationen ein,
- erkunden wir den „rechten Weg",
- füllen wir Wissenslücken auf,
- regen wir an zu neuen Gedankengängen,
- zwingen wir andere, „Farbe zu bekennen",
- betreiben wir Ursachenforschung,
- lösen wir Probleme und Konflikte,
u.v.m.

> Wichtig ist, die richtige Frage in der richtigen Art zum richtigen Zeitpunkt zu stellen.

Fragen-stellen soll sehr nützlich sein, kann aber negative Wirkungen erzeugen, wenn Sie z. B.
- mit verbotenen Fragen Ihre Partner bloßstellen:
  → „Haben Sie endlich aufgehört, Ausschuß zu machen?"
- Fragen stellen, die bewußt belehrend wirken:
  → „Meinen Sie nicht, daß ich als Fachmann ....?"
  (besser: „Können Sie sich als Fachmann meiner Erfahrung anschließen?")
- ausfallend werden:
  → „Was geht Sie das an?"

Gehen Sie immer davon aus, daß Ihnen Partner gegenüberstehen können, die diese Methoden auch oder gar besser beherrschen.

Doch nun einige Hinweise zu den positiven Anwendungen:
- Fragen wollen Antworten zur Folge haben. Antworten kommen umso eher und besser, je präziser Sie die Fragen formulieren.
- Die beste Frage ist diejenige, die mit wenigen Worten gestellt wird.
- Formulieren Sie Ihre Frage klar und unmißverständlich, dann können Sie auch eine eindeutige Antwort erwarten.
- Lassen Sie Ihrem Gesprächspartner genügend Zeit für die Antwort, geben Sie ihm die Möglichkeit, mitzudenken; eine Fragen-„Kanonade" macht den Befragten mundtot.
- Führen Sie das Thema einer Fragestellung konsequent zuende. Lassen Sie sich nicht von dem Befragten auf später vertrösten, das stört den Gesprächsablauf.
- Lassen Sie sich nicht auf das Spiel mit den Gegenfragen ein. Reagieren Sie:
  → „Das ist auch eine interessante Frage, aber wir wollen doch ...".

Die Art zu fragen ......

„Offene" Fragen: Wir wenden diese Art zu fragen an, um z.B.
- Informationen einzuholen,
- bei dem Befragten sein Wissen zu erforschen.
- Derartiges Fragen hat die Wirkung einer Streulinse, das „Suchfeld" wird erweitert. Zurückhaltende Gesprächspartner können ggf. zur Beteiligung am Gespräch ermutigt werden.
  → „Was halten Sie davon, ...?"
  → „Welche Erfahrungen haben Sie ...?"

Vorteile: Praktisch unbegrenzte Beantwortungsmöglichkeiten, weitgehende Freiheiten bei Inhalt und Menge.

Nachteile:	Schwierige Auswertung der Antworten, Gefahr mißverständlicher Deutung von Antworten, Konsensfindung kann sehr lange dauern.
„Geschlossene" *Fragen:*	In derartiger Form fragen wir, wenn wir – von dem Befragten eine bestimmte Antwort erwarten. – Die Frageform hat die Wirkung einer Brennlinse, das „Suchfeld" wird auf einen Punkt eingeengt. → „Sie streben doch sicher eine .....position an?" → „Sie wollen den Tag doch unfallfrei beenden?" → „Wollen Sie gegenüber Ihren Kollegen in der Leistung zurückstehen?"
Vorteile:	Es wird eine präzise Antwort erzwungen (→Prüfung), schnelle kurze Antworten,
Nachteile:	Keine individuelle Beantwortung möglich, das Gespräch kann erstickt werden, eine intensive Befragung in diesem Stil löst beim Befragten Unbehagen aus.
Suggestiv- *Fragen:*	Bei dieser Art zu fragen gehen wir noch etwas weiter als bei der „geschlossenen" Frage. Dem Befragten wird die Antwort praktisch „in den Mund gelegt". – Wir veranlassen den Befragten, uns zuzustimmen, – Gesprächspartner sollen durch uns beeinflußt werden. → „Haben Sie mal einen Moment Zeit für mich?" → „Ihnen ist doch klar, daß Sie der einzige sind, der Überstunden ablehnt?"
Vorteile:	Die Antwort kommt mit Sicherheit kurz und schnell.
Nachteile:	Die Frageform liegt hart an der Grenze des Erlaubten, die Würde des Befragten wird so leicht beschädigt. Wo ist die Grenze zur Manipulation?
Reflexive *Fragen:*	Gezielt fragen wir in dieser Form, wenn wir – eine Bestätigung über ein Gesprächsergebnis erhalten wollen, – unsere Meinung bestätigt haben wollen, – die Zurückhaltung von Gesprächspartnern aufbrechen wollen. → „Gehe ich recht in der Annahme, daß wir ...?" → „Sie sind also der Überzeugung, daß ...?" → „Sind auch Sie damit einverstanden?"
Vorteile:	Zur Absicherung von (Zwischen-)Ergebnissen gut geeignet, auch die Bestätigung von „Schweigern" wird ein geholt.

Nachteile:	Für die Gesprächspartner besteht die Gefahr, daß der Gesprächsleiter auf diese Art seine eigene Meinung „geschickt untermogelt".
Richtungsweisende Fragen:	So fragen wir einen Partner oder eine Gesprächsrunde, wenn – wir sie in eine bestimmte Richtung orientieren wollen, – erwartet wird, einen Denkprozess zu vertiefen, weitere Erläuterungen zu geben, – wir vertiefende Informationen über Gesprächspartner ermitteln wollen. → „Sie sagten, Ihnen gefällt der weiße Farbanstrich Ihrer Maschine nicht?" → „Was würden Sie sagen, wenn wir ......?" → „Wäre Kollege Otto nicht der beste Gruppensprecher?"
Vorteile:	Die Befragten müssen „Farbe bekennen", wir erforschen, was der Partner „so alles denkt", ggf. vorgebrachten Einwänden müssen qualifizierte Gegenvorschläge folgen.
Nachteile:	Gesprächspartner können mit derartigen Fragen in die Enge getrieben werden, das Gespräch stockt.
Rhetorische Fragen:	Mit derartiger Fragetechnik greifen wir so ein wenig in die Trickkiste. Untermauert mit einem Schuß Mimik versuchen wir, – die Aufmerksamkeit von Zuhörern zu wecken, – lautstarke Zustimmung zu erheischen auf eine (mitunter polemische) Frage, die wir uns nur selbst beantworten können, – bei einer Redestockung Zeit zu gewinnen. → „Wie, meine Damen und Herren, soll es nun weiter gehen?" → „Halten Sie mich für einen Trottel?" → „Sitzen wir, liebe Kollegen, nicht alle im selben Boot?"
Vorteile:	Es ist eine Chance, Unsicherheiten zu verdecken, Zeit zu gewinnen, wenn der „Faden verloren geht", als provozierende Einleitung anwendbar.
Nachteile:	In der Sache bringt es keine qualifizierte Aussage, leicht wird der Eindruck der „Schaumschlägerei" erweckt. Wehe dem, der danach den Faden nicht wiederfindet.

Neben diesen typischen Beispielen gibt es noch eine ganze Reihe von Frageformen, die die Gesprächsführung unterstützen können, u.a.

– *Herausforderungsfragen* → „Wollen wir uns nicht mehr die Finger schmutzig machen?"
– *Alternativfragen* → „Wollen Sie Ihre Machine nun weiß oder grün?"

- *Fangfragen* → „Haben Sie den Kollegen Otto auf der Betriebsversammlung gesehen?"
- *Kontrollfragen* → „Was werden Sie tun, wenn Ihr Kollege nebenan sich verletzt?"

• Fragen – richtig angewandt – erzeugt ein Gefühl der Gemeinsamkeit und verhindert mitunter Streit und Konflikte.

- *Zuhören:*
Erfolgreiche und motivierende Gespräche zeichnen sich unter anderem dadurch aus, daß die Gesprächspartner das Zuhören beherrschen.

> Gut zuhören heißt, den Gesprächspartner ausreden lassen.

Es ist durchaus eine Kunst, zuzuhören. Die Neigung, dem Gesprächspartner „ins Wort zu fallen", ist uns allen mehr oder weniger aus geprägt zueigen. Gründe glauben wir dafür auch zu haben, z.B.

→ Zeitdruck, Nervosität, Überlastung, zu langatmige Ausführungen des Gesprächspartners u.a.m.

Das Beherrschen des Ausreden-lassens stellt sicher, daß man aktiv konzentriert zuhört. Dazu gehören allerdings als wichtige Voraussetzungen eine positive Einstellung zu dem Gespräch sowie Akzeptieren der Gesprächspartner:

- Keine ICH-bezogene, sondern partnerschaftliche Gesprächsführung,
- Bereitschaft, den eigenen Standpunkt im Sinne gemeinsamer Zielsetzungen ggf. zu korrigieren.

Der Meister als Zuhörer. Fragen, die er sich stellen sollte:

- Haben Sie Geduld und Zeit, zuzuhören.
  → Welchen Nutzen kann der Beitrag des Gesprächspartners für Sie haben?
- Versetzen Sie sich in die Situation des Sprechenden.
  → Was sind seine Motive?
- Zeigen Sie Interesse, verstehen zu wollen.
  → Worauf kommt es dem Sprecher an?
- Schaffen Sie dem Partner das Gefühl, frei sprechen zu können.
  → Findet das Gespräch frei von jeglicher Ablenkung statt?
- Widersprechen Sie nicht, bevor Sie das Gesagte verstanden haben.
  → Neige ich dazu, vorschnell Urteile zu fällen?
- Die Körpersprache in Richtung des Sprechenden soll Zuhören signalisieren.
  → Kann ich mich beherrschen, halte ich meine Gefühle im Zaum?
- Zuhören bedeutet den Mund halten.
  → Will ich zuhören?

> Die Stärke, Gespräche führen zu können, liegt in der Fähigkeit, zuhören zu können.

Diese Ausführungen über Grundsätzliches zum Thema Gesprächsführung sollen Sie anregen, das Gespräch bei der Führung von Mitarbeitern zu Ihrem und der Mitarbeiter Nutzen zu pflegen. Tiefer gehende Erkenntnisse schürfen Sie aus spezieller Fachliteratur und vor allem aus eigener Erfahrung. Wie immer im Leben, ist auch beim Führen von Gesprächen kein Meister vom Himmel gefallen.

Das Gespräch mit dem Mitarbeiter

Wenn wir von dem *Mitarbeitergespräch* reden, dann meinen wir nicht das „lockere" Gespräch in der Werkstatt, in Gegenwart anderer, sondern das Gespräch „unter vier Augen" und zwar aus besonderem Anlaß:

- Ein neuer Mitarbeiter ist einzuführen.

Der neue Mitarbeiter kommt mit aller Unsicherheit daher, die ein Jeder empfindet, der Neues auf sich zukommen sieht. Er kommt aber auch mit Neugier, will viel erfahren, schon um nichts falsch zu machen. Als Meister nehmen Sie dem Neuen die Unsicherheit in dem persönlichen Gespräch.

- Ein Mitarbeiter will sich verändern.

Es muß nicht immer Unzufriedenheit sein, um Veränderungsabsichten zu haben. In jedem Fall geht es hierbei um Bedürfnisse, die der Mitarbeiter befriedigen will. Die „wahren" Gründe werden Sie von dem Mitarbeiter nur in einem persönlichen Gespräch erfahren. Es sind dies schwierige Gespräche, wenn Sie die Stichhaltigkeit der Veränderungsgründe diskutieren, mit dem Ziel, den Mitarbeiter von seinem Vorhaben abzubringen.

- Ein Mitarbeiter muß umgesetzt werden.

Flexibler Personaleinsatz bedeutet nicht, Mitarbeiter ohne ihre Bereitschaft beliebig hin und her zu schieben. Sie müssen Ihre Mitarbeiter in einem persönlichen Gespräch dafür gewinnen.

- Mitarbeiter werden beurteilt.

Jeder Mitarbeiter hat das Recht, von seinem Vorgesetzten zu erfahren, wie seine Leistung und sein Verhalten eingeschätzt wird. Ein derartiges Gespräch bedarf sehr guter Vorbereitung und „wasserdichter" Daten bzw. Argumente.

- Mitarbeitern muß ggf. auch Kritik ausgesprochen werden.

Kritik zu üben bedeutet zugleich, ein persönliches Problemlösungsgespräch zu führen. Dies sollten Sie pfleglichst „unter vier Augen" tun, auch wenn andere Betroffene gerne dabei wären. Gemeinsame Problemlösungen sind eine andere Sache.

- Ein Mitarbeiter muß gehen.

  Gleichgültig, ob es sich um „Schlankmachung im Betrieb" handelt oder um eine anderweitig verursachte Kündigung, derartige personelle Maßnahmen erfordern ein persönliches Gespräch, bei dem sehr stark auf die Persönlichkeit des Betroffenen eingegangen werden muß.

Gespräche mit Mitarbeitern sind für den Vorgesetzten keine vergeudete Zeit, sondern seine Chance,
- den Mitarbeitern seinen Führungsstil zu verdeutlichen,
- die Bedürfnisse der einzelnen Mitarbeiter zu erkennen,
- Einsichten zu wecken, das Verhältnis der Zusammenarbeit zu prägen.

Persönliche Gespräche erfordern daher gründliche Vorbereitungen, abhängig von der gegebenen Situation, dem Verhältnis zueinander, dem Verhalten der Beteiligten sowie der Zielsetzung.

Eine gute Vorbereitung ist ein Teil des Gesprächserfolges

Die Situation ergibt sich aus den äußeren Bedingungen, d.h. Ort, Zeit und Umwelteinflüsse. Zur Sicherstellung einer angenehmen Gesprächsatmosphäre ist ein ruhiger Ort zu wählen, auf keinen Fall der Arbeitsplatz des Mitarbeiters oder die „Pausenecke". Gesprächsstörungen sollen vermieden werden (→Telefon!). Für persönliche Gespräche keine „Beschäftigungslücken" („da habe ich gerade paar Minuten Zeit") nutzen. Derartige Gespräche dürfen nicht unter Zeitdruck stattfinden.

Das Verhältnis zueinander wird bestimmt durch die gegebene hierarchische Struktur. Auch die kooperative Zusammenarbeit ändert nichts daran, daß Sie als Meister Vorgesetzten-Funktion auszuüben haben. Der feine Unterschied zwischen Vorgesetztem und „Untergebenem" läßt sich nicht wegleugnen. So wird der Mitarbeiter seine Bedüfnisse in ein Gespräch mit einbringen bzw. immer „im Hinterkopf haben", während Sie als Meister nicht umhin kommen, die übergeordneten unternehmerischen Belange als Zielsetzungen zu berücksichtigen.

Diese Gegebenheiten sind – davon müsen Sie immer ausgehen – jedem Menschen im Mitarbeiterverhältnis stets bewußt. Er zeigt dies zwar nicht in unterwürfigem Verhalten, doch immer in einer bestimmten Form der Zurückhaltung. Als Vorgesetzter muß man stets davon ausgehen, daß man, um zu einem fruchtbaren Gespräch zu kommen, den Gesprächspartner „Mitarbeiter" zu dem Gesprächsthema anregen muß. Voraussetzung dafür ist eine gute Vorbereitung durch Erfassen der relevanten Fakten, Daten und Informationen.

Da jedes Gespräch ein (möglichst positives) Ergebnis haben soll, erwartet der Mitarbeiter von Ihnen als Vorgesetztem eine ggf. notwendige Entscheidung. Das ist nun mal so, die Entscheidungen nimmt Ihnen niemand ab. Die Achtung, die Mitarbeiter ihrem Vorgesetzten zollen (oder nicht), liegt begründet in der Art, WIE er dies tut.

Empfehlungen für die Durchführung von Mitarbeitergesprächen
- In Mitarbeitergesprächen wollen entweder Sie als Vorgesetzter etwas durchsetzen oder der Mitarbeiter möchte sein Anliegen durchbringen.
  - → Gehen Sie davon aus, daß Ihr Gesprächspartner sich gut vorbereitet hat. Umso besser sollten Sie
    - das Problem definiert, die Situation analysiert haben,
    - mögliche Ursachen kennen,
    - mögliche Lösungsansätze parat haben,
    - alle diversen Informationen auf ihre für das Gespräch verwertbaren Inhalte abgecheckt haben.
  - → Beachten Sie das Vertrauensverhältnis, auch wenn es sich um ein Konflikt-Thema handelt.
  - → Stimmen Sie Ihren Gesprächspartner auf das Thema ein, vergewissern Sie sich, daß die Beziehungsebene in Ordnung ist.
  - → „Der Ton macht die Musike"; achten Sie auf diesen, als Vorgesetzter werden Sie immer die Rolle des Gesprächslenkers einnehmen müssen.
  - → Lassen Sie den Mitarbeiter in Ruhe sein Anliegen vorbringen, unterbrechen Sie ihn nicht, machen Sie sich Notizen. Ganz schlimm wäre es, wenn Sie aufgrund Ihres umfassenderen Wissens angefangene Mitarbeiterausführungen so mitten drin aufgreifen und zuende führen. Ihrem Gesprächspartner tun Sie damit keinen Gefallen, halten Sie sich zurück.
  - → Arbeiten Sie mit Ihrem Gesprächspartner Inhalt und Ziel des Gespräches klar heraus und achten Sie dann darauf, daß Sie sich beide an präzise Aussagen dazu halten (kein Tratsch!).
  - → Zeigen Sie Interesse (bis zum Schluß!), hören Sie gut zu und urteilen Sie nicht vorschnell.
  - → Verlieren Sie das Gesprächsziel nie aus den Augen.
  - → Achten Sie sensibel auf mögliche negative Veränderungen auf der Beziehungsebene während des Gespräches (oder hitziger Diskussion!). Holen Sie die Gemüter ggf. auf das „Normal" zurück.

- Ein Mitarbeitergespräch muß zu einem Beschluß führen.
  - → Überzeugen Sie Ihren Mitarbeiter davon, daß Sie Ihre Entscheidungen gerecht und nach reiflicher Überlegung treffen. Vermeiden Sie jedoch Hinhaltetaktiken und Vertröstungen. Können klare Aussagen nicht gleich gemacht werden, vereinbaren Sie einen neuen (baldigen!) Termin.
  - → Hüten Sie sich davor, leere Versprechungen zu machen, haben Sie im Zweifelsfall den Mut, „NEIN" zu sagen.
  - → Zum Ende des Gespräches versäumen Sie nicht, erarbeitete Ergebnisse festzuhalten, Greifbares klar herauszustellen, ggf. Vereinbarungen zu for-

mulieren und sich bestätigen zu lassen. In bestimmten Fällen ist eine schriftliche Fixierung anzuraten bzw. sogar erforderlich.
→ Ein Mitarbeitergespräch sollte von endlicher Dauer sein (ca 20 bis 30 Minuten). Beenden Sie das Gespräch nicht, ohne sich für das Gespräch bedankt zu haben.

Wenn es Probleme gibt: Metakommunikation

Wenn zwei Gesprächspartner miteinander reden, geht es mitunter nicht nur um einen Austausch von Information oder die Klärung von Sachfragen. Jeder Beteiligte bemüht sich mehr oder weniger „nebenher"

- sich selbst darzustellen,
- Beziehungen zu dem Partner herzustellen bzw. zu pflegen,
- verhaltensabhängige Appelle an den Partner loszuwerden, u.ä.m.

Vielfach geht man dabei nicht „offen" miteinander um, redet nicht „gerade heraus". So kommt es zu Mißverständnissen und Fehlurteilen, die Beziehungsebene wird gestört, man kommt nicht miteinander klar. Hier hilft das „Reden über das Gespräch", die sogenannte *Metakommunikation*:

☐ Während eines Gesprächs mit einem Mitarbeiter haben Sie irgendwann das Empfinden, daß Ihr Gesprächspartner nicht mehr „bei der Sache" ist. Aus einer Entgegnung zu einer Ihrer Aussagen hören Sie so einen ironischen Unterton heraus, auf konkrete Fragen kommen unklare Erwiderungen. Sie reagieren: „Nun reißen Sie sich doch noch mal zusammen". Antwort Ihres Partners: „Sie wollen ja doch nur Ihre Meinung durchsetzen".

- Bei der Metakommunikation handelt es sich nicht um eine Klärung zu dem eigentlichen Sachthema, sondern um ein Feedback zu der Art, wie man miteinander kommuniziert, wie das Gespräch abläuft. Sie ist insofern eine Art *Bilanz über den Gesprächsverlauf*.

- Die Voraussetzung für die Metakommunikation – das Reden über das Gespräch – ist die Fähigkeit, die persönlichen Empfindungen dem Partner offen zu übermitteln. Dies sollte als *ICH-Aussage* geschehen:

„Ich habe Schwierigkeiten, ohne Ihre aktive Mitarbeit unser gemeinsames Problem zu lösen". So würden Sie eine *Metakommunikation* einleiten. Die Reaktion Ihres Mitarbeiters wäre: „Ich fühle mich durch Ihre Art, mit mir zu reden, überrumpelt".

Auf diese Art erfolgt eine Befreiung von Verklemmungen, die das Gespräch blockierten. Jeder erkennt, was in dem anderen vorgegangen ist, das Gespräch kann wieder in Gang gebracht werden.

In größeren Gesprächsrunden wendet man diese Methode an, indem zwischendurch Zusammenfassungen aus dem bisherigen Verlauf getätigt werden.

„Wir haben bisher eine Menge diskutiert, aber ich finde, es ist noch nichts dabei herausgekommen?"

Derartige Metakommunikations-Pausen können manche Besprechung, die in „Blabla" zu enden droht, doch noch fruchtbar weiterlaufen lassen.

Besprechungen, Gesprächsrunden

Wer kennt sie nicht, die Terminnot, die Sorge, seine persönlich gesetzten Aufgaben nicht zu schaffen, weil „schon wieder eine Besprechung" stattfindet. Die eigenen Gesprächsrunden mit den Mitarbeitern hat man selber in der Hand, aber die anderen, an denen man teilnehmen muß (weil man eingeladen ist), sind vielfach ein lästiges Übel. Da sitzen viel zu viel Leute dabei, die gar nichts zu sagen haben, manche sind nur dabei, um zu verhindern, daß Beschlüsse gefaßt werden, die ihnen nicht in den Kram passen, zuviel Besprechungspunkte bleiben ungelöst, weil die falschen Leute am Tisch sitzen und die Dauer der Sitzung ist viel zu lang, wird nur deswegen abgebrochen, weil die Mittagspause dazu zwingt. Diese Besprechungsform wollen wir schnell vergessen.

Gesprächsrunden gehören zu den wichtigsten und effektivsten Arbeitsmitteln im Betrieb. Richtig eingesetzt, gut geplant und wirkungsvoll durchgeführt sind sie an Effektivität kaum zu überbieten.

- In *Arbeitsbesprechungen* gibt der Vorgesetzte seine Kenntnisse und Erkenntnisse an seine Mitarbeiter weiter, gibt ihnen die für ihre Aufgabenerfüllung notwendige Sicherheit.
- In Gesprächsrunden/Besprechungen können *Betroffene zu Beteiligten* gemacht werden.
- *Identifikation* mit zu treffenden Entscheidungen kann geweckt bzw. gesichert werden.
- Durch sach- und aufgabenbezogene Information erfolgt *Motivation* zur Erfüllung zu setzender Ziele.
- *Koordinations*gespräche straffen und beschleunigen Projekt- und Arbeitsabläufe.
- In *Problemlösungsgesprächen* analysieren Betroffene und Sachkundige die Probleme, erarbeiten Lösungsvorschläge.

Der Ablauf einer Besprechung ist so gut wie die *Vorbereitung*. An erster Stelle ist da das zu besprechende Thema einschließlich des daran gekoppelten Besprechungszieles zu nennen.

> Eine Besprechung sollte nie ohne ein Ziel veranstaltet werden.

1. *Themen und Besprechungsziele*
   → Was soll behandelt werden und welche Ziele setzen wir uns für die anzusetzende Besprechung?
2. *Teilnehmer*
   → Welche Zielgruppe ist von dem Thema betroffen, wer ist als Teilnehmer wichtig bzw. kann wesentliches dazu beitragen?
3. *Notwendige Informationen*
   → Welche Informationen müssen wann wie gegeben werden, welche Argumentation ist anzuwenden, welche Gegenargumente kann wer wann anbringen, soll ein Spezialist als Referent hinzugezogen werden, welcher Verhandlungsspielraum steht zur Verfügung?
4. *Organisation*
   → Wann soll die Besprechung wo stattfinden, welche Hilfsmittel werden benötigt (→ Video, Flipchart, Overhead-Projektor u.ä.), wie sieht der Zeitplan aus?
5. *Einladungen*
   → Ohne wen kann die Besprechung nicht stattfinden, welcher nicht Eingeladene kann Ärger machen, worüber müssen die einzuladenden Personen vorab informiert werden, wie frühzeitig muß eingeladen werden? Den ggf. erforderlichen Referenten nicht vergessen, er ist mitunter für den Termin bestimmend!
6. *Besprechungsstrategie*
   → In welcher Form soll die Besprechung ablaufen, geht es um
   − Meinungsbildung als Entscheidungsvorbereitung,
   − Ideensammlung, z.B. mit Brainstorming,
   − Erarbeitung von Lösungsansätzen durch die Teilnehmer?
   Wie soll der Besprechungsablauf gestaltet werden,
   − Zeitanteile für Information, Diskussion, Auswertung, Beschluß?

Empfehlungen für die Durchführung von Besprechungen

Obwohl die verschiedenen Besprechungen sehr unterschiedlich in Zweck und Ablauf sein können, haben sie doch einiges im Ablauf gemeinsam, was beachtenswert ist.

− Die *Eröffnung* einer Besprechung bestimmt nach Art und Inhalt das Klima der Sitzung.
  → Tragen Sie bei der Begrüßung der Situation und den Teilnehmern Rechnung, zeigen Sie − sofern nötig − Fingerspitzengefühl.
  → Sorgen Sie für ein gutes Gesprächsklima.

− Auch wenn in der Einladung schon eine „Vorwarnung" erfolgte, soll vor Beginn des Sachgesprächs *Einigung über Themen* (-Reihenfolge) und *Besprechungsziel* mit den Teilnehmern erzielt werden.
  → Hüten Sie sich vor globalen Umschreibungen,
     z.B. „Wir wollen das Thema .... mal andiskutieren,"

- Streichen Sie notfalls einen Unterpunkt aus dem Besprechungsprogramm, wenn bei dessen Behandlung kein sinnvolles Ergebnis zu erwarten ist (z.B. Teilnehmer nicht vorbereitet, INFO's fehlen).

- Alle Besprechungsteilnehmer sollen durch entsprechende *Information* in die Lage versetzt werden, gleichermaßen Beiträge zu dem Gespräch zu leisten.
  → Informieren Sie teilnehmerorientiert, nicht jeder muß den gleichen Informationsstand mitbringen.
  → Lassen Sie ergänzende Informationen zum Sachstand aus dem Teilnehmerkreis zu.

- Die *Teilnehmer-Anliegen* werden nach der „Informationsphase" vorgetragen, die verschiedenen Beiträge sind später zielorientiert zu bewerten.
  → Einigen Sie sich mit den Teilnehmern über die Bewertungsmaßstäbe, das ist wichtig für die spätere gemeinsame Konsensfindung.
  → Ihr Ziel muß sein, bei allen Teilnehmern Einsicht durch Überzeugung zu bewirken, dabei sind Ihnen Bewertungsmaßstäbe hilfreich.

- Jeder Teilnehmer bringt seinen Beitrag zum Besprechungsthema ein. Die Beiträge/Lösungsvorschläge werden formuliert, jedoch nicht bewertet. Hier ist *Visualisierung* (z.B. Flipchart) angebracht.
  → Dies ist die Phase, wo Sie sich als Besprechungsleiter zurückzuhalten haben, reden Sie nicht bei allem mit.
  → Nehmen Sie jeden Beitrag ernst.
  → *Führen* Sie die Besprechung, lassen Sie nicht jeden reden, wie er gerade will.
  → *Ermuntern* Sie zur Teilnahme am Gespräch, fördern Sie die Diskussion.
  → Lassen Sie keine Störungen (→ Telefonate u.ä.) zu, z.B. „Kann Frau .... mal einen Moment rauskommen?"
  → Ist auch Ihre Meinung zum Sachthema gefragt, spielen Sie nicht den Experten, nehmen Sie sich zurück.
  → Verfolgen Sie strikt Ihren „roten Faden", lassen Sie keine „ad-hoc-Themen" zu.

- Die aus dem Teilnehmerkreis eingebrachten Beiträge bzw. Vorschläge sind nun nach den Kriterien der vereinbarten Bewertungsmaßstäbe zu *bewerten*.
  → Urteilen Sie neutral nach dem Prinzip, welche Kriterien von den einzelnen Beiträgen in welchem Maße erfüllt werden.
  → Vermeiden Sie in dieser Phase, aus Ihrer Sicht nicht akzeptierbare Beiträge abzuwürgen. Die Besprechungsteilnehmer wissen ohnehin, daß Sie ggf. „am längeren Hebelarm sitzen".

- Die Bewertung der einzelnen Beiträge wird in der Regel nicht alle Teilnehmer 100%-ig befriedigen, doch sollte angestrebt werden, alle von dem daraus abzuleitenden Ergebnis zu *überzeugen*. Eine Besprechung ohne Ergebnis gibt es nicht, und sei es nur ein negatives.

→ Formulieren Sie die Besprechungsergebnisse.
→ Heben Sie vor allem die Gemeinsamkeiten (irgendwelche gibt es immer!) hervor, das erleichtert den Konsens in schwierigen Punkten.
→ Sofern sich aus den Ergebnissen Aktivitäten ergeben, vereinbaren Sie, wer was bis wann zu erledigen hat.
→ Spätestens jetzt stellen Sie fest, daß Sie am Beginn vergessen haben, einen Protokollführer zu bestimmen. Nun schreiben Sie das Protokoll selbst!

- Jede Art von Besprechungen sollte *protokolliert* werden.
  → Festzuhalten sind Ergebnisse, Maßnahmen, Ziele, Zuständigkeiten, Kontrollvereinbarungen, Termine und die Teilnehmer.

- Vergessen Sie bitte nie, sich am Ende einer Besprechung für die Beteiligung zu *bedanken*.

> Jede Besprechung ist dann sinnvoll, wenn sie der Innovation und der gemeinsamen Entscheidungsfindung dienlich ist.

Die „andere Art" als Gesprächsleiter: der Moderator

Der Wandel in unserer Art, im Betrieb kundenorientiert zusammen zuarbeiten, hat auch neue Formen des „miteinander-zu-reden" mit sich gebracht.

- Im Zuge des umfassenderen Qualitätsdenkens (→ TQM = Total Quality Management) wurde *Teamarbeit* bei der Lösung von Problemen, Verbesserung von Prozessen und Abläufen sowie der Mobilisierung neuer Eigeninitiativen zum erfolgsentscheidenen Faktor.

- In vielen Unternehmen bestehen schon lange abteilungsorientiert oder auch abteilungsübergreifend *„Qualitätszirkel",* die spezielle qualitätsbeeinflussende Probleme in Gruppengesprächen analysieren und Lösungen zur Mängelbeseitigung erarbeiten.

- Mit der Einführung von Gruppenarbeit, Inselfertigung oder Segmentierung übernahmen diese Organisationseinheiten auch die Verpflichtung, in *Gruppengespächen*
  - die Teamentwicklung zu fördern,
  - eigene Probleme (möglichst) selbst zu lösen,
  - „permanente Verbesserungen" zu erarbeiten.

Bei allen derartigen „Spielarten" liegt die Strategie in der Mobilisierung der Mitarbeiter, aktiv innovative Beiträge zu leisten. Bisher schlecht oder garnicht genutztes Potential der Mitarbeiter ist zu erschließen, dem Mitarbeiterwunsch nach mehr Beteiligung an der Gestaltung des Arbeitsprozesses soll Rechnung getragen werden.

Diese Form der Gruppengespräche sind „Gespräche an der Front", d.h. sie sind aktuell und finden (in der Regel) dort statt, wo das Problem erkannt wurde. Die Teilnehmerzahl sollte 8–10 Personen nicht über steigen, jeder Teilnehmer in dem Team ist gleichberechtigt. Auch ein teilnehmender Vorgesetzter ist „nur" Teilnehmer. Da diese Teams nicht für sich hin diskutieren können und sollen, erfolgt eine Moderation durch einen *Moderator*, der nicht unbedingt zum Team gehören muß. So gibt es in manchen Firmen „ehrenamtliche" ausgebildete Moderatoren.

- Aufgabe des Moderators ist, das Gespräch zu organisieren und zu lenken. Er organisiert ggf. auch die problemorientierte Zusammensetzung der Gruppe aus Personen, die aus verschiedenen Unternehmensfunktionen kommen.

> Der Moderator ist Helfer, nicht Leiter der Teamgespräche

In dieser Funktion ist eine der für den Erfolg entscheidenden Aufgaben das Sicherstellen von Selbstdisziplin und gegenseitiger Toleranz zwischen den sehr verschiedenen Persönlichkeiten im Teilnehmerkreis. Dazu vereinbart er mit den Teilnehmern *Spielregeln*, die für die Dauer der Zusammenarbeit gelten. Diese Regeln betreffen
- die Form des Gesprächsablaufes,
- die anzuwendenden Methoden,
- die Umgangsformen der Teilnehmer untereinander.

Eine typische Gruppengesprächsvariante ist die *„Metaplan-Technik"* (Metaplan GmbH, Quickborn). Danach gelten u.a. als Spielregeln:
- Optische Darstellung des Gesprächsverlaufs, damit die Gruppe durch *Visualisierung* stets den Überblick behält,
  → Pinwände, Flipchart.
- *Kartenabfrage*, bei der die Teilnehmer ihre Beiträge als Stichworte auf Karten schreiben, die dann – für alle sichtbar – vom Moderator nach bestimmter Systematik an die Pinwände gesteckt werden. Die Anzahl der – anonym bleibenden – Beiträge bleibt dem Teilnehmer überlassen.
- In der Diskussion wird die *Redezeit* begrenzt, z.B, 30 Sekunden.
- „Jeder ist des anderen Butler", d.h. in der Gruppe ist jeder für jeden da.
- Gemeinsame *Bewertung* der Ausarbeitungen mit Hilfe von *Entscheidungstechniken*,
  → Bepunkten, Multi-Voting u.ä.
- *Präsentation* der Ergebnisse vor einem Plenum durch die Gruppe.

Die Beherrschung der Moderationstechnik – z.B. Metaplan – kann auf Seminaren oder durch sachkundige Trainer trainiert werden
- Es obliegt dem Geschick des Moderators, durch Fragestellungen von den Teilnehmern das „wahre" Problem umreißen zu lassen. Er selber wirkt wäh-

rend seiner Moderation als Persönlichkeit, nicht als Vorgesetzter oder aufgrund erteilter Befugnisse. An Diskussionen und Meinungsbildungen ist er nicht beteiligt, er regt sie an, ggf. auch durch geschickte Provokationen.

Empfehlungen für den Meister als Moderator
- Als Vorgesetzter sollten Sie die Moderationstechnik beherrschen. Es ist für Sie die Chance, Die Mitarbeiter in Prozesse einzubeziehen, „weil sie (die Mitarbeiter) es wollen".
  → Sie sollten allerdings die Kunst beherrschen, sich „zurückzunehmen".
  → Enthalten Sie sich bei Moderationen grundsätzlich jeglicher Führungsfunktionen.
- Beachten Sie selbst vereinbarte Spielregeln und seien Sie der Hüter derselben. Sie
  → organisieren, was die Gruppe benötigt,
  → sorgen für eine gelockerte Atmosphäre,
  → setzen den Gesprächsrahmen, den Ablauf,
  → eröffnen die Gesprächsrunde, stimmen in das Thema ein,
  → lassen jeden zu Wort kommen, reizen die Zurückhaltenden an, bremsen die Hitzigen,
  → wenden die Kartentechnik zur Beitragserfassung an, visualisieren die Beiträge (Alternative: Flipchart),
  → provozieren, wenn es der Sache dient,
  → gehen konsequent gegen Thema-Abweichler vor,
  → nehmen jede Äußerung auf und bleiben sachlich,
  → beobachten die Stimmung, achten darauf, daß keine persönlichen Auseinandersetzungen entbrennen, integrieren Außenseiter,
  → hören gut zu, erfassen und ordnen alles, fassen zusammen,
  → lassen im Falle von Entscheidungsfindungen oder Prioritätenbildung die Teilnehmer entsprechende Techniken anwenden (natürlich nach entsprechender Unterweisung!).
  → meiden Abstimmungen, suchen Konsens,
  → beachten in jeder Phase die Gleichheit aller Teilnehmer,
  → loben (nicht nur am Schluß) die Teilnehmer für die Mitarbeit.

6.7 Einen Vortrag halten

Als Vorgesetzter im Betrieb kommen Sie nicht umhin, aus den verschiedensten Anlässen vor einer kleineren oder größeren Menge Menschen allein zu reden, z.B.

- Vorträge über technische oder organisatorische Themen,
- Schulungsvorträge über alle möglichen Betriebsbelange,
- Präsentationen,
- Reden zu festlichen Anlässen wie Jubiläen u.ä..
- Mal steht themenbezogenes Material wie Dias, Folien oder gar ein Film zur Verfügung und es ist „nur" notwendig, dazu Erläuterungen zu geben.
- Zum anderen gibt es auch Anlässe, wo der Vortrag komplett ausgearbeitet werden muß.
- Schließlich gibt es auch genügend Gelegenheiten, wo die „freie Rede" gefragt ist.

Dem „geborenen" Redner müssen an dieser Stelle wohl kaum Empfehlungen gegeben werden. Doch für jeden ist es irgendwann das erste Mal, und für diese Fälle soll diese „Führungsanforderung" hier in einigen wesentlichen Aspekten behandelt werden.

Lampenfieber, was ist das?

Wer kennt als Vortragender nicht dieses bestürzende Gefühl, so fürchterlich alleine gelassen, verlassen zu sein! Da steht man vor einer Menge, die einen anzustarren scheint; man hat plötzlich Zweifel, der Aufgabe, vor diesen Menschen zu reden, gewachsen zu sein. Welche Gründe können es sein, die zu derartigen Redehemmungen führen?

Haben Sie die folgenden Empfindungen schon mal gehabt?

- → Das Gefühl, von den Augen der Zuhörer verfolgt zu sein,
- → die räumliche Distanz zu den Zuhörern läßt diese unerreichbar erscheinen,
- → das Gefühl, irgend jemand da unten hätte eine hämische Freude an Ihrem Versagen als Vortragender,
- → die Angst, die Stimme könnte versagen,
- → die Zweifel an der richtigen Wortwahl,
- → die Angst, den Faden zu verlieren,
- → die Beklemmungen, eventuell den Erwartungen der Zuhörer nicht gerecht zu werden,
- → die Unsicherheit, wie anzufangen und wie zu beenden?

Keine Sorge, sofern die Ursache nicht in mieserabler Vorbereitung zu suchen ist, handelt es sich um *Lampenfieber*.

Lampenfieber ist ein gutes Zeichen. Es beweist, daß der Vortragende seine Situation ernst nimmt.

Sorgfältige Vorbereitung ist erste Voraussetzung für den Erfolg. Zur Hilfestellung gegen Lampenfieber seien hier einige Tips aus dem Bereich der *Autosuggestion* genannt:

Selbsthilfe durch Autosuggestion

- Seien Sie davon überzeugt, aufgrund Ihrer Sachkenntnis den anderen etwas geben zu können.
- Haben Sie das Bewußtsein, den Zuhörern überlegen zu sein.
- Vor Beginn des Vortrages ziehen Sie sich einige Minuten völlig ungestört zurück, um zu meditieren, die wesentlichen Gedanken nochmals in sich aufzunehmen.
- Suchen Sie Augenkontakt, sehen Sie die Zuhörer, bevor Sie beginnen, zunächst einmal an, das beruhigt.
- Tief durchatmen – das schlimmste ist, keine Luft zum Reden zu haben – und „sammeln" Sie sich („Jetzt werde ich Euch aber mal was erzählen").
- Ruhig, ohne Hast mit Überlegenheit beginnen, das Temperament erst im Laufe des Vortrages steigern.
- Haben Sie die Sicherheit, daß Sie den Blick auf Ihre vorliegenden Aufzeichnungen – den „stillen Souffleur" – richten können.

Die innere Furcht vor sich selber zu überwinden, das ist die ganze Kunst, die man durch Übung mit Sicherheit erlernt.

Die Vortragsvorbereitung

Wie schon festgestellt, ist ein Vortrag gut vorzubereiten. Mit dem Vortragen „verkaufen" wir uns auch ein wenig selbst, da sollten wir uns nichts vormachen. Wer möchte sich schon die Blöße geben, bei „den Anderen" nicht angekommen zu sein? Für die Vortragsgestaltung kann die Abarbeitung der nachfolgend wiedergegebenen Checkliste empfohlen werden:

Checkliste zur Vortragsgestaltung

1. Ziele festlegen
    1.1 Was will ich erreichen?
    1.2 Was ist mein Hauptziel?
    1.3 Was sollen meine Zuhörer lernen?
2. Analyse der Adressaten
    2.1 Wer sind meine Zuhörer?
    2.2 Warum kommen sie?
    2.3 Welche Erwartungen werden meine Zuhörer haben?
    2.4 Welche Motive bewegen die Zuhörer?

3. Analyse des Umfeldes
   3.1 Wie sind die räumlichen Voraussetzungen?
   3.2 Welche technischen Einrichtungen brauche ich?
   3.3 Welche sind vorhanden?
   3.4 Zu welchem Zeitpunkt soll der Vortrag stattfinden?
   3.5 Welche potentiellen Störquellen erwarten mich?
4. Erstellung des Manuskriptes
   4.1 Wie heißt der Arbeitstitel?
   4.2 Welcher Inhalt wird gebraucht?
   4.3 Den benötigten Stoff realisieren.
   4.4 Gliederungsentwurf anfertigen.
   4.5 Ergänzungen hinzufügen, → Bilder u.ä..
   4.6 Endgültige Gliederung erstellen.
   4.7 Schlagkräftigen Titel finden.
5. Strategie der Vortrags-Durchführung
   5.1 Wie fange ich an?
   5.2 Wie präsentiere ich den Hauptteil?
   5.3 Wie beende ich den Vortrag?

Verwenden Sie diese Checkliste doch einmal für eine Vortragsvorbereitung, Sie werden sehen, daß Sie sich damit eine recht solide Basis für Ihren Vortrag schaffen.

Es muß wohl nicht besonders betont werden, daß zur Vorbereitung auch gehört, sich Gedanken darüber zu machen, wie man auftreten will, auftreten muß. Ein Tip zum „*Erscheinungsbild*": Wählen Sie Ihre Kleidung, Ihre Aufmachung so, wie Sie Ihre Zuhörer erwarten. Denken Sie daran, daß Ihr Erscheinungsbild der „erste Eindruck" ist, der den Zuhörern vermittelt wird (→ Vorurteile!).

Der Vortrag

Einen Vortrag erfolgreich durchzuführen, bedeutet, in allen Phasen des Vortragens die Aufmerksamkeit der Zuhörer zu erhalten, sie durch das Vortrags-Thema „hindurch zu führen". Die einzelnen Phasen lassen sich umschreiben mit

- Einleitung
- Schwerpunktbildung
- Behandlung der Schwerpunkte
- Zusammenfassung und Schlußwort

- In der *Einleitung* werden die Weichen in die Richtung gestellt, in die der gesamte Vortrag laufen wird. Denken Sie stets daran: Warum wollen Sie vor diesen Zuhörern sprechen, was veranlaßt Sie dazu?

→ Stellen Sie Kontakt zu Ihren Zuhörern her,
→ machen Sie sich als Vortragender bekannt,
→ nennen Sie das Thema und die anzusprechenden Fakten,
→ wecken Sie das Interesse, schaffen Sie Anreize, zuzuhören,
→ sprechen Sie Gemeinsamkeiten und Vorkenntnisse zum Thema an,
→ nennen Sie Ihre Zeitplanung.

Die Zuhörer müssen in der Einleitung motiviert werden, über die gesamte Dauer des Vortrages aufmerksam zuzuhören. Daher ist auch die Zeitplanung wichtig, man stellt sich darauf ein. Halten Sie bitteschön die Zeit ein, sonst kann es Ihnen passieren, daß zu mindest einige vor dem Schlußwort gehen. Indem Sie gemeinsame Interessen ansprechen, nehmen Sie den Zuhörern die Befangenheit, Sie holen sie „ins Boot".

– Jeder Vortrag hat seine themenbezogenen *Schwerpunkte*, um die herum sich die verschiedenen anzusprechenden Aspekte ranken.
  → Mit der Herausstellung der Schwerpunkte nennen Sie das Wesentliche, strukturieren Sie die Information, die Sie rüberbringen wollen, skizzieren Sie Ihre Gedankengänge;
  → Zuhörern wie auch Ihnen selbst erleichtern Sie damit den Einstieg;
  → durch die „Darbietung" der Schwerpunkte lassen Sie die Zuhörer erahnen, was sie zu erwarten haben.

Beachten Sie in dieser Phase, daß Sie jetzt etwas versprochen haben. Die Schwerpunkte richtig (nicht zuviel versprechen!) und hörergerecht zu „verpacken", gehört zur Kunst des Vortragenden.

– Jeder *einelne Schwerpunkt* stellt innerhalb des so geordneten Gesamt-Themas einen *Höhepunkt* dar, den es in seiner erforderlichen Vollständigkeit wiederzugeben gilt.
  → Als Vortragender „hangeln" Sie sich von Schwerpunkt zu Schwerpunkt, stellen jeweils das Material dar, das Sie zu den jeweiligen Punkten in Einzelheiten gesammelt haben;
  → handeln Sie zu jedem Schwerpunkt alles ab, was dazu zu sagen oder auch zu fragen ist (→ggf. Hörerbeteiligung?);
  → beenden sie die einzelnen Schwerpunkte jeweils mit einem thesenartigen Abschluß, die Zuhörer prägen sich diese leichter ein;
  → die einzelnen Schwerpunkte stellen für Sie und die Zuhörer Meilensteine dar, an denen die Wegstrecke des zurückgelegten Vortrages erkennbar ist (→Zeitplanung!).

Zur „hörergerechten" Vortragsweise gehört auch, zu beachten, daß Sie nicht nur auf das gesprochene Wort vertrauen dürfen. Wollen Sie einen hohen „*Behalte-Effekt*" sicherstellen, dann sollten Sie wissen, daß dieser wie folgt wirksam ist:

– 20 % durch *Hören*
– 30 % durch *Sehen*

- 50 % durch *Hören und Sehen*
- 90 % durch *Beteilung der Zuhörer*

- In der *Zusammenfassung* ist der Blick nochmals „auf das Ganze" zu richten.
  → Schließen Sie das Vortrags-Thema gedanklich ab,
  → wiederholen Sie ggf. die Schwerpunkte,
  → stellen Sie die Folgerungen aus dem Ganzen heraus,
  → unterstreichen Sie, welcher Gewinn für den Zuhörer abgeleitet werden kann,
  → bedanken Sie sich „für die Ihnen gewidmete Aufmerksamkeit"
  (→ und ggf. „für die rege Beteiligung").

Ein paar Hinweise am Schluß, die zwar kein Rhetorik-Seminar ersetzen, aber doch vielleicht hilfreich sein können:

- Jeweils für Anfang und Ende eines Vortrages kann es hilfreich sein, sich max. 3 kurze Sätze in großen Buchstaben auf eine Karte zu schreiben. Gegebenenfalls kann man diese dann wörtlich ablesen oder (was besser ist) man prägt sie sich ein.
- Gehen Sie auf die Stimmung Ihrer Zuhörer ein. Bei passender Gelegenheit eine Pointe einzufügen, kann die Stimmung auflockern.
- Achten Sie einmal selbst auf Ihre Körperhaltung (bitte locker und aufrecht!), Ihre Gestik und Mimik.
- Halten Sie den Augenkontakt zu Ihren Zuhörern aufrecht?
- Feilen Sie (sofern nötig) an Ihrer Vortragstechnik, d.h. Aussprache (bitte klar und deutlich!), Tonlage und bewußter Einsatz von Pausen.
- Beobachten Sie doch mal die Redner, die Ihnen täglich, zum Beispiel im Fernsehen, „vorgeführt" werden. Nicht alle, aber doch einige, sind Vorbilder!

6.8 Mitarbeiter einsetzen

Einführung neuer Mitarbeiter

Die optimale Auswahl aus den Bewerbungen und eine erfolgreiche Einführung des neuen Mitarbeiters/der neuen Mitarbeiterin sind entscheidende Schritte in der Personalpolitik. Wer hierbei möglichst wenig Fehler macht, erspart sich viel Kummer und dem Unternehmen Fluktuationskosten. Auf die Fluktuation bei neuen Mitarbeitern müssen wir eingehen, da diese Personalabgänge sehr stark durch den Vorgesetzten beeinflußbar sind.

Als Vorgesetzter haben Sie es in der Hand,
- die Anforderungen an den zu besetzenden Arbeitsplatz richtig, präzise und eindeutig zu beschreiben.

- durch sorgfältige Auswahl aus dem Bewerberkreis in Kenntnis der Anforderungen in fachlicher, gesundheitlicher und menschlicher Hinsicht die richtige Person zu finden.
- den Bewerber beim Einstellungsgespräch ausreichend und unmißverständlich über die an ihn gestellten Anforderungen zu unterrichten. Falsch wäre „..da sind Sie unsicher? Lassen Sie nur, das kriegen wir schon hin", nur aus der Sorge heraus, die Stelle nicht schnell genug besetzen zu können.
- bei der Einführung des „Neuen" neben der fachlichen Einweisung die menschliche Integration in die bestehende Mannschaft bzw. Gruppe sicherzustellen.
- dem neuen Mitarbeiter seine Befangenheit – ggf. auch Ängste – zu nehmen; der „erste Eindruck" entscheidet oft über die innere Einstellung des „Neuen" zum Unternehmen.
- durch entsprechende Betreuung in den ersten (6?) Monaten die weitgehende Übereinstimmung der Fähigkeiten des neuen Mitarbeiters mit den Anforderungen zu überwachen.
- durch Qualifizierungsmaßnahmen die Einarbeitung zu fördern.
- die vorhandene „Stamm-Mannschaft" in die Integrierungsmaßnahmen einzubeziehen, ggf. vorhandene Vorbehalte abzubauen.

Wenn neu eingestellte Mitarbeiter fluktuieren, dann geschieht dies im ersten Jahr, eher noch in ersten Halbjahr. Was dies an Verlustzeiten bedeutet – ganz abgesehen von dem wiederholten Personalbeschaffungsaufwand – muß wohl nicht geschildert werden. Sowohl der Produktionsausfall wie auch die zusätzlichen Kosten können durch eine systematische Personaleinführung unter Umständen vermieden werden.

> Die erfolgreiche Einführung neuer Mitarbeiter ist ein entscheidendes und bedeutsames Instrument der Personalführung.

Was geht bei einem derartigen Prozess vor ....
... in dem neuen Mitarbeiter?
- Erste Eindrücke, verursacht durch die unbekannten Menschen, die fremde Umgebung, die ungewisse Umwelt, prägen sich „unauslöschlich" ein, haben Auswirkungen auf das Verhalten.
- Den „Neuling" können Ängste beklemmen,
  → den fachlichen Anforderungen nicht gewachsen zu sein,
  → von der „eingesessenen" Gruppe nicht akzeptiert zu werden.

... in dem Meister?
- Ist der/die Richtige eingestellt worden?
- Wird die beabsichtigte Verstärkung der Gruppe erreicht?
- Wird der/die Neue das Kräftespiel in der bestehenden Gruppe beeinflussen bzw. verändern?

- Welche Auswirkungen sind zu erwarten auf Leistungsergebnis und Arbeitszufriedenheit?

... in den Mitgliedern der Gruppe?
- Die Gruppenmitglieder stellen sich die Frage, ob der/die Neue sich in die Gruppe eingefügen wird, Unruhe auslöst oder gar dem einen oder anderen den Rang streitig machen könnte?

Gezielte (daher gut geplante) Einführungs- und Einarbeitungsmaßnahmen wirken nicht nur positiv auf den neuen Mitarbeiter und dessen Leistungsbereitschaft:
- Sie sind eine Verpflichtung für den Arbeitgeber,
  → § 81, Betriebsverfassungsgesetz, „Unterrichtungspflicht ...".
- Sie gelten als wichtige präventive Maßnahme, um
  → Anfangsschwierigkeiten so gering wie möglich zu halten,
  → Folgeerscheinungen in Arbeitsqualität und -menge zu minimieren,
  → Unruhe in der Gruppe möglichst von vornherein zu vermeiden,
  → frühzeitiger Fluktuation des „Neuen" (oder anderer?) vorzubeugen.

Wie sollen neue Mitarbeiter eingeführt werden?

Vorbereiten .... .. der Neubesetzung des Arbeitsplatzes durch Planung der Einführung in die Gruppe, herrichten des Arbeitsplatzes, erstellen des Einarbeitungsplanes (→Lerngruppe?), Termin des Beginns, informieren der Mitarbeiter der Gruppe, bestimmen eines „Paten" für den „Neuen".

Begrüßen/ Empfangen .... des neuen Mitarbeiters, persönliches „Willkommen" bieten, informieren über die Aufgaben der Abteilung, seine Rolle und Aufgaben in der Gruppe, die nächstliegenden Ziele seiner Einarbeitung, die beabsichtigte Vorgehensweise, seine mögliche Entwicklung.

Bedeutung: Die Begrüßung ist bestimmend für den „ersten Eindruck" vom Betrieb, dem Vorgesetzten, den Kollegen der Gruppe.

Bekannt machen .. ..mit dem unmittelbaren Vorgesetzten, dem Mitarbeiter,der ihn als „Pate" betreuen wird, dem Kollegen, der für seine Einarbeitung zuständig sein wird.
Dafür Sorge tragen, daß der „Neue" mit allen seinen Gruppen-Kollegen bekannt gemacht wird. Sicherstellen, daß der „Neue" alle Personen kennenlernt, mit denen er im Rahmen seiner Aufgaben zusammentreffen wird.

Bedeutung: Herstellen des kollegialen Kontaktes und der Basis für ein kooperatives Arbeitsklima.

Informieren .... ..über Aufbau und Arbeitsweise des Betriebes, Regeln und grundlegende Vorschriften, (→ Arbeitsordnung, Arbeitssicherheit usw.), die Produkte des Unternehmens, die Kunden, die Unternehmenskultur, die Leitwerte.
Bedeutung: Fördern der Identifikation des neuen Mitarbeiters mit seiner Aufgabe im Unternehmen.

Orientieren .... über die betrieblichen Einrichtungen und Stellen, → was ist wo? Wer ist wie wann erreichbar?
Bedeutung: Kennenlernen des Umfeldes. Vertrautwerden mit der räumlichen Betriebsstruktur.

Einarbeiten .... am Arbeitsplatz, kennenlernen der Arbeitsabläufe, sofern sie den Aufgabenbereich des „Neuen" berühren, Einzelheiten der zu übernehmenden Arbeit erklären, Unterweisungen durchführen, Fortschrittskontrolle durchführen, Fortschritte anerkennen, Mut machen, persönliche Ansprache pflegen.
Bedeutung: Gute Instruktion und Erfolgskontrolle (→ Feed-back!) erleichtert den erfolgreichen Einstieg in den Arbeitsprozess, vermeidet Fehlentwicklungen, hält den hält den Einarbeitungsaufwand im Rahmen.

- Erstellen Sie sich doch mal eine Checkliste, die alle arbeitsaufgabenbezogenen Informationen für einen von Ihnen einzustellenden Mitarbeiter enthält!
- Was glauben Sie, welche Fragen der „Neue" Ihnen stellen wird?
- Sollte ein „Neuer" sich als „Fehlinvestition" erweisen, denken Sie mal darüber nach, warum sich das nicht schon beim Vorstellungsgespräch gezeigt hat!

A propos Einstellungsgespräch

Es geschieht nicht selten, daß eingestellte Mitarbeiter nach einiger Zeit darüber klagen, es sei ihnen doch einiges anders beschrieben worden oder gar einiges mehr versprochen worden. Hinterher ist es sehr schwierig, festzustellen, ob da Mißverständnisse vorliegen oder ob tatsächlich – ohne Absicht – ein wenig zuviel versprochen worden ist.

Damit Ihnen solches Ärgernis nicht widerfährt, beachten Sie bitte ergänzend zu den bekannten „Spielregeln" des Mitarbeitergesprächs:

- Bezüglich des Arbeitsverhältnisses darf es am Ende des Einstellungsgesprächs (die Personaleinstellung ist in der Regel eine Sache der Personalabteilung) weder Unklarheiten noch Mißverständnisse geben über Stellung, Aufgaben, Bezahlung, eventuelle Vergünstigungen sowie ggf. in Aussicht gestellte persönliche Entwicklung im Unternehmen. Überzeugen Sie sich davon!
- Interviewen Sie den Bewerber intensiv, bis Sie sich ein Bild über sein Eignungspotential machen können. Dazu gehören neben fachlichen Kenntnis-

sen und Erfahrungen bitte schön auch Fakten, die die Person betreffen, die Wesensart, das Auftreten, die Interessen und Wünsche, Erkenntnisse aus der bisherigen Entwicklung des Bewerbers (Charakter-Eigenschaften werden sich mit dem Stellungswechsel nicht verändern!).

- Informieren Sie den Bewerber objektiv und umfassend über den zu besetzenden Arbeitsplatz und die Arbeitsbedingungen. Der Bewerber muß sich ein Urteil bilden können, ob der angebotene Arbeitsplatz seinen Vorstellungen entspricht.
  → Bezeichnung der Tätigkeit/der Stelle,
  → Beschreibung der einzelnen Tätigkeiten und der dazu erforderlichen Qualifikationen,
  → organisatorische Eingliederung des Arbeitsplatzes,
  → die Unterstellungsverhältnisse,
  → Kompetenzen, Befugnisse, Verantwortung,
  → mit welchen Arbeitsplätzen und Stellen wird zusammengearbeitet?

- Achten Sie darauf, daß Sie nicht in Monologe verfallen, das kann den Bewerber zum Schweigen verführen. Wichtig ist, daß der Bewerber redet und Sie gut zuhören.

- Reden Sie ggf. offen mit dem Bewerber über die Gründe, warum er seine(n) bisherigen Arbeitgeber verlassen hat bzw. verläßt.

- Welche beruflichen Erwartungen hat der Bewerber?

- Hüten Sie sich davor, Versprechungen zu machen, die Sie nicht mit Sicherheit erfüllen können.

Schwerpunkt „Unterweisen"

> Unterweisen bedeutet, dem Mitarbeiter über einen Lernprozess einen Zuwachs an Wissen, Können und Bewerten zu vermitteln.

Mit der Unterweisung werden 3 wesentliche Ziele verfolgt:

1. *Wirtschaftliche Ziele*, u.a.
   - richtige, gute und schnelle Aufgabenbewältigung,
   - kürzestmögliche Einarbeitungszeit,
   - Minimierung von Ausschuß und Nacharbeit,
   - Qualität, d.h. Kundenzufriedenheit sicherstellen,
   - kostenoptimale Aufgabenerledigung.

2. *Humane Ziele*, u.a.
   - Aktivieren der Leistungsbereitschaft des Mitarbeiters,
   - Wecken des Bedürfnisses nach erfolgreicher Aufgabenerfüllung,
   - Fördern des eigenverantwortlichen Verhaltens,

- Wecken hoher Wachsamkeit gegen Scheitern an der Aufgabe,
- Fördern von Wachsamkeit gegen Unfallgefahren.

3. *organisatorische Ziele*, u.a.
   - Vermeiden von Störungen im Arbeitsablauf,
   - Verhindern von Fluktuation,
   - optimale Nutzung der Arbeitsplätze,
   - Minimieren von Fehlzeiten,
   - Sicherstellen einer effektiven Betriebsorganisation.

Von dem Unterweisenden wird erwartet, daß er nicht nur das Sachthema beherrscht, sondern auch in der Lage ist, erfolgreich zu unterweisen. Bezogen auf den Meister als Verantwortlichem für die Einarbeitung neuer Mitarbeiter bedeutet dies, daß er die Unterweisung nicht selbst durchführen muß, wohl aber dem richtigen qualifizierten „Unterweiser" diese Aufgabe zu delegieren hat.

☐ Mitarbeiter Otto ist von Ihnen ausgewählt worden, den „Neuen" – Mitarbeiter Willi – an seinem Arbeitsplatz in den einzelnen Tätigkeiten zu unterweisen. Willi soll dann an einem vorgesehenen Parallelarbeitsplatz die gleichen Aufgaben wahrnehmen. Die beiden scheinen sich gut zu verstehen, wie Sie bei Ihren Rundgängen feststellen. Auf Ihre Frage, wie denn die Einarbeitung läuft, reagiert Mitarbeiter Otto: „Alles klar, Chef".

Es kommt der Tag, an dem Sie Mitarbeiter Willi an seinen Arbeitsplatz stellen und ihm den ersten Auftrag übertragen. Willi versteht alles bestens, Sie wenden sich anderen Dingen zu. Doch bald stellen Sie fest, daß Willi wie „mit zwei linken Daumen" an dem Auftrag werkelt. Erstaunt glauben Sie ihn daran erinnern zu müssen, daß er das bei seinem Kollegen Otto doch ganz anders gelernt habe. „Aber nein", sagt er, „erklärt hat er mir das schon, aber selber gemacht habe ich es nie". Im Übrigen wäre er ja vornehmlich nur mit „Zuarbeiten" und Materialholen beschäftigt gewesen. Kollege Otto hätte gemeint, er solle „mal ins kalte Wasser springen"; so hätte er auch angefangen.

Was ist da (alles) falsch gelaufen?

Auch wenn Sie die Unterweisung delegieren, müssen Sie wissen, wie sie abzulaufen hat. Schließlich sind Inhalt und Ziele der Unterweisung die Grundlage für die von Ihnen durchzuführenden Erfolgskontrolle.

Die Vier-Stufen-Methode der Unterweisung

Die 1.Stufe: *Vorbereiten*:
   - Sich selbst:
      → Welches Ziel haben Sie für die Unterweisung gesetzt?
      → Ist der Umfang definiert, was gehört zu der Aufgabe?

- → Bis zu welchem Grad soll der zu Unterweisende die Arbeit beherrschen?
- → Sind Ort, Zeit, Ablauf, Lernabschnitte, Aufwand geklärt?
- → Ist genügend Zeit eingeplant?

Als Unterweisender müssen Sie sich in die Lage dessen versetzen, den Sie unterweisen wollen, Sie müssen sein „Unwissen" mitempfinden, um es zu beseitigen.

– Den Mitarbeiter:
- → Vertrauensbasis schaffen, dem „Unwissenden" die Befangenheit nehmen, ihm Zuversicht geben, sein Interesse wecken;
- → erläutern, um was es geht. was der Sinn der Arbeit bzw. der Aufgabe ist, was davor und danach geschieht (→Kunde/Lieferant-Verhältnis!);
- → Funktion erläutern, Muster zeigen, ggf. „Fach-Chinesisch" erklären;
- → klären des Standes der Vorkenntnisse (nichts erklären, was der Mitarbeiter schon kennt!),

Die 2.Stufe: *Erklären und Vormachen*:
- – Erklären und Zeigen ist für jemanden, der die Sache noch nicht kennt, eine unzureichende Unterweisung.
- → Durch schrittweises Vormachen begreift der zu Unterweisende, was wie getan werden muß.
- → Das Vormachen ist zu wiederholen, der Lernende muß bestätigen, begriffen zu haben, warum das Vorgemachte so und nicht anders getan werden muß.

Die 3.Stufe: *Ausführen lassen*:
- – Der zu Unterweisende führt jetzt unter Aufsicht seines „Lehrers" die Arbeit selber durch, mit dem Ziel, das richtige, sichere Gefühl für die Vorgänge zu bekommen.
- → Geduld bewahren, eingreifen erst dann, wenn sehr gravierende Fehler gemacht werden oder es nicht mehr weiter geht.
- → Beim Wiederholen der Selbstausführung soll der Unterwiesene in der Lage sein, die Arbeit zu erklären.
- → Von einer Beherrschung der Arbeit kann dann ausgegangen werden, wenn nach mehrmaligem Wiederholen der Vorgänge keine Fehler mehr vorkommen.

Die 4.Stufe: *Unterweisung abschließen*:
- – Der Mitarbeiter soll nun selbständig arbeiten und Sicherheit erlangen. Für den absolvierten Unterweisungsteil gebührt ihm Lob und Anerkennung, in schwierigen Fällen, wo es vielleicht ein wenig „geknistert" hat, muß man Mut machen.

- → Über den bisherigen Ablauf und die gemachten Fehler offen reden, keine „Schönfärberei" betreiben.
- → Beobachtung der weiteren Fortschritte sicherstellen (→ Paten, Betreuer oder selbst).
- → Im Falle einer negativen Entwicklung zurückkehren zu Stufe 3.
- Bedenken Sie, daß jeder Mensch eine ihm eigene „Lernkurve" hat.
  - → Variante A: Stetiger Lernanstieg.
  - → Variante B: Großer Anfangserfolg, dann Stagnation, wenn nicht sogar Einbruch, schließlich wieder Anstieg.
  - → Variante C: Sehr verhaltener Anfang mit Schwierigkeiten; doch je weiter der Lernvorgang fortschreitet, desto effektiver wird das Lernen.
- Prüfen Sie am Ende der geplanten Einarbeitungszeit, ob die Ziele, die gesetzt worden sind, erreicht wurden. Wenn nicht, stellen Sie sich die Fragen nach den möglichen Ursachen.
- Sind bei der Einarbeitung Fehler gemacht worden?
  - → Dann sind entsprechende „Nachbesserungen" zu vollziehen.
    - Ist der „Neue" doch nicht so geeignet wie angenommen?
  - → Dann müssen entsprechende Konsequenzen gezogen werden (wenn, dann jetzt!).

Personal einsetzen bedeutet, die verfügbaren Mitarbeiter den zu erfüllenden Aufgaben/Aufträgen entsprechend Arbeitsplätzen zuzuordnen. Bestimmende Faktoren sind dabei Zeit, Menge, Ort, Mittel und Anforderungen an die Qualifikation.

Schwerpunkt „Qualifizieren"
Als ein Kriterium beim Personaleinsatz gilt, abgeleitet aus den zu bewältigenden Aufgaben, das Anforderungsprofil für die Abteilung bzw. Gruppe und damit für die einzelnen Mitarbeiter. Auch für eine „Stamm-Mannschaft" kann sich durch neu hinzukommende Mitarbeiter eine Veränderung des Anforderungsprofils ergeben, unabhängig davon, daß sich für jeden neuartigen Arbeitsauftrag die Frage nach dem erforderlichen Anforderungsprofil immer wieder stellt.

Das Abgleichen zwischen Anforderungen aus der Arbeitsaufgabe und dem vorhandenen Qualifikationsprofil ist eine ständige Aufgabe für den Meister.

Als Vorgesetzter und Meister übernehmen Sie mit der Verantwortung für die richtige Qualifikation der Mitarbeiter eine Schlüsselfunktion beim Personaleinsatz (und damit für die kundengerechte Durchführung der Arbeitsaufträge). Wer mit der schnelleren Entwicklung in unserem Technologie-Zeitalter Schritt halten will, kommt um Fortbildung nicht herum, Wachsamkeit ist geboten.

Mitarbeiter-Qualifizierung ist keine „Reparatur" begangenen Fehlverhaltens, sondern vorausschauende Personalentwicklung.

Das nachstehende Bild 6.2 verdeutlicht die Aufgabenstellung bei dem Abgleich Arbeitsaufgabe ↔ Qualifikation. Wichtig für den optimalen Personaleinsatz ist die Erkenntnis, daß sowohl Unterqualifikation wie auch Überqualifikation personelle Maßnahmen erforderlich machen.

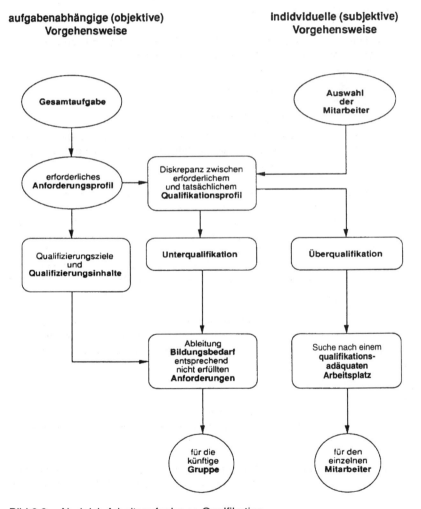

Bild 6.2: Abgleich Arbeitsaufgabe ↔ Qualfikation

Aufgrund der eingangs geschilderten Veränderungen in unserer Arbeitswelt ist wohl leicht zu verstehen, daß heute und künftig Weiterbildung und Ausbildung sich nicht auf reine Fachausbildung (→ Fachkompetenz) beschränken kann. Betriebliche Bildung muß die Vermittlung von Problemlösungskompetenz zum Ziel haben. Nur dadurch wird gewährleistet, daß die Mitarbeiter

- eigenverantwortlich handeln,
- Beiträge zur Lösung von Problemen leisten,
- bei prozessbedingten Störungen sachgerecht reagieren,
- ihr Initiativrecht als Nutzen für „das Ganze" begreifen,
- sich in die Gruppe integrieren und effektiv mitwirken.

Wenn mit der Abkehr von stark tayloristischen Strukturen die Arbeitsorganisation effizienter gestaltet werden soll mit den Forderungen nach

- hoher Flexibilität,
- ganzheitlicher Aufgabenbewältigung,
- eigenverantwortlichem Handeln,
- Nutzung und Erweiterung vorhandener Qualifikationen,

dann muß die Organisation mit den Menschen gestaltet und erlebbar gemacht werden. Hier liegt der Ansatzpunkt für eine der wichtigsten (neuen?) Aufgabenstellungen für den Vorgesetzten.

Mitarbeiter, die bislang stark arbeitsteilig eingesetzt waren, können den Anforderungen in neuen Strukturen nicht ohne Weiterentwicklung gerecht werden. Mit der Gewährung der viel zitierten Freiräume entfallen für die Mitarbeiter „vorgekaute" detaillierte Arbeitsanweisungen. Mitdenken, Innovation und Kreativität sind die Erwartungen, die an die Mitarbeiter gestellt sind. Ergänzen wir diese sachbezogenen „neuen Arbeitsweisen" um die Forderung nach mehr Zusammenarbeit und Teamgeist, dann erkennen wir einen Qualifizierungsbedarf, der vornehmlich „vor Ort" befriedigt werden muß. Der Arbeitsplatz wird zum Lernort.

Die entscheidenden Vorteile von dezentral organisierten Qualifizierungsaktivitäten liegen in der Möglichkeit, Schulungsmaßnahmen am realen Werkstattgeschehen zu orientieren sowie in der positiven, aktivierenden Wirkung der Gruppenarbeit.

- In Gruppengesprächen werden Probleme
   → aus dem fachlichen Bereich,
   → aus dem organisatorischen Bereich,
   → aus dem Bereich der Zusammenarbeit angesprochen, die die Abteilung, den Meisterbereich, die Gruppe betreffen.

- Die Mitarbeiter üben sich im kooperativen Umgang miteinander, lernen Kreativität innerhalb der Gruppe zu entwickeln und für die Produktivität der Gruppe nutzbar zu machen.

Je höher die Erwartungen an kreative Mitarbeiterbeteiligung, an Entfaltung von Sozial-, Methoden- und Entscheidungskompetenz gestellt werden, umso bedeutsamer wird die Rolle des Meisters als „Personalentwickler vor Ort":

- Mit dem von Ihnen gepflegten Führungsstil und der Arbeitsgestaltung beeinflussen Sie
  → das Maß der Mitarbeiterentfaltung,
  → die Nutzung der Mitarbeiterpotentiale.
  Können Sie sich vorstellen, inwieweit Ihre Mitarbeiter bei einem autoritären Führungsstil eigeninitiativ zu handeln bereit und in der Lage sind?
- Ihre systematische, objektive Beobachtung und Beurteilung Ihrer Mitarbeiter ist eine wichtige Voraussetzung für die planvolle Personalentwicklung.
- Fördern Sie Neigungen Ihrer Mitarbeiter gezielt im Sinne der abteilungsbezogenen/gruppenbezogenen Anforderungen.
- Fördern Sie das betriebliche Vorschlagswesen.
- Organisieren Sie den gezielten Erfahrungsaustausch innerhalb der Gruppe bzw. zwischen den Gruppen.
- Stellen Sie die gezielte Betreuung weniger geübter Mitarbeiter durch qualifizierte Fachleute sicher.
- Beteiligen Sie Ihre Mitarbeiter an Qualitätszirkeln und Problemlösungsgruppen.
- Bedenken Sie im Vorfeld organisatorischer oder technischer Neuerungen die notwendigen Mitarbeiterinformationen und Mitarbeiterschulungen. Leiten Sie die notwendigen Aktivitäten ein, sofern Sie die Maßnahmen nicht selbst durchführen können.

Personalschulung
Werkzeuge und Maßnahmen

1. Fachliche Schulung
   - Arbeitsaufgabenbezogene Lern- und Weiterbildungsprogramme:
     → betriebs- bzw. werkstattintern,
     → zentrale Weiterbildung,
     → externe Kurse,
     → Ausstellungen, Messen u.ä.
   - Bereitstellen von Informationen:
     → Produktinformationen,
     → aktuelle Planungen im Unternehmen,
     → technische Trends in der Abteilung,
     → Fachzeitschriften,
     → Firmenzeitung.
     → Schulen am Produkt („Lernstatt"):
     → Darstellen der machbaren Qualität,
     → darstellen der Komplexität,
     → verfolgen des Entstehungsganges des Produktes,
     → lernen an Musterobjekten.

2. Dispositive Schulung
   - Anwenden der betriebsinternen Organisationsmittel:
     → Was läuft warum wie ab?
   - Qualitätssicherung am Produkt.
   - die Kunden und deren Erwartungen:
     → Lieferqualität,
     → Tremintreue,
     → Produktkosten,
   - Steuerungs- und Planungswerkzeuge:
     → Arbeitsvorräte, Auslastung,
     → Personalplanung, Schichtplanung,
     → wie Projekte laufen, Projektmanagement,
   - Betriebswirtschaftliche Ziele:
     → Wer kann was wie beeinflussen?

3. Schulung des Sozialverhaltens
   - Tägliches Gespräch mit den Mitarbeitern:
     → Entwickeln des „WIR"-Gefühls.
   - Einrichten einer gruppenbezogenen Pausen-„Ecke":
     → Tägliche Information über „Aktuelles" geben und erhalten,
     → „Mecker"-Briefkasten pflegen,
     → Pin-Wand zur Selbstdarstellung der Gruppe
   - Gestalten der Organisation in der Gruppe durch die Gruppe:
     → Problemlösungsgespräche innerhalb der Gruppe,
     → Fähigkeit zur Moderation und Präsentation entwickeln.

- Qualifizierungsmaßnahmen können auch vonnöten sein, wenn z.B. Verhaltenskorrekturen erforderlich sind. Für Sie als Meister kann das dann wie folgt ablaufen:

Beispiel: In der Abteilung/Gruppe treten Qualitätsprobleme auf

Ablauf:

↳ Durchführen einer *Schwachstellenanalyse*,
   → Istzustands-Ermittlung,
   → sammeln der Problemfaktoren durch Abfragen, aus Protokollen und Berichten,

↳ *Zusammenfassen* aller ermittelten *Daten*.

↳ Identifizieren und *Formulieren der Probleme*.

↳ *Rücksprache* nehmen mit den Betroffenen,
  → Sensibilisieren auf die Probleme.

↳ Durchführen der *Abweichungsanalyse*,
  → Gruppengespräch mit den Beteiligten, was ist warum, wodurch, in welchem Umfang?

↳ Vereinbaren der erforderlichen *Zielsetzungen*,
  → was muß erreicht werden?

↳ *Maßnahmen* planen,
  → Schulung, Weiterbildung ....

↳ *Realisieren der Maßnahmen* mit adäquaten Methoden.

↳ *Erfolgskontrolle* ausüben am konkreten Problem.

↳ Coachen!
  → *Transfersicherung* betreiben, Schulung darf nicht „im Sand verlaufen".

- Bedenken Sie, daß Sie als Meister nicht dafür bezahlt werden, daß Sie mit Ihren Fähigkeiten glänzen, sondern für das Geschick, mit dem Sie Ihre Fähigkeiten und Erfahrungen auf Ihre Mitarbeiter übertragen.

Die Qualifikation der Mitarbeiter ist so gut wie der Führungsstil ihres Vorgesetzten.

6.9 Erteilen von Aufträgen

Im eigentlichen Sinne bedeutet Auftragserteilung das Erteilen von Weisungen durch eine Instanz unter Einhaltung des Dienstweges, das heißt „von oben nach unten" (→ nach dem Prinzip des Einliniensystems). Diese Form der strikten Einhaltung von Instanzen-Wegen – Information wie Befehl von Instanz zu Instanz – ist heute kaum noch denkbar, zumal die Instanzen-Inhaber von ihrem Leistungsvermögen überfordert wären.

Für unser Verständnis ist die Auftragserteilung der Anstoß zur Erledigung einer Aktivität. Die Erteilung muß klar und eindeutig erfolgen, wobei nicht die Instanz, sondern die Kompetenz entscheidend ist für die Berechtigung der Erteilung. In der prägnantesten Form geschieht dies durch

- *Kommando:* Kurz und mitreißend gegeben, soll erreicht werden, daß z.B. gemeinsame Aktivitäten zum gleichen Zeitpunkt wirksam werden. Das bedeutet für den Kommandierenden, daß er – weil verantwortlich – genau im Bilde ist über das Geschehen, das durch das Kommando ausgelöst wird.

- *Befehl:* Knapp und unmißverständlich ausgesprochen, muß er gut begründet sein, da in der Regel ein Widerspruch nicht geduldet wird. Heute nur noch geeignet in Situationen, wo „Gefahren abzuwenden sind".

- *Anweisung:* Eine gewünschte Aktivität oder Handlungsweise wird wie ein Beschluß vorgegeben, einschließlich detaillierter Beschreibung von Arbeitsschritten. Eine schwierige Form der Kommunikation, da Mißverständnisse – z.B. durch die Ausdrucksweise – sich einschleichen können oder die Akzeptanz des Mitarbeiters nicht klar erkannt wird. → Wird man immer das bekommen, was man angewiesen hat?

Wenden wir uns dem täglichen Geschäft eines Meisters zu, dem Verteilen bzw. *Erteilen von Arbeitsaufträgen.* Wir sind uns darüber im klaren, daß im Zuge der Entwicklung der elektronischen Datenverarbeitung die Zuordnung der Produktionsaufträge arbeitsplatz-, termin- und/oder kundenorientiert in die „Warteschlange" der jeweiligen Arbeitsplätze durch die Fertigungssteuerung erfolgt.

☐ Gleichwohl, ob Mitarbeiter Otto seinen nächsten Auftrag am Bildschirm abliest, in Form eines Arbeitsplanes im Regal vorfindet oder ihn mündlich übertragen bekommt, die Qualität der Auftragserledigung hängt von der Qualität der Übertragung ab.

Wer immer auch Aufträge erteilt, er muß sich seiner Verantwortung bewußt sein, Aufträge bzw. Aufgaben sinnvoll und richtig zuzuteilen. Sofern die Arbeitsplatzgestaltung bzw. die Arbeitsorganisation eine Rolle spielt, kann es erforderlich sein,

eine Arbeitsanforderungsanalyse zu erstellen (→ siehe Aufgabenanalyse). In jedem Fall ist es ratsam, sich vor Aufgabenübertragungen über die Aufgabenstellungen selbst Klarheit zu verschaffen.
Fehlerhaft oder „schlampig" erteilte Aufträge können bei der Erledigung und auch danach sehr unangenehme Folgen haben, z.B.
- Ausschuß durch falsche Vorgehensweise, falsche Werkzeuge u.ä.,
- Verärgerung des Kunden,
- Konflikt zwischen Mitarbeiter und Meister,
- Mehrkosten durch Material- und Zeitverschwendung.

Fällt Ihnen noch mehr ein?

Die „W-Abfrage"

Was	ist durchzuführen?
Wofür	soll es getan werden?
Wer	soll/kann es erledigen?
Wo	soll/kann es durchgeführt werden?
Wann	soll es begonnen/erledigt sein?
Wie	soll die Durchführung erfolgen?
Womit	soll/kann die Durchführung erfolgen?
Warum	soll es so und nicht anders erfolgen?

Ein zu übertragender Auftrag muß durchführbar sein. Dies zu prüfen, bevor „der erste Span fällt", ist Sache des Meisters oder im Falle eigenverantwortlicher Aufgabenerledigung auch des Mitarbeiters. Dafür ist die eindeutige und genaue Auftragsinformation eine Voraussetzung.

Eine *Goldene Regel* für die Auftragserteilung: Nichts vorschreiben, was der Mitarbeiter ohnehin schon kann oder (gar besser) weiß. Dem Mitarbeiter soviel Freiraum für die Ausführungsentscheidung überlassen wie möglich. Nie den Eindruck entstehen lassen, man würde ihm etwas nicht „zutrauen".

Von dem Meister wird in den heute hochtechnisierten Betrieben niemand erwarten, daß er jede Verrichtung vormachen kann; doch muß er in der Lage sein, die Arbeit zu beurteilen (→ Schwierigkeiten, erforderliche Qualifikation usw.). Schließlich muß er Kontrolle bzw. Aufsicht ausüben, soll Anerkennung wie auch ggf. Kritik gegenüber dem Mitarbeiter aussprechen.

Empfehlungen für den Meister
- Überzeugen Sie sich stets von der Machbarkeit zu übertragender Aufgaben/Aufträge.

- Vergewissern Sie sich, daß der Auftrag richtig und vollständig verstanden worden ist.
  → „Alles klar, Otto, oder sind noch Fragen?"
- Beachten Sie auch bei Auftragserteilungen die Problematik mit der Beziehungsebene.
  → Der Mitarbeiter muß den Auftrag ausführen wollen.
- Geben Sie den Auftrag gezielt an den geeigneten Mitarbeiter,
  → nicht anonym.
- Informieren Sie den Mitarbeiter, was im Falle auftretender Probleme zu tun ist.
- Geben Sie Auftragsänderungen unverzüglich weiter,
  → dokumentieren Sie diese in den Arbeitsunterlagen.
- Achten Sie auf Besonderheiten eines Auftrages,
  → weisen Sie auf diese deutlich hin.
- Beachten Sie bei der Auftragserteilung insbesondere die „WARUM"-Frage.
  → Dahinter verbergen sich mitunter Fakten und Vorgehensweisen, die von Mitarbeitern nicht so ganz ernst genommen werden, z.B. Arbeitssicherheit.

6.10 Delegieren als Führungsmittel

„Führen" bedeutet, die Mitarbeiter zu dem anzuhalten, was ihre Aufgabe, ihre Kompetenz und ihre Verantwortung im Rahmen der Organisation ist.

Mit dem Delegieren führt der Weg fort vom Anweisen (→ bis ins letzte Detail) zum selbstverantwortlichen Erfüllen übertragener Aufgaben und Kompetenzen (→ siehe „Grundsätze der Delegation").

☐ Aus einem Gespräch mit Mitarbeiter Otto haben Sie entnommen, daß Otto als langjähriges Firmen-Mitglied sich nicht so recht ausgefüllt fühlt. Er wünscht sich, mehr Verantwortung zu übernehmen, zumal manches, wie er meint, effektiver laufen würde, wenn er es selber in der Hand hätte.

Macht sich da aufkeimende Unzufriedenheit bemerkbar? Sie besinnen sich auf die Empfehlungen Ihres Vorgesetzten und prüfen die möglichen übertragbaren Aktivitäten.

- Was kann ich Mitarbeiter Otto selbst entscheiden lassen?
- Welche Unterschriftsberechtigung könnte ich delegieren?
- Was könnte ich ihm übertragen, das in meiner Abwesenheit unerledigt bleibt?
- Welche administrativen Vorgänge müssen nicht unbedingt über meinen Tisch gehen?
- Wo kann Mitarbeiter Otto mir effektiv behilflich sein? (siehe auch Checkliste an Ende dieses Abschnittes.)

Unter Beachtung der Grundsätze der Delegation setzen Sie sich *Ziele*, die mit dem Delegieren erfüllt werden müssen, z,B.:

- Routinearbeiten sollen von (geeigneten!) Mitarbeitern verantwortlich erledigt werden.
- Die Fähigkeiten der Mitarbeiter sollen möglichst voll ausgeschöpft werden.
- Die zu übertragenden Aufgaben und Kompetenzen sollen den Mitarbeiter motivieren.
- Die höhere Selbständigkeit der Mitarbeiter soll zur eigenen Entlastung beitragen.
- Mit der Übertragung von Eigenverantwortlichkeit soll die Identifizierung mit dem Unternehmen und die Nachwuchsbildung gefördert werden.

Das „Harzburger Modell" setzt sich mit den Pflichten, die sich für Vorgesetzte wie Mitarbeiter aus der Delegation ergeben, wie folgt auseinander (Auszug).

Aufgliederung der Pflichten

- *Mitarbeiter:*
    - Selbständig handeln und entscheiden,
    - außergewöhnliche Fälle dem Vorgesetzten vorlegen,
    - in außergewöhnlichen Fällen den Vorgesetzten beraten,
    - informieren nach oben (Bringeschuld!),
    - informieren quer (Bringeschuld!),
    - Impulse geben im eigenen Delegationsbereich, Initiative zeigen,
    - eigene Weiterbildung betreiben.

- *Vorgesetzer:*
    - Mitarbeiter handeln lassen, nicht eingreifen,
    - „richtiger Mann am richtigen Platz",
    - Mitarbeiter informieren, einarbeiten, schulen,
    - Ziele vereinbaren,
    - Schwerpunkte abstecken,
    - koordinieren der Kontakte und Gespräche intern und extern,
    - Erfolgskontrolle und „Dienstaufsicht" (Überprüfung des Mitarbeiterverhaltens sowie Einsichtnahme in den Arbeitsablauf) ausüben,
    - Anerkennung und Kritik üben,
    - Rückdelegation entgegentreten/vermeiden,
    - sich beraten lassen bei Entscheidungen, die zu treffen sind.

Es ist durchaus richtig, daß im Falle des Delegierens beide Seiten Verpflichtungen übernehmen, die erfüllt werden müssen. Der „Handlungsverantwortung" des Mitarbeiters steht die „Führungsverantwortung" des Vorgesetzten gegenüber.

Bleibt, Ihnen für das richtige Delegieren als *Regeln* mitzugeben:

- Grenzen Sie zu übertragende Aufgaben unmißverständlich und klar ab, einschließlich der damit verbundenen Verantwortung.
- Legen Sie die für die eigenverantwortliche Aufgabenerfüllung notwendigen Kompetenzen fest.
- Klären Sie vor der Delegation, ob die Bereitschaft zur Übernahme (unter den gegebenen Bedingungen) vorhanden ist.
  → Ist z.B. Bereitschaft zur Weiterbildung gegeben?
- Stellen Sie sicher, daß ggf. erforderliche Informationen und Qualifizierungsmaßnahmen durchgeführt werden.
- Vereinbaren Sie Ziele, die zu erfüllen sind.
- Stellen Sie die Rahmenbedingungen für ein erfolgreiches Arbeiten bzw. Zusammenarbeiten sicher.
- Greifen Sie nur dann in den Kompetenzbereich des Mitarbeiters ein, wenn
  → ein Fehlverhalten des Mitarbeiters offensichtlich ist,
  → ein Fehlverhalten des Mitarbeiters einen Schaden hervorrufen kann,
  → der Mitarbeiter bezüglich der Anforderungen überfordert ist,
  → die vereinbarten Bedingungen sich ändern (müssen).
- Vermeiden Sie Konflikte durch falsches Eingreifen.

☐ Mitarbeiter Otto hat die Befugnis/Kompetenz, die Reihenfolge der Abarbeitung seiner vorliegenden Aufträge über die Zeitspanne von 1 Woche selbst zu disponieren.
Ein Auftragssteurer spricht ihn an, ob der in der entsprechenden Warteschlange befindliche Auftrag „XY" nicht schon zwei Tage früher als vorgesehen gefertigt werden kann. Otto sagt dies zu.
Anläßlich des täglichen Gesprächs informiert Otto Sie über diesen Vorgang.
Am nächsten Morgen gehen Sie auf Otto zu: „Sie, das mit dem Vorziehen von dem Auftrag „XY" habe ich dem Auftragssteurer ausgeredet, das läuft nicht."

Was glauben Sie, welche Folgen Ihr Verhalten hat?

Delegieren bedeutet, den Mitarbeitern dazu zu verhelfen, daß sie ihre Aufgaben besser und mit höherer Motivation wahrnehmen können. Delegieren bedeutet nicht, daß Sie als Meister nichts mehr zu tun haben!

Welche Aufgaben könnten Sie in der durch Delegation gewonnenen Zeit (endlich) erledigen bzw. wahrnehmen?
(Teilnehmer auf Führungsseminaren hatten da eine Menge gute Ideen!)

Wie wäre es z. B. mit
- Schwachstellen ermitteln oder
- Fehlzeiten analysieren oder
- Verschwendungen „aller Art" aufdecken und ...und ...und ...?

Checkliste *Delegation*

- Sind Ihre Mitarbeiter sich der Verantwortung bewußt, die sie mit den übertragenen Aufgaben übernehmen?
- Sind Sie als Vorgesetzter sich der Konsequenzen bewußt, die sich aus der Delegation von Aufgaben, Kompetenzen u. Verantwortung auf die Mitarbeiter für SIE persönlich ergibt?
- Welche Entscheidungen halten Sie für so wichtig, daß sie durch Sie getroffen werden müssen?
- Welche Entscheidungen, die Sie nicht unbedingt selbst treffen müssen, können durch wen erledigt werden?
- Welche Probleme kommen von Ihren Mitarbeitern auf Sie zu?
- Wer könnte diese Probleme wohl am besten lösen?
- Unterschreiben Sie *ALLES*?
- In welchen Dingen bestimmen Sie mit, obwohl Sie sie delegiert haben?
- Wie ist Ihnen zumute bei dem Gedanken, nicht mehr wie bisher zu kontrollieren?
- Was bleibt während Ihrer Abwesenheit unerledigt?
- Was schieben Sie permanent vor sich her, obwohl es erledigt sein sollte?
- Bei welchen Verpflichtungen geraten Sie immer wieder in Zeitnot?
- Bei welchen delegierten Aufgabenstellungen müssen Sie wiederholt eingreifen?
- Welche Mitarbeiter betrifft dieses Eingreifen?
- Welche Maßnahmen haben Sie in den Fällen ergriffen, wo das Delegationsprinzip nicht funktionierte?

6.11 Fehlzeiten und Fluktuation, ein Schicksal?

Sind die Fehlzeiten der Mitarbeiter für den Meister ein Schicksal, das es zu ertragen gilt? Mitnichten, als Meister können Sie Fehlzeiten sehr wohl beeinflussen,
→ die Mitarbeiter vor schädigenden betrieblichen Einflüssen bewahren,
→ dem Unternehmen nicht unbeträchtliche Kosten ersparen.

Warum sind Fehlzeiten ein *Kostenfaktor*?
Zum Verständnis ist zunächst einmal festzustellen, daß jegliches Fernbleiben vom Arbeitsplatz als Fehlzeit zu verstehen ist, sei es Krankheit, Heilverfahren, Kur

oder unfallbedingtes Fehlen. Auch der Urlaub gilt im weitesten Sinne als Fehlzeit. Wer „nicht da ist", steht für eine Leistungserbringung nicht zur Verfügung. Zwar wird in einem gut organisierten Betrieb Personalausfall kalkuliert sein, werden „Springer" für die wichtigsten Arbeitsplätze eingeplant, doch ist dies alles mit Aufwand verbunden. Neben den Zahlungen an die fehlenden Mitarbeiter – z.B. Lohnfortzahlung – treten Aufwendungen auf für

- Einarbeitung der die Vertretung übernehmenden Mitarbeiter,
  → geringere Produktivität (zumindest am Anfang),
  → Betreuung durch Fachpersonal,
- Organisationsaufwand für die innerbetrieblichen Umdisponierungen,
- ggf. Beschaffung, Einarbeitung und Betreuung von externen Leihkräften,
  → es entstehen meist zusätzliche Qualitätskosten,
  → Leihkräfte sind meist teurer,
- zusätzliche Ausfallkosten bei nichteingearbeitetem Personal durch
  → Überforderung,
  → Unfallgefährdung,
  → Fehlzeiten wegen Unmut, Frust u.ä.,
- Überstundenbezahlung für Mehrarbeit der verhandenen Mitarbeiter.

Ist der Arbeitsplatz nicht besetzbar, entstehen z.B. bei teuren Maschinen Ausfallkosten, die negativ wirksam werden. Die Produktivität der Gruppe/Abteilung/Kostenstelle wird in jedem Falle durch Fehlzeiten verringert.

Für das Unternehmen bedeutet jeder Personalausfall grundsätzlich einen Ausfall von verkaufbarer Leistung (es stehen nicht überall Roboter!).

Kritische Stimmen vertreten die Meinung, daß in der Bundesrepublik erhöhten Krankheitsquoten Vorschub geleistet wird durch eine sehr gute gesetzliche und tarifliche Absicherung der Arbeitnehmer im Krankheitsfall.

Die Fehlzeiten „wegen Krankheit" machen in Fehlzeitstatistiken den weitaus größten Anteil aus.
  → Die Fehlzeiten in der Industrie schwanken zwischen 5 und 11 %
Damit kommen wir zu der Frage, inwieweit der Betrieb „krank macht"?

Warum wird gefehlt?
Wir alle unterliegen auch außerberuflich einer Anzahl Faktoren, die unsere Gesundheit beeinflussen, und damit natürlich auch unsere Verfügbarkeit im Beruf, im Betrieb. Als Beispiele seien genannt:

- Die Jahreszeit mit ihren Wirkungen,
- die klimatischen Verhältnisse in der Wohnregion,
- der allgemeine Gesundheitszustand (das Gesundheitsbewußtsein),
- das Lebensalter,
- private Belastungen (auch Freizeit-Stress!),

- der Berufsstatus sowie der Qualifikationsgrad,
- die Gesetzgebung sowie die Arbeitsmarktlage.....

u.a.m.

Bei vielen dieser Einflüsse spielt die innere Motivation eine gewichtige Rolle bei der Entscheidung zwischen Befindlichkeit und Arbeitswillen (→ „Ich werde doch gebraucht!") Ein Betrieb, dessen (alle!) Mitarbeiter diese Einstellung haben, hat sicher eine niedrige Fehlzeitquote.

Neben diesen *äußeren Einflüssen* müssen uns jedoch die Faktoren interessieren, die betrieblichen Ursprungs sind.

☐ Der neue Mitarbeiter Willi fehlt seit 10 Tagen. Erst kam eine Krankmeldung, später meldete er sich und bat dringend um eine Woche Urlaub. An seinem Arbeitsplatz finden Sie einen von der Qualitätskontrolle zurückgewiesenen Auftrag mit zuvielen fehlerhaften Teilen. Kommentar des Kontrolleurs: „Das ist nicht der erste so fehlerhafte Auftrag, scheint ihm auf den Magen geschlagen zu sein."

Haben Sie da ein Problem?

Die *Ursachen betrieblich bedingter Fehlzeiten* können sehr vielfältig sein:
- Angst vor der Arbeit (→ Unsicherheit),
- Angst vor dem Vorgesetzten (→ fehlendes Vertrauen),
- anhaltende Über- aber auch Unterforderung,
- die Arbeitsbedingungen (→ Belastungen, Umwelt, Arbeitssicherheit),
- das Betriebsklima (→ Vermissen der Geborgenheit),
- Sorge um die Sicherheit des Arbeitsplatzes,
- Grad der Befriedigung bei der Arbeit (→ Lohn, Verantwortung, Aufstiegsmöglichkeiten),
- die Arbeits- und Schichtzeiten,
- die Betriebsgröße (→ die Organisation),
- nervliche Belastung durch Rationalisierung,
- Verunsicherung durch betriebliche Veränderungen,
- fehlende Anerkennung,
- Spannungen in der Gruppe,
- nicht erfüllte Erwartungen, u.v.m.

Diese *inneren Einflüsse* können umschrieben werden mit dem Begriff der *Mitarbeiterführung*, die sich damit als ein entscheidender Einfluß auf das Fehlzeitverhalten der Mitarbeiter zeigt. So manche Fehlzeiten stellen sich – sofern überhaupt eine Fehlzeitanalyse durchgeführt wird – als hausgemacht heraus. Sie werden durch das Führungsverhalten von Vorgesetzten verursacht.

In unserem oben geschilderten Fallbeispiel spielen mit Sicherheit einige der als betriebliche Ursachen aufgezählten Fakten eine Rolle. Die „Flucht in die Krankheit" ist nichts Ungewöhnliches.

Es gibt da noch ein unangenehmes Thema, das in diesem Zusammenhang erwähnt werden muß: *Alkohol am Arbeitsplatz*. Verschiedene Studien haben belegt, daß ein Mensch mit Alkoholproblemen nur ca. 75 % seines Entgelts, das er bezieht, als Gegenleistung erbringt. Das bedeutet, ca. 25 % gehen verloren durch mangelhafte Arbeitsgüte, Arbeitsunfähigkeit, Betriebs- und Wegeunfälle u.ä.. Die Häufigkeit von Fehlzeiten liegt sehr viel höher, die Gefahr, in Unfälle verwickelt zu werden bzw. sie gar zu verursachen, ist ungleich größer als bei „normalen" Mitarbeitern. Auch bei diesen Problemen können betriebliche Verhaltenweisen mit hineinspielen, z.b. monotone Arbeiten, Lärm und Hitze, falsches Führungsverhalten, Ablehnung durch die Gruppe u.v.m.

Was Sie als Meister zur Minimierung von Fehlzeiten tun können.

Warten Sie mit dem Bekämpfen von Fehlzeiten nicht bis zu dem Zeitpunkt einer „unvertretbaren Fehlzeitquote". Fehlzeiten sind ein betriebswirtschaftliches Übel und müssen permanent Beachtung finden. Die Beeinflussung von Fehlzeiten erfordert sehr viel Geduld und systematisches Vorgehen.

Ermitteln der Fakten:

- An welchen Arbeitsplätzen treten Fehlzeiten auf,
  - → bedingt durch Arbeitsabläufe, Umgebungseinflüsse, Unfälle, Monotonie, Überforderung, u.ä.?
- Gibt es Arbeitsplätze oder Gruppen, die besonders viele Fehlzeiten aufweisen?
  - → Sind die Mitarbeiter gesundheitlich für den Arbeitsplatz geeignet?
  - → Bestehen Spannungen zwischen den Mitgliedern der Gruppe?
  - → Gibt es Fälle von Unzufriedenheit, wenn ja, warum?
- Gibt es Mitarbeiter, die durch Fehlzeiten auffallen?
  - → Treten wiederholt / regelmäßig Fehltage vor und/oder nach dem Wochenende auf?
  - → Fallen bei bestimmten Mitarbeitern sehr häufige kurze Fehlzeiten auf?
  - → Sind da Mitarbeiter, die weniger oft aber sehr lange Fehlzeiten aufweisen?
  - → Treten bei bestimmten Mitarbeitern typischerweise immer dann Fehlzeiten (auch Urlaubstage!) auf, wenn besondere betriebliche Aktionen wie Schichtarbeit, Überstunden u.ä. angesetzt werden?

Zu empfehlende Aktivitäten:

- Sensibilisieren Sie Ihre Mitarbeiter in Bezug auf die Auswirkungen von Fehlzeiten, insbesondere auf die Kosten und die daraus abzuleitenden möglichen Folgen. Dies ist ein wichtiges Thema im Rahmen der Informationsgespräche „zur Lage der Abteilung".

- Achten Sie bei der Einstellung neuer Mitarbeiter auf den Gesundheitszustand und Beschwerden, die im Zusammenhang mit dem zu besetzenden Arbeitsplatz zu beachten sind (z.B. Allergien).

- Machen Sie Ihren Mitarbeitern klar, daß Fehlzeiten nicht nur statistisch erfaßt werden. Abwesenheit wird beachtet und bei Krankheit macht man sich von Seiten des Betriebes sehr wohl Gedanken über mögliche Hilfestellungen und Konsequenzen.
- Vermeiden Sie es, bei den Mitarbeitern Unsicherheiten und Orientierungslosigkeit durch Ihr persönliches Verhalten und Ihren Führungsstil zu erzeugen. Neigungen, gesundheitliche Beeinträchtigungen wichtiger zu nehmen als die Verpflichtungen gegenüber dem Betrieb werden dadurch stark beeinflußt.
- Gehen Sie „Frust-Erscheinungen" umgehend nach, ermitteln Sie die Ursachen und ergreifen Sie Abhilfe-Maßnahmen.
- Seien Sie besonders sensibel gegenüber möglichen Umwelteinflüssen und Gesundheitsgefährdungen, denen die Mitarbeiter (und auch Sie!) ausgesetzt sind bzw. durch Veränderungen ausgesetzt werden können.
- Führen Sie notwendige Belehrungen regelmäßig/wiederholt durch.
  → Die Schutzbrille wird immer wieder am Schleifbock vergessen!
- Beseitigen Sie konsequent alle unnötigen Erschwerungen der Arbeit, auch organisatorische Hindernisse.
- Beachten Sie den richtigen Einsatz der einzelnen Mitarbeiter,
  → weder über- noch unterfordern,
  → Integrationsfähigkeit in Gruppen beachten,
- Machen Sie jedem Mitarbeiter die Bedeutung seiner Aufgaben für den Betrieb, den Kunden und die Gemeinschaft der Gruppe klar.
  → Jeder muß die Überzeugung haben, für den Betrieb wichtig zu sein.
  → Jeder soll von dem Willen getragen sein, die Kollegen nicht „im Stich lassen" zu wollen.
- Pflegen Sie gute zwischenmenschliche Beziehungen, beseitigen Sie Spannungen, wo immer und warum sie auftreten,
  → jeder will geachtet und beachtet sein,
  → Anerkennung nie versäumen,
  → Vorschläge und Wünsche ernst nehmen,
  → Bevorzugung einzelner vermeiden,
  → gehen Sie umsichtig vor bei personellen Veränderungen.
- Gehen Sie konsequent gegen Mitarbeiter vor, die hohe Fehlzeiten aus offensichtlich nichtigen Gründen aufweisen.
- Führen Sie (rechtzeitig!) ggf. notwendige *Fehlzeit-Gespräche.*
  → Dieses Mitarbeitergespräch sollte gut vorbereitet unter „vier Augen" stattfinden, bevor die Personalabteilung eingeschaltet wird.
  → Bedenken Sie, daß der Mitarbeiter in der Regel sein Verhalten (zunächst) als „in Ordnung" ansehen wird. Sie tun also gut daran, sich vor dem Ge-

spräch vorzustellen, wie der Mitarbeiter wohl reagieren könnte. Dazu ist es wichtig, die Fakten zu sammeln (→ „W"-Fragen!).
→ Führen Sie das Gespräch vertrauensvoll, auch wenn Sie dem Mitarbeiter klar machen wollen, daß sein Verhalten nicht weiterhin tragbar ist.
Wie könnte wohl ein derartiges Gespräch mit Mitarbeiter Willi laufen?

Fluktuation

Der Wechsel des Arbeitsplatzes ist ein ganz natürlicher Vorgang. Jeder Mensch folgt dem Drang, zur Erfüllung seiner persönlichen Ziele den optimalen Arbeitsplatz zu finden.

Jeder Betrieb lebt mit dem Problem, daß gute Mitarbeiter sich verändern wollen, nicht jeder eingestellte Mitarbeiter die Anforderungen erfüllt, Mitarbeiter aus familieren Gründen, wegen Wohnortwechsel oder Erreichen der Altersgrenze ausscheiden.

Die Ursachen für Fluktuation können sowohl im privaten als auch im betrieblichen Bereich liegen.

Kann ein Betrieb sich Fluktuation leisten? So gestellt, ist diese Frage nicht beantwortbar. Ein Betrieb muß sich Personalveränderungen leisten können, es fragt sich nur, in welchem Umfang.

Fluktuation kann vom Betrieb auch gewollt sein, kann durch die Hereinnahme von „frischem Blut" der Leistungsfähigkeit Auftrieb geben. „Neue Besen kehren gut". In jedem Falle ist die Fluktuation eine nicht zu unterschätzende *Kostenfrage*. Als grobe Schätzung kann die Beschaffung von „Fluktuationsersatz" insgesamt in Höhe eines durchschnittlichen Jahresverdienstes angesetzt werden.

- Da sind die Aufwendungen für Personalwerbung, Inserate, Vergütungsaufwand an Bewerber, Aufwand für Vorauslese, Bewerbergespräche, ärztliche Untersuchungen, Einstellungs- und Einarbeitungsaufwendungen, verminderte Leistung der/des „Neuen" in der „Einlaufphase".
Viele Aufwendungen, wie die zahlreichen Auswahlgespräche, an denen neben dem direkten Vorgesetzten weitere Vorgesetzte, die Personalabteilung und der Betriebsrat beteiligt sind, treten nie direkt in Erscheinung.
- Hinzu kommt noch, daß auch der Abgang von Mitarbeitern nicht in jedem Fall „kostenlos" geschieht. Je nach Position kommen bei „geförderter" Fluktuation recht hohe Abfindungen auf. Im übrigen ist bei Personalabgängen auch mit zusätzlichem Aufwand durch personelle und organisatorische Umdispositionen zu rechnen.

Fluktuation ist für jeden Betrieb fast immer ein Schwächung für mehr oder weniger lange Zeit.
- Der Weggang eingearbeiteter Mitarbeiter vermindert – zumindest für eine gewisse Zeitspanne – die betriebliche Leistung.
- Solange das „Personal-Karussel" sich dreht, denkt jeder nur an seinen Arbeitsplatz, die Motivation zur Leistung steht zurück.
- Auf Fluktuation reagiert das Umfeld im Betrieb empfindsam, die Zusammenarbeit kann gestört werden, auch das zwischenmenschliche Miteinander. Weitere Fluktuation als Folgeerscheinung kann auftreten.
- Dringt die Information über eine höhere Fluktuationsrate nach außen, können Schäden für Image und Klima des Betriebes die Folge sein.

Mitarbeiter, die kündigen, nennen oft nicht den wahren Grund ihres geplanten Veränderungswunsches. Als Vorgesetzter sollten Sie daher in jedem Falle ein Gespräch mit dem Mitarbeiter führen. Das Gespräch kann und sollte Aufschluß über die Ursachen der Kündigung ergeben. Schwerwiegende betriebsbedingte Gründe sind z.B.

- fehlende Chancen, „weiter zu kommen",
- unbefriedigendes Entgelt,
- mangelnde Möglichkeiten der Entfaltung und Eigenverantwortlichkeit,
- unerfüllte Erwartungen,
- die Art der Tätigkeit, Probleme mit der Arbeit,
- das Betriebsklima,
- das Führungsverhalten des Vorgesetzten.

Gelingt es Ihnen, die wahren Ursachen in Erfahrung zu bringen, haben Sie evtl. eine Chance, den Mitarbeiter zum Bleiben zu bewegen. Nur eines tun Sie bitte auf keinen Fall:

- Machen Sie keine Gehaltszusagen, die nicht auf Dauer befriedigen.
- Machen Sie keinerlei Versprechungen, die Sie nicht halten können.
- Versuchen Sie nicht, „Wandervögel" aufhalten zu wollen.

Ein Interview vor dem Abgang des Mitarbeiters sollten Sie der „neutralen" Personalabteilung überlassen. Die sich daraus ergebenden Rückschlüsse sollten Ihnen dann als Feedback zufließen und – sofern Ihr Führungsverhalten angesprochen wird – einen Lernprozess bei Ihnen auslösen.

Im übrigen ist Ihnen sehr zu empfehlen, Fluktuation (wie auch die Fehlzeiten) in Ihre Personalplanung einzubeziehen. Jungen aufstrebenden Kräften müssen Sie Aufstiegsmöglichkeiten eröffnen oder aber deren externe Weiterentwicklung einkalkulieren. Beliebig lange können Sie diese Nachwuchskräfte nicht halten.

6.12 Gruppen bilden, Gruppen führen

Erinnern wir uns: Der Meister ist im Falle „Gruppenarbeit" Organisationsentwickler, er hat seine Verpflichtungen als Disziplinarvorgesetzter zu erfüllen, er ist Trainer, Berater und Koordinator der Gruppen.

Unternehmerische Zielsetzung ist es, wirtschaftliche Notwendigkeiten und veränderte Ansprüche unserer Mitarbeiter „unter einen Hut zu bringen". Es gibt dafür keine Patentrezepte. Jedes Unternehmen muß seine eigenen Lösungen finden, seinen speziellen Weg gehen. Gemeinsamkeiten sind in den Leitlinien, den Orientierungspunkten zu finden, die es zu beachten gilt, will man vermeiden, das Schiff „Gruppe" in den Sand zu setzen.

☐ Ein neues Projekt erfordert die Bildung eines Fertigungsteams, das verschiedene Verrichtungen Ihrer Abteilung umfaßt. Beteiligt sind auch Arbeitsplätze mit Schichtbetrieb. Die Gruppengröße beträgt 8 Mitarbeiter; es ist vorgesehen, die Gruppe weitgehendst autark arbeiten zu lassen im Rahmen zu vereinbarender Zielvorgaben. Zur Wahrnehmung der Gruppen-Interessen ist ein Gruppensprecher vorgesehen.
Ihre Zielsetzung ist die weitgehend eigenverantwortliche Aufgabenerledigung jedes Gruppenmitgliedes; eine Vorarbeiterfunktion wird es nicht geben.

So oder ähnlich könnte ein Vorhaben „Gruppenbildung" (sehr) grob umschrieben sein. Im Rahmen dieser Betrachtungen kann die projektmäßige Bearbeitung eines solchen Vorhabens nicht behandelt werden. Die Vorgehensweise bei der Einführung von Gruppenarbeit und ähnlicher arbeitsorganisatorischer Strukturen kann in entsprechender Literatur tiefschürfend nachgelesen werden.

→ Zu empfehlen ist auch der „Leitfaden zur Einführung von Gruppenarbeit", herausgegeben vom Institut für angewandte Arbeitswissen schaft e.V. in Köln.

Wir beschränken uns hier auf die Fakten, die die Führungsfunktion des Meisters und seine Verantwortung für das Arbeitsergebnis betreffen.

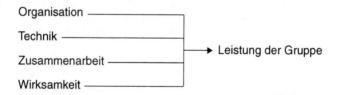

Das Einsetzen von Gruppen mit der Erwartung optimaler Wirksamkeit und guter kooperativer Zusammenarbeit erfordert ein systematisches Vorgehen. Aufgabenstellungen und Zielsetzungen sind bestimmend für die fachliche, dispositive und soziale Kompetenz der vorzusehenden Gruppenmitglieder. Die richtige Personalauswahl für die Gruppe zu treffen, bedingt sehr gute Kenntnis über die menschlichen Qualitäten aller zur Verfügung stehenden Mitarbeiter. Selbst hervorragende fachliche Fähigkeiten geben noch keine Garantie für eine gut funktionierende Gruppe. Es gilt, die informellen Beziehungen der Mitarbeiter untereinander zu kennen, insbesondere über den bzw. die *informellen Führer* und deren Einflüsse auf die Belegschaft Bescheid zu wissen. Letzteres verdient ganz besondere Beachtung: Gewinnen Sie die informellen Führer für Ihre Vorhaben und Ziele, wird die Identifikation der übrigen Mitarbeiter wesentlich leichter zu erreichen sein.

> Hüten Sie sich davor, gegen informelle Gruppen und ihre Führer vorzugehen. Suchen Sie nach Gemeinsamkeiten, über die insbesonders die Führerrolle der informellen Führer für Ihre betrieblichen Ziele genutzt werden kann.

Um keine Mißverständnisse aufkommen zu lassen, sei darauf hingewiesen, daß Sie in Fällen betriebsstörenden Verhaltens natürlich personelle Maßnahmen gegen informelle Führer ergreifen müssen.

Was Sie bei der Bildung von Gruppen beachten sollten:
- Beteiligen Sie die Betroffenen an der Planung und Einführung der Gruppe. Gruppenarbeit erfordert bei den Betroffenen einen Umdenkungsprozess sowie bedeutsame Verhaltensänderungen. Diese Prozesse werden durch die Beteiligung positiv unterstützt.
- Legen Sie besonderen Wert auf die Definierung der Ziele (→ Geschäftsleitung?). Daran haben sich alle Beteiligten zu orientieren.
- Definieren Sie die Aufgabenstellungen der Gruppe und, sofern nötig, auch der Gruppenmitglieder mit Freiräumen wie Abgrenzungen und Kompetenzen.
    → Gewähren Sie Eigenverantwortung im Rahmen zu vereinbarender Spielräume.
    → Geben Sie der persönlichen Entfaltung des Einzelnen im Rahmen der Gruppen-Ziele eine Chance.
- Treffen Sie die Personalauswahl entsprechend den erforderlichen Qualifikationen, jedoch unter Beachtung der notwendigen Akzeptanz der Menschen untereinander.
- Die Personalauswahl sollte auf der Basis der Freiwilligkeit durchgeführt werden. Die Betroffenen bekommen Druck ohnehin noch in der Gruppe zu spüren.
    → Jedes Mitglied muß die Anerkennung in der Gruppe durch die Gruppe finden.
- Bedenken Sie, daß die für die Gruppe vorgesehenen Mitarbeiter auch eigene Vorstellungen und Interessen einbringen.
    → Beachten Sie die Interessenlagen der einzelnen Mitarbeiter.
    → Prüfen Sie die Kooperationsbereitschaft und die Integrierbarkeit eines jeden einzelnen. Gehen Sie in diesen Punkten keine faulen Kompromisse ein!

- Ermitteln Sie ggf. vorhandene Qualifikationslücken und leiten Sie Qualifizierungsmaßnahmen ein.
- Betreiben Sie keine „Besten-Auslese". Ein Haufen Stars bildet nie eine kooperative Gruppe, vielmehr ist jeder ein „Einzelkämpfer".
- Lassen Sie den Gruppensprecher durch die Gruppe wählen, ggf. „auf Zeit". Ein Gruppensprecher, der nicht das Vertrauen der ganzen Gruppe besitzt, wird diese Funktion nicht gut erfüllen.
  → Bei nächster Gelegenheit tritt er zurück und Sie haben den „Schwarzen Peter".
- Stellen Sie die betrieblichen Rahmenbedingungen sicher:
  → Eine auf die Belange der Gruppe gut abgestimmte formale Organisation (→ Ablauf- und Aufbau-!),
  → gute glaubwürdige Information,
  → ein gruppenspezifisches Layout und Umfeld,
  → eine zuverlässige Kommunikation mit den „Randabteilungen" (→ „Lieferer" und „Kunden" der Gruppe),
  → die notwendigen Schulungsmaßnahmen sicherstellen,
  → die Gruppe nicht durch „ewig Gestrige" totlaufen lassen. Den Gruppengedanken müssen *alle*, vor allem die *Führungskräfte*, mittragen.

Führen ohne Macht?

Ihre Macht ist Ihre Überzeugungsfähigkeit, Ihr Vorbild, das Sie der Gruppe vorleben, ist das Vertrauen und die Anerkennung durch die Gruppe.

Die Gruppe ihrerseits erwartet von Ihnen als Meister Unterstützung in Problem- und Konfliktsituationen. Sie sind für die Gruppe das „Tor zum Umfeld" und „Schutzwall gegen Unbill von außen" zugleich. In Disziplinarfragen bleiben Sie ohnehin zuständiger Vorgesetzter.

Gruppen bilden ihre eigene Dynamik, geprägt durch die einzelnen in ihr wirksam werdenden verschiedenen Individuen. Erfahrungen haben gezeigt, daß Mitarbeiter als Mitglied einer Gruppe mitunter ein anderes Verhalten zeigen als zuvor als „Einzelkämpfer". Diese Verhaltensänderung entwickelt sich wohl zum einen aus den Aufgabenstellungen in der Gruppe, doch spielt da noch eine soziale Komponente eine Rolle. Jeder in die Gruppe eintretende Mitarbeiter sucht in dem „neuen System Gruppe" nach einer Befriedigung seiner Bedürfnisse. Der eine mag Geborgenheit suchen, andere möchten sich profilieren usw. Die Führung von Gruppen ist daher nicht unbedingt leichter als diejenige bei einzelnen Individuen, sie erhält eine andere Qualität. Als Vorgesetzter müssen Sie daran interessiert sein, daß die Dynamik der Gruppe zur Erfüllung der Ziele und Vorgaben genutzt wird und nicht verschwendet wird für gruppeninterne Rang- und Positionskämpfe sowie Spannungen aufgrund personenbezogener Gegensätze.

Es ist eine interessante und schwierige Aufgabe zugleich, die Eigendynamik der Gruppe in die richtigen Bahnen zu lenken, die mit der Gruppenentwicklung sich herauskristallisierenden Verhaltensweisen „im Griff" zu haben. Alle Gruppenmitglieder haben die Anforderungen an die ihnen zugewiesene bzw. übertragene Rolle/Funktion zu erfüllen. Dienlich sind dabei Verhaltensregeln, die sich Gruppen selbst auferlegen und die von jedem einzuhalten sind. Diese „Spielregeln" stellen eine Art „Straßenverkehrsordnung" für das Zusammenarbeiten und -leben dar. Die selbst auferlegten Verpflichtungen binden alle Mitglieder ein in die Mitgestaltung der Arbeitsbedingungen, der Arbeitsorganisation innerhalb der Gruppe, z.b.

- interne Aufgabenverteilung,
- Pausenregelung,
- Schichtplanung, Schichtübergabe,
- Durchführung der Urlaubsplanung,
- Überwindung hoher Arbeitsteilung,
- Gestaltung der Arbeitsplätze und des Pausenraumes,
- Belegungsplanung von Schwerpunktmaschinen im Rahmen des vorgegebenen Programms,
- Durchführung von Gruppengesprächen zu Themen der Zusammenarbeit, Verbesserung von Arbeitsabläufen, der Arbeitssicherheit, Problemlösungen u.ä.

Ihnen als Meister obliegt neben der Unterstützung die *Kontrollpflicht* bezüglich der Erreichung vereinbarter Ziele und Vorgaben. Selbst eine Gruppe mit der Kompetenz einer „Firma in der Firma" entbindet Sie nicht von Ihrer unternehmerischen *Aufsichtspflicht*.

- Unterstützen Sie die Gruppe beim Festlegen von Korrekturmaßnahmen, wenn die Zielerreichung gefährdet ist.
- Pflegen Sie regelmäßige Gespräche mit der Gruppe,
  → eine aktive Gruppe ist hungrig nach Informationen und Gedankenaustausch.
  → Nur durch engen Kontakt bekommen Sie mit, wie es um das Arbeitsklima bestellt ist, ob Spannungen innerhalb der Gruppe bestehen, z.B. zwischen
    - Jungen und Alten,
    - Frauen und Männern,
    - Theoretikern und Praktikern,
    - Deutschen und Ausländern,
    - Rauchern und Nichtrauchern,
    - 1. Schicht und 2. Schicht.
  Zwischen derartigen *„Gegensatz-Paaren"* kann es immer wieder zu Konflikten kommen, seien es Generationenprobleme, Vorurteile, Intoleranz, Verständigungsprobleme oder gar Kämpfe um interne Rangplätze.
- Lassen Sie erkennbare Konflikte nicht laufen, sie erledigen sich nicht von selbst, vielmehr stören sie das Betriebsklima und beeinträchtigen die Gruppenleistung; führen Sie Konfliktlösungen herbei, ggf. auch durch Herausnahme störender Personen.
- Loben und anerkennen Sie die Gruppenleistung, vermeiden Sie Belobigungen einzelner Mitglieder. „Blumen verteilen" erledigt eine gute Gruppe selbst.

- Bevorzugen Sie keine einzelnen Gruppenmitglieder, das stört die Harmonie der Gruppe.
- Beobachten Sie die *Rollenverteilung*, die sich innerhalb der Gruppen einspielt. Jedes Gruppenmitglied hat seine besonderen Stärken und Eigenschaften, die zwangsläufig bestimmte Rollenzuweisungen zur Folge haben (→ Spaßmacher, Grübler, Pedanten).
    → Nutzen Sie diese Erkenntnisse für Aufgabenstellungen und Lenkung der Gruppe.
- Wehren Sie dem *Gruppenegoismus*.
    → Ein ausgeprägter starker Zusammenhalt der Gruppe kann bei Gelegenheiten im Charakter einer Clique negative Wirkungen zeigen:
    - Die Gruppe lehnt die Unterstützung anderer ab.
    - Die Gruppe ist nicht bereit, einen „Neuen" aufzunehmen.
    - Die Gruppe bestimmt ihre Leistung nach ihrem Belieben.

    Die Gruppe ist Bestandteil eines Ganzen, des Betriebes, in dem auch unter mehreren Gruppen die Regeln des fairen Wettbewerbs gelten, aber niemand hat das Recht, zu „mauern". In derartigen Fällen müssen Sie Ihre Autorität walten lassen.
- Nehmen Sie Ihre Verantwortung als gruppen- und bereichsübergreifender Koordinator wahr, fördern Sie den Informationsaustausch.
- Ihre *Rolle als Moderator* ist gefragt in Lern- und Problemlösungsgruppen.
    → Nicht alle Probleme können gruppenintern bearbeitet werden.
    → Seien Sie sich Ihrer neutralen Rolle bei Moderationen bewußt.
    → Qualifizieren Sie die Gruppenmitglieder in Gruppengesprächen im „Miteinander-zu-kommunizieren" und zum kreativen, innovativen Denken und Handeln, hier nehmen Sie die *Rolle eines Trainers* wahr.
- Vertiefen Sie durch Ihre *Tätigkeit als Coach* das Bewußtsein bei den Gruppenmitgliedern, in der Gruppe Geborgenheit und Befriedigung in der Arbeit zu finden.

> Der Grad der Bedürfnisbefriedigung der Mitarbeiter durch Mitgliedschaft in der Gruppe bestimmt wesentlich die Effektivität der Gruppe

Beenden wir das Thema „Gruppe und Meister" mit einem Fallbeispiel:

☐ In Ihrem Meisterbereich haben sich mehr als die Hälfte Ihrer Mitarbeiter zu einer Interessengruppe „Betriebsurlaub" zusammengeschlossen, einer informellen Gruppe. Sie haben Sympathie signalisiert und sich zum Sprecher gemacht. Damit sind Sie zwangsläufig zum informellen Führer der Gruppe geworden.
→ Können Sie das mit Ihrer Rolle als Vorgesetzter vereinbaren?
→ Wie reagieren die übrigen Mitarbeiter?

6.13 Zusammenarbeit fördern

„Alle ziehen an einem Strang" (nur nicht in der gleichen Richtung).
„Wir sitzen alle im selben Boot" (aber nur einer rudert).

Derartige Sprüche kennen wir zur Genüge, sie unterstreichen die Bedeutung eines notwendigen harmonischen Miteinander, wenn man (nicht nur im Betrieb) gemeinsame Erfolge erleben will.

Ein Betrieb funktioniert nicht nur aufgrund seiner formalen Organisation. Entscheidend ist eine ungestörte und sachliche Zusammenarbeit der damit umgehenden Menschen, von denen jeder für sich eigene menschliche Bedürfnisse befriedigt sehen möchte. Durch kooperative Führung und Zusammenarbeit sollen gezielt gute zwischenmenschliche Beziehungen hergestellt und gepflegt werden.

- Die Qualität der menschlichen Beziehungen drückt sich aus in dem Betriebsklima.

Keine Lohnzulage, kein Beförderungsversprechen kann die Zusammenarbeit verbessern, wenn die menschlichen Beziehungen in argen liegen. Betriebsklima entsteht durch Menschen für Menschen.

Nehmen wir an, in Ihrer Abteilung stimmt irgendetwas nicht. Sie stellen fest,
- die Fehlzeiten liegen weit über dem Durchschnitt,
- Versetzungswünsche häufen sich,
- häufiger Streit unter Mitarbeitern,
- negative Bemerkungen der Mitarbeiter und
- Qualität und Leistung entsprechen nicht Ihren Erwartungen.

Aber auch weniger drastische Begebenheiten signalisieren ein negatives Klima:
- Fehlende Bereitschaft, für Kollegen einzuspringen,
- Gleichgültigkeit und Desinteresse an Ihren morgendlichen Informationen,
- „Dienst nach Vorschrift",
- man geht „auf Distanz" zu Ihnen.

Nur Sie allein können diesen Zustand, den man keinem Vorgesetzten wünscht, wieder in positive vertrauenswürdige Bahnen lenken. Es ist ein schweres Stück Arbeit, in vielen Einzel- und Gruppengesprächen (→ Konfliktgesprächen) die Ursachen herauszuarbeiten und Maßnahmen zur Bereinigung solcher Situation zu ergreifen. Dabei kommen Sie nicht umhin, auch Ihr *Führungsverhalten* zu überprüfen (wenn man es Ihnen nicht ohnehin „um die Ohren haut"!). Wie steht es mit
- lascher Arbeitsaufsicht,
- Kontakt zu den Mitarbeitern,
- Vorbild als Vorgesetzter,
- Aussprechen von Anerkennung und Lob, wann das letzte Mal,
- Gerechtigkeit gegenüber jedem Mitarbeiter,

- Kenntnis der Belange der Mitarbeiter,
- Qualität der Information,
- schmorenden ungelösten Problemen,
- Qualität und Akzeptanz Ihrer Entscheidungen,
- beiseite geschobenen Signalen der Unzufriedenheit,
- Erfolgserlebnissen für die Mannschaft?

Durch das *Führungsverhalten* wird das Betriebsklima, die Qualität der menschlichen Beziehungen, im wesentlichen geprägt (Beeinträchtigungen durch Störenfriede lassen sich relativ leicht beseitigen). Mit Hilfe der *Motivatoren* (→ Herzberg'sche „Motivatoren") haben Sie die Chance, Anreize zu bieten, die bei den Mitarbeitern zu Erfolgserlebnissen führen. Motivieren kann alles, was Freude macht (nur mit Geld ist dies zeitlich begrenzt).

> Erfolgserlebnisse sind die tragenden Säulen eines positiven Klimas und die Basis für gute kooperative Zusammenarbeit.

Wir kennen die Fähigkeiten des Coachs in den Bereichen des Sports, der selbst im Falle von Niederlagen seinen Leuten das Positive ihrer Leistung bestätigt: „Wir sind gut, packen wir's an!" Eine *kooperative Mitarbeiterführung* bietet viele Möglichkeiten der Förderung der Zusammenarbeit.

- Förderung der Zusammenarbeit bedeutet Beeinflussung des *Mitarbeiterverhaltens* im Sinne gemeinschaftlicher Erfüllung von Aufgaben und Zielen. Motivation zur Leistung und erbrachte Leistung als *Erfolgserlebnis* zu empfinden, das sind Erwartungen, die Ihre Mitarbeiter in Ihr Führungsverhalten setzen.

Was können Sie tun zur Förderung der Zusammenarbeit (außer gemeinsamen Kegelabenden)?
- Führen Sie in regelmäßigen Abständen *Aussprache-Treffen* (→ Meckerrunden) ein, z.B. am Freitagnachmittag, wo Sie wie auch die Geschäftsleitung Rede und Antwort stehen. In vielen Firmen hat dies positive Wirkungen gezeigt.
- Führen Sie gelegentlich eine *Motivationsanalyse* über Ihre Mannschaft durch. Besprechen Sie deren Auswertung mit Ihren Mitarbeitern.
- Nutzen Sie die jährlichen Beurteilungsgespräche, von jedem einzelnen Mitarbeiter seine Empfindungen zum Betriebsklima zu erfahren.
- Achten Sie stengstens auf Gerechtigkeit und Fairness bei der Verteilung von Arbeit, Lob und Geld.
- Organisieren Sie abteilungsübergreifende Aussprachen und Informationen. Das fördert das gegenseitige Verständnis und verhindert Abteilungsegoismus.
- Behandeln Sie Probleme der Abteilung/Gruppe intern durch *Problemlösungsgruppen* mit Mitarbeitern aus der eigenen Abteilung. Jede selbst gefundene Lösung oder Verbesserung steigert das Selbstwertgefühl.
- Beseitigen Sie konsequent alles, was die Zusammenarbeit stört.

Zusammenarbeit bedeutet für alle Beteiligten
- wechselseitige Rücksichtnahme aufeinander und Achtung vor der Aufgabe des Anderen,
- durch gute zwischenmenschliche Beziehungen Konflikte vermeiden,
- gemeinsam Ideen entwickeln, Entscheidungen treffen und mittragen,
- Probleme offenlegen und gemeinsam lösen,
- akzeptieren von Verhaltensregeln, sie gelten für alle,
  → auch für Chefs,
- für einander da sein.
  → "Jeder ist des anderen Butler".
- Tolerieren Sie Verhaltensweisen und Gewohnheiten, die nicht sinnlose und schädliche Auswirkungen haben. Verhaltensänderungen verursachen in der Regel Reibungsverluste und die sollten auf das Unabänderliche beschränkt sein.
- Seien Sie durch positives Erleben des betrieblichen Geschehens zu gemeinsamer Leistungserbringung bereit. Erfolgserlebnisse sind kein Zufall. Auch als Vorgesetzter leisten Sie dazu Ihren Beitrag.

Verhaltensregeln

Im Rahmen der Zusammenarbeit obliegt es Ihnen, als Vorgesetzter alle Mitarbeiter dazu anzuhalten, die geltenden Verhaltensregeln einzuhalten. So selbstverständlich, wie die Verhaltensnormen von informellen Gruppen deren Zusammenhalt sichern, so selbstverständlich sollten die im Betrieb geltenden Regeln ernst genommen werden.

Wenn mehrere Menschen zusammen reden, arbeiten, leben, müssen sie unter sich bestimmte Regeln beachten. Sie unterwerfen sich allgemein gesellschaftlichen Normen wie Anrede, Kleidung, Umgangsformen. Solange keiner derartige Normen verletzt, kann Harmonie und Friedfertigkeit herrschen. Auch in dem sozialen System „Betrieb" gibt es Verhaltensnormen, die die Zusammenarbeit regeln, die Sicherheit gewährleisten, das Funktionieren des Systems absichern, das Wohl der Menschen im Betrieb schützen, ihnen aber auch die ihrem Status und ihrer Rolle entsprechenden Rechte und Pflichten verdeutlichen. Daraus erwächst für jeden die Verpflichtung der Anpassung, andernfalls muß mit Sanktionen, welcher Art auch immer, gerechnet werden. Das kann sich beziehen auf z.B.
- den Arbeitsvertrag (Treuepflicht)
- die Betriebsordnung
- Betriebsvereinbarungen (z.B. Arbeitszeit)
- Arbeitsanweisungen
- Sicherheitsvorschriften (Unfallverhütungsvorschriften)
- gesetzliche und tarifliche Bestimmungen (BVG, Tarifverträge)

In dem Moment, wo ein Mensch mit anderen oder einem Sytem *Zusammenwirken* will, geht er Verpflichtungen bezüglich der Anpassung seines Verhaltens, seiner

Gewohnheiten ein. Jeder Mensch hat, je nach Herkunft und Kultur, verschiedene Gewohnheiten „erlernt". Er kann sie ändern, wenn er will, meist aber muß er es. Im Betrieb gehört es zu den wichtigsten Aufgaben von Vorgesetzten, die Einhaltung aller relevanten Verhaltensregeln sicherzustellen.

- Gegen geltende Regeln verstoßende oder gar schädliche Gewohnheiten können nicht nur hemmend auf erfolgreiches Zusammenarbeiten wirken, es kann als Folgewirkung auch Schaden an Sachwerten und Personen entstehen. Und dafür haben das Unternehmen und seine Beauftragten – vornehmlich die Führungskräfte – zu haften.

Welche *Voraussetzungen* müssen erfüllt sein, um der Forderung nach strikter Einhaltung gerecht zu werden?
- Die Vorschriften/Bestimmungen/Regeln müssen *klar* und *eindeutig* sein,
- sie müssen *bekannt* und *verstanden* sein.
- Sorgen Sie nötigenfalls für die Durchführung von *Schulungen*.
- Bei kritischen Vorschriften sind *Wiederholungsbelehrungen* durchzuführen, diese dürfen auf keinen Fall vergessen werden.
- Durchgeführte Belehrungen sollten Sie schriftlich dokumentieren, ggf. auch schriftlich *bestätigen* lassen.
- Bestätigen und *anerkennen* Sie richtiges Verhalten.
- Fehlverhalten und Verstöße gegen Vorschriften müssen *Folgen* haben.
- Lassen Sie die Mitarbeiter spüren, daß Sie *Kontrolle* ausüben.
- Seien Sie als Vorgesetzter *Vorbild*.
- Zeigen Sie mit Argumenten erklärbares und vertretbares Handeln
- Die *Umstellung* von schädlichen Gewohnheiten muß umgehend, konsequent und ohne Ausnahme erfolgen.

Beachten Sie die Macht der Gewohnheiten (im positiven Sinne!). Lassen Sie das Einhalten der betrieblichen Verhaltensregeln „zur Gewohnheit werden", doch bleiben Sie wachsam und offen für Neuerungen bzw. Veränderungen.

Rat und Hilfe

Wir haben festgestellt: In der kooperativen Zusammenarbeit steht der Mensch im Mittelpunkt. Mitunter steht er aber auch recht ratlos da. Dann beweist es sich, was die kooperative Mitarbeiterführung wert ist.

Rat und Hilfe bezieht sich nicht nur auf die Arbeit, als Vorgesetzter sind Sie autorisiert, auch bei persönlichen Sorgen vertraulich Rat zu geben (und wenn es nur Mutmachen ist). Entscheidend ist, bei den Mitarbeitern das Vertrauen geweckt zu haben, für sie da zu sein.

Eine wesentliche Hilfestellung hierfür gibt uns das *regelmäßige Gespräch* mit dem Mitarbeiter. Hier bietet sich die Gelegenheit, „Knackpunkte", Dinge, die dem Mitarbeiter „Bauchweh" verursachen, anzusprechen.

☐ Mitarbeiter Willi braucht Ihren Rat: „Meister, ich kann machen was ich will, ich komme jeden Tag zu spät."

Jetzt können Sie sich dieses Problem vom Halse schaffen, indem Sie Willi kritisieren und ihm empfehlen:

„Ich rate Ihnen dringend, eine halbe Stunde früher aufzustehen."

Aber: Ist dies Willi's wirkliches Problem? Sie sollten das Gespräch in der Form führen, daß Willi letztendlich selbst sein „wahres Problem" rausläßt und auch auf die Lösung kommt (→ Fragetechnik!).

So könnte es sein, daß er morgens schon verklemmt aufsteht, mutlos die Zeit verplempert, weil er an bestimmte Arbeitsaufgaben denkt, mit denen er nicht zurecht kommt.

Die Lösung kann eine Nachschulung sein. Es muß ja nicht gleich die Aufgabenveränderung (→ Änderungskündigung) sein.

Rat und Hilfe bedeutet auch „Wecken von Zuversicht"

So können wir uns z.b. beim Reizthema „Zufriedenheit der Mitarbeiter" die Fragen stellen:
- Was befriedigt meine Mitarbeiter?
  - → Heute?
  - → Übermorgen?
- Was kann und muß ich als Meister dazu beitragen?
- Wo liegen dabei meine Probleme?

Mit den Werkzeugen der kooperativen Mitarbeiterführung wird da schon vieles abgedeckt:
- Orientierung geben, Anfangsschwierigkeiten durch Unterstützen minimieren (→ *Einführen*),
- Befähigung zur Bewältigung der Aufgabenstellungen vermitteln (→ *Unterweisen*),
- Wissen ermöglichen, Vertrauen stärken (→ *Informieren*),
- Beobachten und steuern der Arbeits- und Verhaltensweisen (→ *Kontrollieren*),
- Erfolg bestätigen, Selbstwertgefühl stärken (→ *Anerkennen*),
- Persönliche Bedürfnisse anerkennen und individuell fördern (→ *Motivieren*),
- Fehlverhalten aufbauend korrigieren, Mut machen (→ *Kritisieren*)
- Nöte, Störungen, Konflikte erkennen und initiativ angehen (→ *Probleme lösen*)

Rat und Hilfe sollte grundsätzlich in 3 Phasen ablaufen:

Rat & Hilfe

Phase 1 = Feststellen der Fakten / Aspekte / Motive des bzw. der Beteiligten. Definieren des Problems und des Zieles.

Phase 2 = Diagnose des Problems durchführen. Motivaspekte? Zielaspekte? Ist das vorgebrachte Problem das wirkliche Problem?

Phase 3 = Lösungsmöglichkeiten herausarbeiten, Handlungen, die zudem gewünschten Ziel führen, festlegen. Werden die Entscheidungen vom Ratsuchenden rational und gefühlsmäßig akzeptiert?

Merke: Nie die eigene Handlungsweise dem Ratsuchenden aufdrücken wollen!

Zusammen Probleme angehen, Ideen suchen, Lösungen finden.

Grundsätzlich kann (in den meisten Unternehmen) jeder Mitarbeiter über *Verbesserungsvorschläge* dazu beitragen, die Qualität der Arbeit, der Organisation, des Produktes zu verbessern. In vielen Fällen sind jedoch die Anreizsysteme nicht ausreichend motivierend und die langwierigen, trägen verwaltungstechnischen Auswertungen der Verbesserungsvorschläge tun ihr Übriges, die Begeisterung der Mitarbeiter in Grenzen zu halten.

Wenn man der Meinung ist, das Potential und das Engagement der Mitarbeiter optimaler nutzen zu wollen, die Mitarbeiter in die Verbesserung der Prozesse stärker einzubeziehen, dann eröffnen sich dem Betrieb und den Mitarbeitern neue, identifizierend wirkende Wege der Zusammenarbeit (das schließt nicht aus, daß das Verbesserungsvorschlagswesen auch seinen Stellenwert behält).

- *Qualitätszirkel,*
- *Arbeitsgruppen,*
- *Problemlösungsteams,* →„Werkstattzirkel" nach *Metaplan,*
- *Teamgespräche,*

sind typische Formen mitarbeiterintegrierender Zielsetzungs- und Lösungsprozesse (→siehe auch „Gruppengespräche,..").

Die Strategie des KVP *(Kontinuierlicher Verbesserungsprozess)* bringt es „auf den Punkt":

Zielsetzungen sind u.a.
- Verbessern der Wirtschaftlichkeit durch Kostensenkung,
- Verbessern der Arbeitssituation der Mitarbeiter,

- Nutzen des Erfahrungswissens der Mitarbeiter,
- schnellere Problembeseitigung,
- Durchführen von Zielvereinbarungen mit den Mitarbeitern,
- ständige Verbesserung in kleinen Schritten,
- sofortiges Umsetzen von Maßnahmen ohne bzw. mit geringen Investitionen,
- Schwerpunktbildung auf die Verringerung des nicht wertschöpfenden Anteils der Arbeit,
- Verbessern der internen und externen Kommunikation,
- konsequentes Integrieren der Mitarbeiter in die Entscheidungsprozesse.

Umgesetzt auf die Werkstattpraxis des Tagesgeschehens bedeutet das für Sie als Meister mitsamt ihren Mitarbeitern

- Kampf jeglicher Verschwendung,
- alles bisherige im Prinzip infrage stellen,
- Fehler und Fehlverhalten sofort korrigieren,
- keine Schuldigen suchen, sondern die Verbesserung finden,
- nicht in Perfektionismus machen, sondern schnelle Lösungen realisieren,
- mit geringem Aufwand möglichst hohen Nutzen erzielen,
- nie zufrieden sein, *permanent* weitermachen.

Beispiele für Verschwendung und nicht-wertschöpfende Tätigkeiten

- Verschwendung
  - Produzieren bzw. Montieren von fehlerhaften Teilen
  - Liegezeiten durch unnötige Zwischenlagerung
  - zu viele Betriebsmittel mit zu hoher Kapazität
  - hohe Stillstandszeiten aufgrund von Störungen
  - lange Anlaufzeiten bis zur Erreichung der erforderlichen Prozeßsicherheit
  - unnötige oder zu langsame Bewegung von Werkzeugen oder Material durch Mensch oder Maschine
  - jegliche Wartezeiten auf Werkzeuge, Material, auf Wartung u.ä.
  - Überproduktion
  - u.v.m.

- *Nicht wertschöpfende, aber teilweise notwendige Arbeit*
  - Wechsel von Werkzeugen und Vorrichtungen
  - Inspektion von Betriebsmitteln
  - Teile und Material transportieren
  - Auspacken bzw. Kommissionieren von Teilen
  - mehrfaches systembedingtes Handhaben von Teilen
  - Arbeitsunterlagen prüfen und lesen
  - Durchführen von Qualitätsprüfungen
  - u.v.m.

Quelle: AWF

Wenn es darum geht, Probleme zu orten, die angegangen werden sollten, wird wohl jeder an der Produktionsfront Tätige sehr schnell fündig werden. Allerdings soll das „Alles-infrage-Stellen" nicht dahingehend interpretiert werden, daß krampfhaft die Suche nach zu bearbeitbaren Problemen einsetzt. Der Problembearbeitung zuzuführende Fälle müssen aktuell und wichtig für die Tagesarbeit sein. Dann entsteht auch der nötige Druck des „Lösen-müssens" in der Gruppe.

Der Sinn der Aktivierung des Mitarbeiterpotentials bei der Problemlösung liegt vor allem darin, daß die Mitarbeiter selbst die Schwachstelllen erkennen bzw. zu spüren bekommen. In der Regel wissen die Mitarbeiter auch am ehesten, was wo warum wie zu verbessern ist.

Aufgabe des Meisters/Vorgesetzten ist es, die Mitarbeiter zu Initiativen zu aktivieren, d.h. Eigeninitiative, persönliches Engagement und Teamarbeit müssen gefördert werden. Dazu gehört natürlich auch die Schaffung der Voraussetzungen für Durchführung von Gruppengesprächen. Es ist sicher kein Fehler, wenn ein Meister einen Moderatoren-Kurs absolviert. Er weiß dann auch, wie und worüber die Mitarbeiter als Teilnehmer an Problemlösungsgruppen u.ä. vorzubereiten sind. Alternativ können Moderatoren auch aus der Mannschaft oder anderen Bereichen rekrutiert werden.

Die oft geäußerte Meinung, die Mitarbeiter würden in den Gesprächsrunden nicht ihre wahre Meinung sagen, trifft in der Regel nicht zu. Wenn den Teilnehmern Sinn und Zweck glaubwürdig dargelegt worden ist, die Gesprächsregeln vereinbart wurden, wird anfängliches Mißtrauen bald überwunden. Bei den Mitarbeitern ist grundsätzlich die Motivation vorhanden, den eigenen Arbeitsplatz zu verbessern. Die Ermunterung des Moderators macht Mut zur freien Rede, ggf. hilft gerade am Anfang auch die anonyme „Kartentechnik".

Durch die Gruppengespräche wird nicht nur erreicht, daß das Wissen um die Probleme und Sachzwänge, auch abteilungsübergreifend, verbessert wird. Aus den gemeinsamen Gesprächen erwächst ein besseres Verständnis füreinander, letztendlich eine Förderung des Betriebsklimas und der Zusammenarbeit.

Suchen Sie nach einem Einstieg, Probleme der Abteilung aufzugreifen? Stellen Sie ganz einfach die Frage:

„Was stört uns bei der Erfüllung unserer Aufgaben?"

Alternativ oder einschließlich:

...unserer Kompetenzen?"
...unserer Verantwortung?"
...unserer Zielvereinbarungen?"

Im übrigen erwächst schon aus dem Bekenntnis zur Kundenorientierung (→Erfüllen der Kundenanforderungen) und der damit verbundenen Verpflichtung, die

Qualität von Leistungen und Verhalten zu gewährleisten, die Notwendigkeit der permanenten Suche nach Verbesserungen. Mit Sicherheit werden Sie eine Menge Störfaktoren aufgelistet bekommen. Unterschlagen Sie nichts, schieben Sie nichts beiseite, aber bilden Sie Prioritäten bzw. lassen Sie die Prioritäten ermitteln.

Damit sind wir bei den *Arbeitstechniken*, die im Problemlösungsprozess zur Anwendung kommen können. Deren gibt es sehr viele. Im Folgenden seien davon einige populäre und einfach zu handhabende kurz beschrieben.

Der Problemlösungsprozess muß systematisch ablaufen, es ist ein stufenweises Vorgehen erforderlich. (Siehe Bild 6.3 „Ablauf des Problemlösungsprozesses".)

1. Identifizieren von Schwachstellen:

    → Schwachstellenanalyse,
    → Problem angehen, nicht wegschieben!

Das geschieht z.B. durch die Arbeits(platz)analyse. Schwachstellen zeigen sich aber auch als Fehler und Fehlverhalten. Die Schwachstellen sind zu sammeln, aus der Sammlung der Fälle sind Prioritäten zu bilden.
Ist die Fragestellung provokant gestellt („bei uns läuft alles bestens!"), werden aus den Teilnehmern Beiträge „heraussprudeln". Die interessanten Beiträge kristallisieren sich allerdings oft erst durch hartnäckiges Weiterfragen heraus. Das *Brainstorming* bringt sie hervor (siehe Kasten „Brainstorming").

Bei der Bildung von Prioritäten können eine Menge Bewertungskriterien eine Rolle spielen. Eine recht schnelle wenn auch subjektive Methode bietet die *Entscheidungsmatrix* (siehe Bild 6.4 „Bewerten von Problemen über Entscheidungsmatrix").

Subjektiv und von der Struktur der Teilnehmer abhängig ist auch die Entscheidung über die Prioritätensetzung zur Problemabarbeitung. Die Subjektivität wird eingeschränkt bei Heranziehung von *Kosten*-Kriterien. Über die Antworten zu den jeweiligen Bewertungskriterien muß innerhalb der Gruppe Konsens bestehen.

Eine weitere Variante, eine mitunter große Anzahl Beiträge in kurzer Zeit in eine handhabbare Rangfolge zu bringen, ist das *Multivoting* (siehe Kasten „Multivoting"). Die Anwendung ist vor allem dann interessant, wenn aus vielen Beiträgen die (aus der Sicht der Teilnehmer) wichtigsten – z.B. drei – rangfolgemäßig zu bestimmen sind bei gleichzeitiger Absicherung hoher Akzeptanz. Letzteres wird dadurch gewährleistet, daß jeder Teilnehmer mit der ihm zur Verfügung stehenden Stimmenzahl seine persönlichen Prioritäten einbringen kann.

Wollen Sie spontan erfahren, wo es „knirscht und kracht"? Sollte Ihnen Ihre persönliche Sensibilität, Probleme zu erkennen, nicht zuverlässig genug sein, bietet sich die Möglichkeit, im Gruppengespräch / Werkstattzirkel per *Kartenfrage* die

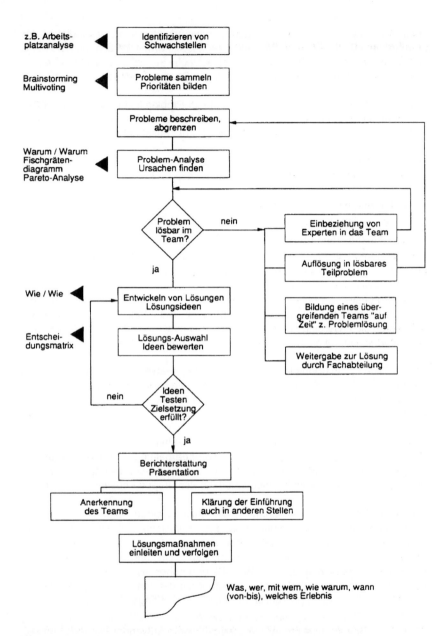

Bild 6.3: Ablauf des Problemlösungsprozesses

Bewerten von *Problemen* über Entscheidungsmatrix					
Bewertungskriterien	Problem 1	Problem 2	Problem 3	Problem 4
A: Auswirkungen auf die tägliche Arbeit? (H-M-N)				
B: Geschätzte Kosten durch das Problem? (DM/MON)				
C: Können wir das Problem lösen? (J-N)				
D: Liegt das Problem in unserem Einwirkungsbereich? (J-N)				
E: Sind Informationen verfügbar? (J-T-N)				
F:				
Welches Problem hat welche Priorität ? →				
zu bearbeiten (J-N) →				-

Bild 6.4: *Entscheidungsmatrix* zum *Bewerten von Problemen* mit Beispielen für Bewertungskriterien (Muster, bei einem Anwender kennengelernt)

„Knacke"-Punkte zu erfassen. Die aufgenommen Probleme, jeder Teilnehmer formuliert sein(e) Problem(e) auf je einer Karte, werden an eine Pinwand geheftet (notfalls geht es auch auf einem Flipchart). Die Kartenabfrage ist eine Methode,
→ schnell,
→ anonym,
→ für alle sichtbar

Beiträge zum abgefragten Thema zu sammeln. Der Moderator stellt sie, dargestellt auf der Pinwand, den Teilnehmern vor. Die Übersichtlichkeit der Sammlung wird erhöht durch das Zusammenbringen gleichartiger Beiträge unter einem zu benennenden Oberkriterium (sogenannte *Cluster-Bildung*). Das zeigt deutlich die Problemschwerpunkte und erleichtert auch die folgende Bewertung. Die Prioritäten-Bewertung erfolgt am schnellsten durch *„Bepunkten"*. Jeder Teilnehmer verteilt dabei eine bestimmte Anzahl Klebepunkte (max. zwei auf eine Karte) je nach persönlicher Einschätzung der Wichtigkeit der einzelnen Beiträge.

2. Genaue Definition des Problems:

→ Problem beschreiben, abgrenzen.

Wir kennen den schönen Spruch „Problem erkannt, Problem gebannt". Mit dem „Problem erkannt" ist das allerdings in der Realität oft ein Problem für sich, denn nicht immer wird für eine Definition die Zeit aufgewendet, die für eine präzise Beschreibung erforderlich ist. Die Folge ist dann zielloses Suchen nach Lösungen. Es wird mehr oder weniger an den Symptomen „herumgedoktert", weil kein ursachenbezogenes Problemverständnis erzeugt wurde. Beginnen Sie mit der *Abgrenzung* des Problems, damit kommen Sie zwangsläufig auch zu einer Aussage, was *nicht* das Problem ist. Hilfreich sind dabei wiederum die *„W-Fragen"*.

Ungenaue Beschreibung:

→ „Spänebehälter laufen über!"

wo?:	An dem Bearbeitungszentrum 4711,
was?:	zu volle Spänebehälter,
welche?:	Aluminiumspäne,
wodurch?:	die Nachtschicht,
wann?:	jeden Morgen,
warum?:	erst abends wird geleert,.
wer?:	Transportkolonne.

Präzise Beschreibung:

→ „Die Spänebehälter am Bearbeitungszentrum 4711 sind jeden Morgen überfüllt, weil die Nachtschicht ihre Aluminiumspäne entsorgt, die Transportkolonne aber erst abends kommt".

Brainstorming

Zweck: → Viel Ideen in kurzer Zeit
→ Zwang, kreativ zu denken
→ Ideenfluß in Gang setzen
→ Möglichst breite Erfassung des Problems/Themas

Duchführung

Phase 1: *Produzieren von Ideen*

→ Jeder Teilnehmer muß klar das Ziel vor Augen haben

→ Reihum gehen, jeder Teilnehmer muß eine Idee bzw. einen Gedanken zum Ausdruck bringen

→ Kein Teilnehmer darf ausgelassen werden

→ Jeder Beitrag wird sofort visualisiert

→ Erfasste Ideen stimulieren zu weiteren kreativen Beiträgen

→ Keine Diskussion der Beiträge in dieser Phase

→ Hat jemand keine Ideen mehr, gibt er weiter

→ Diese Phase ist beendet, wenn keine Ideen mehr kommen

Wichtig: *Es gibt keine dummen Ideen!*
Menge geht vor Qualität!

Phase 2: *Klären von Ideen*

→ Jeden Beitrag ansprechen, um den Inhalt zu klären, auf keinen Fall werten !

→ Wo es Sinn macht, Ideen erweitern oder ergänzen

→ Zusammengehörige Inhalte zu sinnvollen Kategorien zusammenfassen, (evtl.mit Überschriften versehen)

→ Beiträge, die für das Thema offenbar nicht relevant sind, ggf. streichen

→ Prioritäten bilden: Vom *Bedeutendsten*
zum *Unbedeutendsten*

Multivoting

Zweck:
- Auf schnellem Wege eine große Anzahl von Beiträgen in eine handliche Rangfolge bringen.
- Rasch konsens über die wichtigsten 5–7 Beiträge finden.
- Hohe Akzeptanz bei den einzelnen Teilnehmern über die Entscheidung erwirken.

Durchführung

1. Durchgang: Alle Teilnehmer haben soviel Stimmen wie Aussagen/Beiträge zu bewerten sind.
   - → Nur 1 Stimme für 1 Aussage.
   - → Es muß nicht jede Aussage eine Stimme bekommen.
   - → Die Stimmen werden festgehalten.
   - → Die Aussagen mit den höchsten Stimmzahlen werden eingekreist. Alle anderen entfallen für den nächsten Durchgang.

2. Durchgang: Die Stimmenzahl je Teilnehmer reduziert sich auf halbierte Anzahl verbliebener Aussagen plus 1
   - → Die Aussagen mit den höchsten Stimmzahlen kommen wieder in einen weiteren Durchgang.

Die Prozedur endet, wenn die (z.B. drei) höchsten Prioritäten übrigbleiben.

Beispiel: 10 Teilnehmer „multivoten" 10 Aussagen

Aussage	1.Durchgang 10 Stimmen	2.Durchgang 7/2 +1 = 4	3.Durchgang 6/2 +1 = 4	
„A"	8 *	9 *	7 *	2.
„B"	4	-	-	
„C"	9 *	8 *	4	
„D"	6	-	-	
„E"	7 *	6 *	6 *	3.
„F"	9 *	6 *	-	
„G"	7 *	4 *	-	
„H"	8 *	-	-	
„I"	5	-	-	
„J"	9 *	7 *	8 *	1.

Problem-Analyse

Die *„Warum-Warum"-Methode*
Probleme einer erfolgversprechenden Lösung zuzuführen, bedingt neben einer eindeutigen Beschreibung die Frage nach den Ursachen des Problems. Das Geheimnis dieser Methodik liegt in der Überwindung, auf jede gefundene Antwort impertinent weiter *„Warum?"* zu fragen und dies so lange, bis der Kern/die Kerne des Problems ermittelt sind. Dies kann auch zu einer Veränderung der Problemdefinition führen!

Ablauf der *„Warum-Warum"-Analyse:*

→ Definition des Problems,

Beispiel:

```
     Problem
┌──────────────┐
│  schlechte   │
│  Information │
└──────────────┘
```

→ *„Warum?"-Frage* -> führt zu verschiedenen Ursachen,

Beispiel: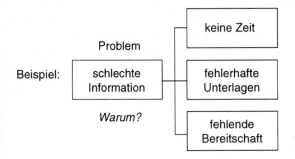

→ Eine der Ursachen auswählen und wieder fragen: *„Warum?"*

Beispiel: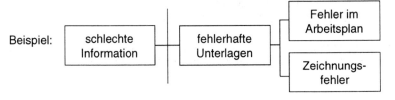

→ Weitermachen, bis die schwerwiegendsten Ursachen ermittelt sind.
→ Problem-Schwerpunkte zur Berarbeitung auswählen:
„Welche Ursachen-Beseitigung bringt den größten Nutzen?"

> Eine präzise Beschreibung von Problemen ist die halbe Lösung!

3. Analyse der Problem-Ursachen:

  → Ursachen finden,
  → Daten und Informationen sammeln.

Nachdem das Problem klar dargestellt worden ist, setzt die Ursachenerforschung ein. Es ist sehr wichtig, „stur" diese Vorgehensweise zu beachten. In Diskussionsrunden sprudeln nach der Problembeschreibung vielfach sofort die Lösungsvorschläge aus den Teilnehmern heraus. Es ist wichtig, an dieser Stelle zu bremsen und zunächst die Frage nach den Ursachen zu klären. Mitunter führt die Ursachenforschung zu dem Ergebnis, daß das beschriebene Problem gar nicht das wahre Problem ist.

> Die Problem-Analyse muß dazu führen, die schwerwiegendsten Ursachen zu finden. Nur deren Beseitigung führt zur Lösung des Problems.

Eine einfache Möglichkeit, den Ursachen auf den Grund zu gehen bietet sich mit der *„Warum-Warum"-Methode* (siehe Kasten „Problem-Analyse"). Probleme haben oft mehrere Ursachen. Die „Warum"-Frage muß sie offenlegen. Das impertinente weitere „Warum"-Fragen auf jede gefundene Antwort muß letztendlich zum Kern des Problems führen (oder zu einer Veränderung der Problemdefinition!). Gibt es mehrere Ursachen, muß die Frage beantwortet werden, welche Ursachenbeseitigung den größten Nutzen bringt. Das bedeutet nicht, daß die übrigen Ursachen nicht behoben werden müssen! Nur sollten auch hier Prioritäten beachtet werden.

☐ In einer Gruppendiskussion über Ursachen von Fertigungsfehlern kommen aus der Mannschaft Bemerkungen wie z.B.
  − „Bei der Hektik in dem Laden weiß man nie so richtig Bescheid".
  − „Auf die Unterlagen kann man sich auch nicht verlassen".
  − „Unser Chef ist auch keine große Hilfe".
  − „Die Auftragsbearbeiter laden alles auf uns ab".

Hier zu hinterfragen, dazu eignet sich das *„Fischgräten"-Diagramm*. Was verbirgt sich ursächlich hinter den als Beispiel genannten Aussagen?

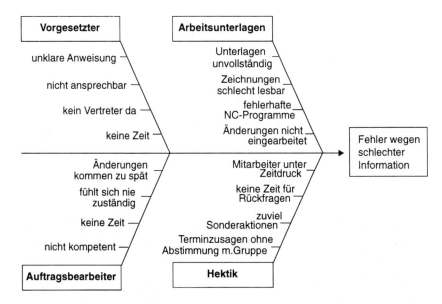

Bild 6.5: Fischgrätendiagramm

Für die zur Bearbeitung vorgesehenen Probleme sind alle greifbaren Daten und Informationen einzuholen, ggf. ist eine *Datenermittlung* einzuleiten (schnell und unkompliziert!):
→ Erfassen von Ereignissen, Häufigkeiten, Fehlern usw.

Eine typische „Fundgrube" für Ursachen von Verschwendung sind die Betriebsmittelausfallzeiten, z.B.

A. Betriebsmittelwartung,
B. Werkzeugprobleme,
C. Auftragsklärung,
D. Beseitigung von Programmfehlern,
E. Fehlendes Personal.

Die Häufigkeit der anfallenden Ausfälle sind zweckmäßigerweise mit einer *Strichliste* zu dokumentieren, als *Balkendiagramm* darzustellen.(Auch aus *Datenerfassungssystemen* entnehmbar.)

	April	Su.
Ausfall „A"	||||	4 = 20 %
Ausfall „B"	|||	3 = 15 %
Ausfall „C"	꧅꧅ ||||	9 = 45 %
Ausfall „D"	||	2 = 10 %
Ausfall „E"	||	2 = 10 %
Summe der Ausfälle = 20		

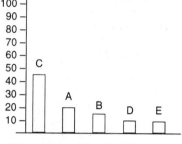

Säulendiagramm „Ausfälle in %"

Die Bedeutung der einzelnen Ausfälle zeigt sich jedoch weniger in der Häufigkeit, sondern in den damit verbundenen Kosten bzw. dem Produktionsausausfall und anderen Folgeärgernissen. Um die schwerwiegendsten von den weniger problematischen Problemen zu unterscheiden, kann man sich der *Pareto-Analyse* bedienen (Pareto war ein italienischer Wirtschaftswissenschaftler). Pareto stellte seinerzeit die „20:80"-Regel auf, z.b.: 20 % der Bevölkerung hielten 80 % des Bruttosozialeinkommens. Auf unser Beispiel angewendet zeigt sich folgendes Diagramm:

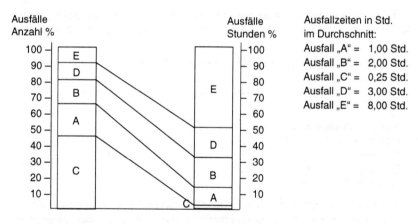

Ausfallzeiten in Std. im Durchschnitt:

Ausfall „A" = 1,00 Std.
Ausfall „B" = 2,00 Std.
Ausfall „C" = 0,25 Std.
Ausfall „D" = 3,00 Std.
Ausfall „E" = 8,00 Std.

Bild 6.6: *Pareto-Diagramm* – Die Ausfallanzahlen und ihre Auswirkungen

Das Pareto-Diagramm zeigt die Auswirkungen der einzelnen Problemfälle und macht das Hauptproblem deutlich. Die Prioritätenbildung wird erleichtert, die positiven Auswirkungen einer Lösung der Hauptprobleme sind erkennbar.

4. Entwickeln von Lösungsmöglichkeiten:

→ Lösungsideen suchen.

Zunächst ist die Frage zu beantworten, ob das Problem in diesem Team gelöst werden kann (→Fachkenntnisse, Kompetenzen u.ä.). Ist dies nicht der Fall, besteht die Möglichkeit

- Experten mit entsprechendem Wissen in das Team einzubeziehen,
- Weitergabe zur Lösung an eine Fachabteilung,
- Bildung eines abteilungsübergreifenden Teams „auf Zeit",
- Auflösung des Problems in ein lösbares *Teilproblem*.

Unabhängig davon, daß Sie die Teilnehmer zur Lösungserarbeitung „nach Hause" schicken können mit Verabredung eines neuen Termins, kann auch eine *gemeinsame Lösungssuche* angegangen werden. Mitunter ist es zweckmäßig, das Thema „eine Nacht zu überschlafen"!

Bei dem Entwickeln von Lösungsideen kommt es darauf an, zunächst den Beiträgen der Beteiligten „freien Lauf" zu lassen, aber mit dem Ziel (im Hinterkopf), daß nur realisierbare und technisch einwandfreie Lösungen für die Beseitigung des Problems infrage kommen. Zum Sammeln von Ideen bietet sich das *Brainstorming* an. Als Moderator nehmen Sie die Beiträge auf, um sie zu visualisieren. Beachten Sie bitte die Regeln des Brainstorming! Ganz wichtig ist in dieser Phase, daß die brainstormenden Teammitglieder sich durch visualisierte Beiträge inspirieren lassen zu weiteren und/oder verbesserten Ideen.

> Bei dem Entwickeln von Ideen zur Verbesserung oder Problemlösung ist die Kreativität *aller* gefragt.

Wie kann die *Kreativität* gefördert werden?
Ich mache mir die Sache einfach: ...Üben, üben, üben, ...!

Testen Sie doch einmal Ihre Kreativität als Übung zum Brainstorming: Welche Nutzungsmöglichkeiten gibt es für Luftballons? Schreiben Sie alle Ideen untereinander auf, begrenzen Sie die Zeit dafür auf 5 Minuten! ....

.... Was haben Sie nach 5 Minuten erreicht?

1 − 3 Ideen	→	schlecht,
4 − 7 Ideen	→	mittel,
8 − 11 Ideen	→	gut,
12 − 15 Ideen	→	genial,
16 u.mehr Ideen	→	*Wahnsinn!*

Kreativ sein bedeutet, Gewohntes und Althergebrachtes zu sprengen, neue Wege zu suchen und zu beschreiben. Für den kreativen Menschen ist es das Bestreben nach Verbesserungen, etwas anders zu machen, wenn es zur Bereicherung führt. In der Gruppe, durch gute Moderation und Anwendung der geeigneten Techniken gefördert, werden ungeahnte verborgene Energien freigesetzt, Potentiale ausgeschöpft. Die Kreativität fördern bedeutet:

- Auf die richtige personelle Zusammensetzung der Gruppe achten. Mit der Anwendung der Techniken wie Brainstorming allein ist es nicht getan, wenn der Teamgeist in der Gruppe noch „unterentwickelt" ist.
- Hemmnisse bei den Teammitgliedern, z.b. Angst vor der Autorität, Redehemmungen, „sich nicht trauen dürfen", abbauen.
- Denkblockaden durch voreiliges Beurteilen von Beiträgen vermeiden,
- Anreize zu neuen Ideen schaffen, zur Ideenproduktion motivieren,
- bewußt Kreativitäts-Training betreiben durch Erarbeiten von Verbesserungen in kleinen Gruppen; in der Gruppe kann die Idee des einen von einem anderen „weitergedacht" werden (→neue Denkansätze).
- Killerphrasen („das haben wir noch nie gemacht") vermeiden.

Beenden Sie eine Brainstorming-Runde nicht zu früh. Die ersten Ideen-Beiträge sind meist nicht die besten.

Entsprechend der Warum-Warum-Methode bei der Problemanalyse kann der Weg zu Lösungen über die *WIE-WIE-Methode* führen. Ausgangspunkt ist dabei die formulierte wahrscheinliche Lösung = *Zielsetzung*.

Beispiel:

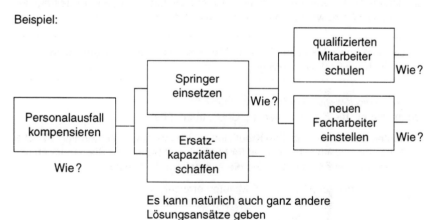

Es kann natürlich auch ganz andere Lösungsansätze geben

Durch das weiterführende „WIE?"-Abfragen jedes Astes gelangt man zu immer detaillierteren Lösungsmöglichkeiten. Das Ende der Abfragerei ist erreicht, wenn sich die optimalen Lösungen ergeben haben.

5. Lösungsauswahl treffen:
   → Ideen bewerten.

Ein kreatives Team kann viele Lösungsvarianten erarbeitet haben. In die engere Wahl können aber nur einige wenige gezogen werden (die ideale Lösung kann eigentlich nur eine sein). Zur Bewertung sind im Team gut überlegte und richtig formulierte *Bewertungskriterien* aufzustellen.

> Die Kriterien für die Bewertung von Lösungen müssen sorgfältig auf die erstebten Ziele abgestimmt sein.

In Kenntnis der Bewertungskriterien werden aus den vorliegenden Lösungen die wahrscheinlich optimalsten herausselektiert. Hierbei kann wieder das *Multivoting* zur Anwendung kommen. Mit den dann „übriggebliebenen", z.b. 4 Lösungsvorschlägen gehen wir in die *Entscheidungsmatrix* zur *Bewertung der Lösungen* (siehe Bild 6.7 „Bewerten von Lösungen über Entscheidungsmatrix"). Über die Entscheidungen zu den einzelnen Bewertungen muß Konsens im Team herbeigeführt werden.

Die optimale Lösung bzw. die zu realisierenden Lösungen (es können ja auch mehrere sein) ermittelt das Team auf diese Weise aus den möglichen Alternativen.

> Sofern die herausgearbeiteten Entscheidungen die Zielsetzungen erfüllen, sind die Lösungsansätze in Maßnahmen umzusetzen.

6. Umsetzen der Lösungen in die Realisierung:
   → Lösungen testen,
   → Maßnahmen einleiten,
   → Realisierung überwachen.

Die systematische Umsetzung von erarbeiteten Lösungsentscheidungen ist entscheidend für den Erfolg.

- Machen Sie keine überhasteten Bewegungen.
- Formulieren Sie die einzuleitenden Maßnahmen,
  → an besten noch mit dem Team. der *Maßnahmenkatalog* dient als *Kontroll-Unterlage* während der Realisierungsphase.
- Legen Sie fest, was wer wie wann (Termin!) mit wem zu tun hat und welches Erlebnis erwartet wird (vom Team!).
- Gehen Sie bei der Umsetzung nicht gleich „ins Volle"! Wo Risiken zu erwarten sind, auf jeden Fall mit einem „Testlauf" bzw. „*Pilotversuch*" starten. Am Ende soll ein Erfolgserlebnis stehen!
- Das Team erwartet mit der erfolgten Umsetzung ein *Feedback* (→ *Erfolgserlebnis*).

Bewerten von *Lösungen* über Entscheidungsmatrix

Bewertungskriterien	Lösung 1	Lösung 2	Lösung 3	Lösung 4
A: Wird die Lösung das Problem ausmerzen? (J-N)				
B: Kann die Lösung neue Probleme schaffen? (J-T-N)				
C: Wird die Lösung von den Betroffenen mit getragen? (J-T-N)				
D: Ist die Lösung sofort realisierbar? (J-N)				
E: Wie hoch sind die anfallenden Kosten? (TDM)				
F: .... Welche Lösung hat welche Priorität? →				

Bild 6.7: *Entscheidungsmatrix* mit eingetragenen Beispielen für das *Bewerten von Lösungen*

6.14 Führen bedeutet Kontrolle ausüben

Wer läßt sich schon gerne kontrollieren? Praktisch von Geburt an empfanden wir die an uns ausgeübten Kontrollen als unangenehm. Es liegt wohl in der Natur des Menschen, Kontrolliert-werden mit negativen – ja demütigenden – Gefühlen zu verbinden. Da sind die Kindheitserinnerungen:

„Zeig her, hast Du Dir die Hände gewaschen?"

In der Schule, in der Lehre, am Arbeitsplatz erscheint uns das Kontrolliert-werden als eine Einschränkung unserer persönlichen Entfaltung, eine Einengung in dem Bestreben nach mehr Freiheit.

Das ist aber nur die eine Seite der Medaille; denn andererseits fordern wir lautstark schärfere Kontrollen, seien es die Lebensmittelkontrollen, Kontrollen gegen Schmuggel, illegale Einwanderer oder zur Sicherung unserer Umwelt u.v.m..

- Wir sind durchaus für das Kontrollieren, wenn wir nicht die Betroffenen sind!

☐ Welcher Mitarbeiter in der Produktion empfindet es nicht als Förderung, von der Werkbank weg in die Qualitätskontrolle zu wechseln? Der Job, über die Qualität der Arbeit *Anderer* urteilen zu dürfen, stärkt die Persönlichkeit, erzeugt ein Empfinden von Macht.

Als eine derartige „Überordnung" darf die Kontrollfunktion auf keinen Fall gesehen werden. Nicht minder unangenehm wirken heimliche Kontrollen von Vorgesetzten, sei es aus Angst vor der Auseinandersetzung mit dem Mitarbeiter, der Sorge, durch das Erscheinen als Vorgesetzter Spannungen zu erzeugen oder gar wegen ungenügendem Fachwissen.

Kontrollen sollen dem zu Kontrollierenden nutzen und Schaden abwenden.

Ob es die Passkontrolle an der Grenze ist oder der kritische Blick auf die TÜV-Plakette unseres geliebten Autos, an diese gemischten Gefühle bei Kontrollen sollten wir immer denken, wenn wir als Kontrollierende gegenüber unseren Mitarbeitern aktiv sind.

- Kontrolle soll keine gemischten Gefühle auslösen, sondern vielmehr vertrauensbildend wirken.
- Kontrollen erfolgen offen und ohne Schädigung des Selbstwertgefühls des Kontrollierten.
- Kontrollen unterstreichen die Wichtigkeit der kontrollierten Tätgkeit.
- Kontrollen sollen dem Kontrollierten die Sicherheit geben, „auf dem richtigen Weg zu sein".
- Kontrollen sollen eine Hilfe für den Kontrollierten und als dieses erkennbar sein.

- Kontrollen dienen als Abgleich von *IST* und *SOLL* und helfen somit, die Übereinstimmung von Zielsetzung und Ergebnis abzusichern.
- Kontrollen werden ausgeübt in gegenseitigem Einverständnis.

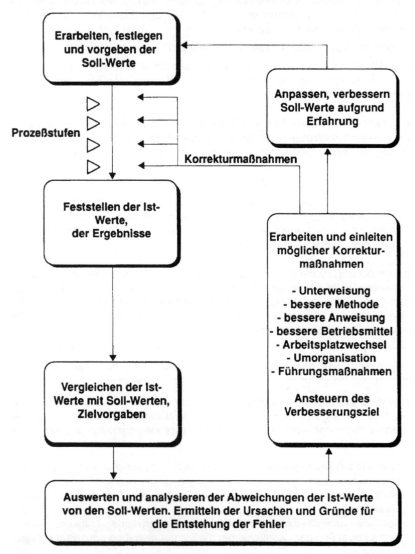

Bild 6.8: *Kontrolle* als Kreisprozess

> Kontrolle im Rahmen der Mitarbeiterführung bedeutet planmäßiges gezieltes Feststellen von IST-Werten bzw.-Zuständen, das Vergleichen mit den SOLL-Werten bzw.-Vorgaben mit der Folgerung, eine Leistung zu bestätigen bzw. gegebenenfalls notwendige Korrekturen zu erwirken.

Im Gegensatz zu der *Arbeitsaufsicht*, die eher beiläufig, mehr oder weniger *unsystematisch* in Form einer großen Zahl kleinerer Beobachtungen abläuft, geschieht eine *Kontrolle* grundsätzlich *zielorientiert*. Kontrolliert wird deshalb auch nicht irgendwo irgendwann, sondern an ganz bestimmten Punkten im Zeitablauf oder der einzelnen Prozess-Stufen.

- Kontrollen müssen wirtschaftlich sein. Sie sollen sich auf Bereiche beschränken (und konzentrieren!), die das Ergebnis beeinflussen.

- Es geht stets darum, Abweichungen möglichst früh festzustellen. Je schneller Abweichungen erfaßt, analysiert und Korrekturen eingeleitet werden, desto wirksamer ist eine Kontrolle. Fehler, die bis zum „Endprodukt" mitgeschleift werden, haben meist sehr unangenehme Folgen.

Aus der Sicht des Unternehmens beziehen sich die Kontroll-Maßnahmen auf technische und organisatorische Belange einerseits sowie auf die Steuerung des Mitarbeiterverhaltens andererseits.

- Kontrollaufgaben im technisch-organisatorischen Bereich:
  - Überprüfen der laufenden Prozesse und der ordnungsgemäßen Anwendung von Verfahren;
  - Überwachen der Erfüllung von Qualitätssicherungsbedingungen (z.B. DIN-ISO 9000ff.);
  - Sicherstellen optimaler Arbeitsbedingungen wie Arbeitsorganisation, Zusammenarbeit, Arbeitssicherheit u.a.m.;
  - Erfüllen geltender Bestimmungen, Vereinbarungen, Gesetze und Normen;
  - Wahren des Firmen-Image wie auch des Abteilungsklimas;
  - Überwachen der betriebswirtschaftlichen Faktoren (→ BAB);
  - Sicherstellen der Wirtschaftlichkeit der Wertschöpfungsprozesse.

- Kontrollaufgaben, die sich auf das Mitarbeiterverhalten beziehen, gelten als äußerst sensibler Kontrollbereich. Er ist mitunter problematisch, weil Menschen auf diesem Gebiet sehr empfindlich reagieren können. Das Selbstwertgefühl wird gerade bei Verhaltenskontrollen recht schnell „angekratzt". Wenn jedoch die Produktivität und das Leistungsergebnis vom Verhalten beeinflußt wird, dann muß die Verhaltenskontrolle auch durchgeführt werden, zum Beispiel:
  - Rechtzeitig Fehlverhalten erkennen, „In-den-Brunnen-fallen" verhindern;
  - Erhalten der Arbeitsmotivation (→ Leistungsbereitschaft);
  - Verantwortlichkeiten für Fehlverhalten und schlechte Qualität klar herausstellen und konsequent danach handeln;

- Kontrollen müssen Folgen haben,
  → in Form einer Bestätigung (→ Lob), wenn „alles o.k." ist,
  → in Form von Kritik (→ Tadel), bei Mißerfolgen, verbunden mit Fehlerbehebung und Einwirken bezüglich Verhaltenskorrektur;
- Erhalten der Arbeitsfähigkeit der Mitarbeiter durch Vermeiden von Überforderungen, rechtzeitige Weiterbildung und Förderung;
- Gewährleisten des Unfall- und Umweltschutzes.

Aus der Sicht der Mitarbeiter dienen Kontrollen der Befriedigung von Bedürfnissen (und werden nicht als unangenehm empfunden), wenn
- das Gefühl vermittelt wird, für das Unternehmen eine wichtige Aufgabe zu erfüllen,
- durch die Kontrollen dem persönlichen Mißerfolg vorgebeugt wird,
- in den Kontrollen Unterstützung und Coaching erkennbar ist,
- durch das Kontrolliert-werden die Sicherheit in der Arbeitsweise wie auch im Verhalten gefördert wird,
- im Falle aufgetretener Fehler oder Fehlverhaltens konstruktive Kritik geübt und Verständnis für echte Probleme des Mitarbeiters aufgebracht wird,
- durch Bestätigung einwandfreier Leistung das Streben nach Anerkennung befriedigt wird.

Um alle diese Kontrollziele zu erfüllen, können Sie sich diverser verschiedener Methoden bedienen. Dazu bedarf es strategischer Überlegungen, denen die jeweiligen Kontrollziele zugrunde liegen. Um es vereinfacht darzustellen:

Sie werden für einen neuen Mitarbeiter mehr Aufwand betreiben müssen mit umfassenderen Kontrollen als mit einem „alteingesessenen" Mitarbeiter.
Bei einem Facharbeiter vertrauen Sie auf die Ergebniskontrolle, während bei einem angelernten Mitarbeiter wohl zwischendrin Stichproben vonnöten sind.

Verfallen Sie bitte nicht der Masche „Alter Hase", der alles im Gespür hat. Auch alte Hasen werden alt, ... und dann ...?

Bei den Überlegungen, in welcher Form mit wieviel Aufwand die jeweiligen Kontrollen zu betreiben sind, empfiehlt es sich, folgende Kriterien zu beachten:

Checkliste der Kontroll-Kriterien

- Welches sind die quantitativen und qualitativen Ziele?
- Wie ist die Kontrollierbarkeit gegeben?
- Welche Risiken bestehen zum Erreichen der Ziele?
- Wie können die wichtigsten Risiken beherrschbar gemacht werden?
- Wo treten erfahrungsgemäß Störungen / Fehler besonders häufig auf?
- An welchen Stellen, zu welchem Zeitpunkt sind ggf. nötige Korrekturen überhaupt noch möglich?

- Wie ist das Endergebnis kontrollierbar?
- Wie hoch ist der Zeitbedarf für die Kontrollmaßnahmen?
- Ist der Einsatz von Hilfsmitteln möglich?
  → Wenn ja, was ist dabei zu beachten?
- Ist die Kontrolle (auch zum Teil) delegierbar?
  → Welche Kontrolle auf keinen Fall?

Diese Fragestellungen mögen zunächst schockieren (von wegen dem Aufwand?); ist doch die Abarbeitung einer solchen Checkliste im Tagesgeschäft kaum realisierbar. Das soll hiermit auch gar nicht empfohlen werden. Mit der Darstellung der Fragen werden die entscheidenden Kriterien zur Kontrollstrategie deutlich gemacht. Wenn Sie diese „inhalieren" und beherrschen, werden Sie wie ein echter „Alter Hase" den richtigen Weg des Kontrollierens gehen.

Welche Methoden sind unter welchen Gesichtspunkten zu sehen?

- Die *Vollkontrolle* ist gleichzusetzen mit *Ablaufkontrolle*. Sie bedingt eine *lückenlose Überwachung* eines ablaufenden Prozesses, einer Aufgabendurchführung oder auch einer Person. Derartige Kontrollen sind schon wegen ihres Zeitbedarfes von einem Vorgesetzten kaum durchführbar und doch können sie in besonderen Fällen notwendig werden, z.B. bei besonderen Gefahren oder sehr heiklen Verfahren. Auf die Menschen wirken derartige Kontrollmethoden (nicht nur im Betrieb!) frustrierend, kommen sie doch einer „Gängelung" gleich.

Vorteile: – „Totale" Sicherheit,
          – Abweichungen permanent erkennbar und korrigierbar.

Nachteile: – Sehr hoher Aufwand,
          – widerspricht dem Delegationsprinzip,
          – wirkt demotivierend.

- Die *Stichproben-Kontrolle* beschränkt sich darauf, in unregelmäßigen Abständen Erkenntnisse über den qualitativen Stand aufzuzeigen. Sie ist typisch für die *Serienfertigung*, wo aufgrund vorliegender Erfahrungen aus den Stichproben Rückschlüsse auf die Gesamtleistung gezogen werden. Ein Fehler-Schlupf haftet jeder Stichprobe an. Sie sollten sich *vor* einer Stichprobenkontrolle gut überlegen, ob und welche Erkenntnisse Sie dabei gewinnen können und ob das Ergebnis repräsentativ sein wird für die Gesamtleistung bzw. das gesamte Verhalten.

  → Ein Beispiel für die stichprobenartige Überwachung ist die „Statistische Qualitätskontrolle".

Vorteile: – Geringer Kontrollaufwand,
          – Chance, Fehler im laufenden Prozess aufzuzeigen und „Nicht-Qualität" als Endergebnis zu verhindern.

Nachteile: – Die Stichprobe muß repräsentativ sein,
– das Kontrollobjekt darf keinen wesentlichen Schwankungen unterworfen sein.

– Die *Ergebniskontrolle* zieht Bilanz über geleistete Arbeit, über Erfolg oder Nicht-Erfolg von Handlungen bzw. Verhaltensweisen. Maßstab ist die *Zielsetzung* oder das *Auftragsziel*. Ergebniskontrolle ist für funktionierende Delegation von Aufgaben und Verantwortung unabdingbar; sie ist die entscheidende kooperative Beziehung zwischen Vorgesetztem und Mitarbeiter.

Die ausschließliche Kontrolle von Ergebnissen ist risiko-behaftet. Im Falle negativer Ergebnisse käme jegliche Erkenntnis und Korrektur zu spät. Daher muß Ergebniskontrolle durch den Vorgesetzten eng gekoppelt sein an die Delegation, d.h. an die *Eigenverantwortung*, die dem Mitarbeiter übertragen worden sein muß. Über diesen Weg bekommt auch die Verhaltenskontrolle ihre besondere Bedeutung. Im übrigen können auch Überprüfungen von Zwischenergebnissen vereinbart werden; das entspricht der Festlegung von bestimmten Kontrollpunkten.

Ergebniskontrolle setzt Vertrauen in den Mitarbeiter voraus. Als Meister müssen Sie darauf vertrauen können, daß sich der Mitarbeiter bei auftretenden Unsicherheiten und Mängeln meldet.

Vorteile: – Hohe Motivationswirkung,
– Delegation von Teilverantwortung,
– Kontrolle beschänkt sich auf größere Abschnitte,
– für die Mitarbeiter ist höhere Selbständigkeit, Möglichkeit zur Entfaltung von Initiative gegeben.

Nachteile: – Nicht jeder Fehler, jedes Fehlverhalten während des Prozesses wird offenbar,
– es gibt kaum Hinweise, mit welchen (korrigierenden) Mitteln das Ergebnis erreicht wurde,
– bei der Ergebniskontrolle festgestellte Mängel können aufwendige Korrekturmaßnahmen – wenn nicht gar Nicht-Verwendbarkeit – zur Folge haben.

– Die im Zusammenhang mit der Ergebniskontrolle wichtige *Verhaltenskontrolle* ist die problematischste, aber durch nichts ersetzbare Kontrollform. So muß z.B. spätestens zum Termin der fälligen *Mitarbeiterbeurteilung* ein objektives Ergebnis vorliegen. In vielen Prozessen und Abläufen bestimmt das Mitarbeiterverhalten wesentlich das Endergebnis (→ Zuverlässigkeit, Leistungsbereitschaft, Übernahme von Verantwortung, Qualität der Zusammenarbeit). Von dem Kontrollierenden wird bei der Verhaltenskontrolle ein hohes Maß an menschlichen Qualitäten, sozialer Kompetenz, abverlangt. Oft mangelt es auch an der erforderlichen Zivilcourage, sich in kritischen Fällen gegenüber Mitarbeitern durchzusetzen.

Haben Sie als Meister nicht das Bedürfnis, Ihr Führungsverhalten auch ergebnis-kontrolliert zu bekommen? Oder messen Sie die Qualität Ihres Führungsstils in Selbstkontrolle anhand von Krankenstand, Fehlzeiten, Fluktuation und Leistungsbereitschaft Ihrer Mitarbeiter selbst?

Es genügt nicht, festzustellen, daß „der Laden läuft". Keine Fehler festzustellen ist noch kein Indiz für eine optimale Leistungserbringung. Eine gute Führung zeichnet sich dadurch aus, durch fördernde Verhaltenskontrolle dafür Sorge zu tragen, daß „der Laden auch übermorgen und noch besser läuft"!

- Dem Bedürfnis der Mitarbeiter nach mehr Selbständigkeit und höherer Mitverantwortung entspricht die *Selbstkontrolle*. Art und Umfang der vom Mitarbeiter auszuführenden Kontrolle wird dabei eindeutig definiert und vereinbart. Allerdings sind an die Übertragung von Selbstkontrollen notwendigerweise scharfe Bedingungen durch die übergeordnete Qualitätssicherung gestellt. Ein Unternehmen, das sich für die Erfüllung bestimmter Qualitäts-Standards qualifiziert hat (→ DIN-ISO 9000ff.), oder sich dazu bekennt, muß sicherstellen, daß jede interne Kontrollen ausführende Funktion die notwendige Qualifikation aufweist. Neben der vorauszusetzenden *fachlichen Qualifikation* ist der Nachweis der für eigenverantwortliches Entscheiden notwendigen *Zuverlässigkeit* erforderlich. Hierfür müssen Sie als Meister einstehen. Im übrigen herrschen im Zusammenhang mit der Selbstkontrolle strenge Sitten: Bei Anzeichen vorliegender Unzuverlässigkeit wird dem Betroffenen das Recht zur Selbstkontrolle entzogen.

Zunehmende Bedeutung gewinnt die Selbstkontrolle im Rahmen neuer Organisationsstrukturen wie autonomer Gruppen, Fertigungsinseln oder Segmente mit der Übertragung weitgehender Eigenverantwortlichkeiten für Qualität, Kosten und Termine sowie der damit verbundenen Selbstorganisation der Abläufe und der Aufgabenerledigung. Ihnen als Meister obliegt die Verpflichtung zur Sicherstellung der Ergebniskontrolle; denn bei aller Autonomie von Gruppen bleiben Sie verantwortlich für das Leistungsergebnis.

Und noch eine Schlüssel-Voraussetzung muß durch Sie als Meister zur Befähigung der Selbstkontrolleure erfüllt werden: Ihre Mitarbeiter müssen über das Produkt, seine Funktionen wie auch über die zu erfüllenden Kundenanforderungen sehr gut Bescheid wissen. Wie sollen sie sonst welche Qualität verantworten?

Vorteile:
- Hohe Motivierungswirkung (→ Job-Enrichment),
- wenn sie funktioniert, kostenwirksam
  (→ Reduzierung der Fremdkontrolle),
- keiner kennt die Schwachpunkte und möglichen Fehler besser als der/die Ausführende selbst, diese Erfahrungen werden genutzt.

Nachteile: – Fehlererfassungen gestalten sich schwierig bzw. unterbleiben vielfach,
- die Qualitätssicherung muß mehr Aufwand in Form von Audits betreiben,
- die Zuverlässigkeit der Selbstkontrolleure kann ein Risiko-Faktor sein,
- nicht erkannte und behobene Mängel können sehr unangenehme Spätfolgen haben (→ Kundenreklamationen).

– Im Gegensatz zur eigenverantwortlichen Kontrolle ist jede „von anderen" durchgeführte Kontrolle eine *Fremdkontrolle*. Das Kontrolliert-werden durch andere hat seine Berechtigung. Machen wir uns nichts vor: Jeder neigt mal dazu, einen Fehler nicht so ganz ernst zu nehmen. Eine Fremdkontrolle soll sich durch *Neutralität* auszeichnen, oder: „Vier Augen sehen mehr als zwei".

Fremdkontrolle darf also nicht als ein Zeichen von Mißtrauen angesehen werden, „Fremdkontrolleure" dürfen sich nicht als „Fehlersucher" verstehen (wer in diesem Geiste agiert, sollte schnellstens abgelöst werden!), sondern als qualitätsunterstützende Funktion im Sinne des Kunden, die erstellte Qualität zu bestätigen hat.

Als Fremdkontrolle Ausführende können alle betrieblichen Funktionen und auch die eigenen Kollegen in der Gruppe infrage kommen. Gegenseitige Kontrollen innerhalb von Gruppen sichern das qualitative Ergebnis der Gruppe ab.

Fremdkontrollen sind auch aus technischen Gründen erforderlich, z.B. notwendige Meßeinrichtungen, neutrale Kontrollen wegen erhöhter Sicherheitsforderungen, notwendige Einschaltung von Spezialisten u.ä.. In diesen Fällen besteht eine Arbeitsteilung zwischen „Qualität herstellen" und „Qualität bestätigen".

Vorteile: – Kontrolle „durch Andere" ist neutral und unbestechlich,
- gegenüber dem Kunden besteht eine glaubhaftere Sicherheitsgarantie.

Nachteile: – Höherer Aufwand, insbesondere bei notwendigen Korrekturen bzw. Nachbesserungen,
- „feed back" an den Verursacher von Mängeln ist oft unzureichend,
- Fremdkontrolle kann demotivierend wirken,
- die Kontrollfunktion kann zu Stockungen im Ablauf führen (→ Durchlaufzeit).

Die tragenden Kontrollarten im Sinne der kooperativen Führung sind die Selbstkontrolle, gekoppelt mit der Ergebniskontrolle und unterstützt durch stichprobenartige Verhaltenskontrolle.

Empfehlungen für angemessenes Kontrollverhalten:
- Informieren Sie Ihre Mitarbeiter gut über die Ziele der Kontrollen.
- Kontrollieren Sie in erster Linie, ob Aufgabenerteilungen und -Übertragungen richtig verstanden worden sind,
  → dies ist die Basis für die Erzeugung von Qualität.
- Finden Sie das „richtige Maß" für Mitarbeiter-Kontrollen,
  → zuviel Kontrolle führt bei den Mitarbeitern zu
    - Zweifeln am Selbstvertrauen,
    - Unsicherheit (auch bei einfachsten Dingen),
    - Unselbständigkeit (→ auch zu Rückdelegation);
  → zuwenig Kontrolle führt bei den Mitarbeitern zu
    - „schleifen lassen",
    - größerer Fehlerhäufigkeit (was einmal „durchgeht", wird wiederholt!),
    - Unordnung und Unpünktlichkeit.
- Vermeiden Sie heimliche Kontrollen, treffen Sie über beabsichtigte bzw. notwendige Kontrollen Vereinbarungen mit den Mitarbeitern.
- Beachten Sie auch beim Kontrollieren den Grundsatz der Gleichbehandlung,
  → jeden individuell, aber gerecht und objektiv kontrollieren.
- Bedenken Sie, daß Nicht-kontollieren bei betroffenen Mitarbeitern den Eindruck erweckt, nicht wichtig zu sein,
  → „uns nimmt man nicht einmal zur Kenntnis; nur wenn man fehlt, fällt man auf!" (und das tun die dann auch!).
- Kontrollieren Sie nur (dies aber konsequent), wofür Normen und SOLL-Werte bekannt sind.
- Beachten Sie, daß Kontrolle ein Führungswerkzeug ist, keine Strafmaßnahme.
- Vergessen Sie bei positiven Kontrollergebnissen nicht, Lob bzw. Anerkennung auszusprechen.
  → Anerkennung wirkt als Erfolgserlebnis, und Handlungen, die zu Erfolgserlebnissen führen, wiederholt man gern.
- Üben Sie bei negativen Kontrollergebnissen aufbauende Kritik, sichern Sie Hilfe zu.
- Geben Sie grundsätzlich die Kontrollergebnisse bekannt,
  → damit vermeiden Sie den Verdacht der „Schnüffelei".

6.15 Anerkennung und Kritik als Führungsmittel

„Wenn ich nichts sage, ist das Anerkennung genug und jeder weiß, daß ich mit ihm zufrieden bin, solange ich nicht was an ihm auszusetzen habe." „Diese Anerkennerei hat doch nur zur Folge, daß Lohnzulagen gefordert werden."

Sind Ihnen eine solche Einstellung von Vorgesetzten bekannt? Wie pflegt Ihr Vorgesetzter zu reagieren, wenn Sie einen Auftrag erledigt haben? Wir alle sind doch auf diesem Sektor so empfindsam und auch so motivierbar (siehe „Ich-Motive" der Maslow'schen Bedürfnispyramide).

Die sonntägliche Kaffeerunde verstreicht, die Hausfrau räumt das Kaffeegeschirr vom Tisch und blickt tiefsinnig auf die leer geräumten Kuchenplatten. Niemand schien bemerkt zu haben, welche Mühe sie sich mit dem Garnieren der Torten gegeben hatte.

Dabei ist es so einfach, mit ein paar Worten Leistung und Person anzuerkennen. Selbst wenn der Kuchen nicht so nach unserem Geschmack war, wird der Hausfrau Befriedigung zuteil:

„Dein selbstgebackener Kuchen ist immer wieder ausgezeichnet!"

Nicht nur die Anerkennung der sachlichen Leistung, auch die menschliche Anerkennung als Erfüllung des Motivs „Geborgenheit" trägt dazu bei,
- Beziehungen zu vertiefen,
- Orientierung zu geben und
- Leistungsbereitschaft zu fördern.

Man kann es nur als jammerschade ansehen, wie leichtsinnig auf dem Gebiet des *„Anerkennung-Aussprechens"* Chancen vertan werden, Motivation zu erzeugen.
- Arbeitseinsatz muß Anerkennung finden, muß sich lohnen. Das *Erfolgserlebnis* ist erst dann eines, wenn die Bestätigung der Leistung von anderen erfolgt. Die Bedeutung des Einzelnen als wichtiges Glied in der Kette wird dadurch bewußt gemacht.

- Wie soll der Mensch im Arbeitsleben seine *Orientierung* finden, wenn er kein Feedback erhält, sei es Anerkennung oder Kritik?
  → „Wo stehe ich?"
  → „Woran bin ich?"

- Als Vorgesetzter müssen Sie im Sinne des
  Kunde-Lieferant-Verhältnisses (gegenüber Ihrem Mitarbeiter sind Sie „Kunde"!) bestrebt sein, vorzügliche Beziehungen zu Ihren Mitarbeitern zu pflegen. Schließlich wünschen Sie ein gutes Arbeitsklima als Voraussetzung für qualitativ gute Leistungen. Das setzt einen ebenso qualitativ guten Führungsstil voraus. Mitarbeiter, die sich nicht menschlich anerkannt fühlen, schalten auf Gleichgültigkeit, reagieren mit „normaler" Leistung und Abschieben von Verantwortung.

Eine Anerkennung des Einsatzes wirkt als positive Verstärkung der Bereitschaft zu Leistung und Verantwortungsübernahme. Nicht ausgesprochene Anerkennung wirkt wie eine vorenthaltene Belohnung.

Mitarbeiter erwarten für gute Leistung und richtiges sowie kollegiales Verhalten Anerkennung. Anerkennung muß – spätestens – dann ausgesprochen werden, wenn sie erwartet wird. Sie läßt sich nicht konservieren, um sie später „bei passender Gelegenheit" wirkungsvoll anzubringen; kein Mitarbeiter würde dies verstehen. Andererseits darf Lob und Anerkennung nicht „mit der Gieskanne ausgeschüttet" werden. Also auch *nicht* nach der Masche:

Vermerk im Kalender für nächste Woche, Donnerstag, 10–12 Uhr, „Anerkennungs-Aktion in der Abteilung".

Anerkennung und Lob als „Pflichtübung" werden von den Mitarbeitern schnell als solche erkannt. Die Mitarbeiter werden mißtrauisch und Sie erreichen genau das Gegenteil von dem, was Sie erzielen wollten.

- Lob und Anerkennung sind Führungsmittel, die individuell und gut dosiert gegenüber den einzelnen Mitarbeitern anzuwenden sind.

Empfehlungen für angemessenes Anerkennen
- Betreiben Sie Anerkennung gezielt zu ganz bestimmten Anlässen und nutzen Sie die feinen Abstufungen:
  - *Bestätigung*   → „Gut so!" oder „das läuft ja wie geplant!",
  - *Anerkennung*   → „Das ist ein gutes Ergebnis!"
  - *Lob*   → „Sie gehören zu meinen besten Mitarbeitern!"

Bestätigung und Anerkennung wirken auf das *Verhalten*, weniger auf die Person. *Lob* wirkt stark auf die *Person* und ist daher nur bei außergewöhnlichen Leistungen angebracht.
- Anerkennung wirkt schon bei Normal-Leistung (→ Bestätigung!) und kann verstärkend wirken.
- Machen Sie deutlich, worauf sich die Anerkennung bezieht.
- Vermeiden Sie Übertreibungen, Floskeln und „Lobhudelei",
  → „Bei Ihnen klappt aber auch alles!" ???
- Wecken Sie keine falschen Erwartungen,
  → „Sie werden bei uns noch ganz groß rauskommen!" ???
- Seien Sie vorsichtig mit Lob vor Kritik, das schafft Verwirrung.
- Bei Lob und Anerkennung vor der Gruppe ist zu bedenken:

Vorteile: – Möglichkeit der Vorbildwirkung auf alle anderen.
Nachteile: – Resignation bei den anderen wegen Unerreichbarkeit des Vorzuges, gelobt zu werden.
- Der Neid anderer Gruppenmitglieder kann dazu führen, daß Mißgunst gegenüber dem Gelobten aufkommt, die Gruppe sich gegen ihn wendet.
- Möglichkeit der Enttäuschung bei denen, wo bei entsprechender ebenbürtiger Leistung die Anerkennung ausgeblieben ist.

> Die Mitarbeiter honorieren Ihr Anerkennen damit, daß sie Sie anerkennen!

Während das Anerkennen beiderseits „Freude macht", sieht das bei dem Thema *Kritik* schon etwas anders aus. Kritik hat – völlig zu unrecht – den negativen Beigeschmack des Tadels (= Makels).

„Andauernd mäkelt der „Alte" an uns herum, aber gelobt werden wir nie!"
Kennen Sie derartige Aussprüche (z.B. von *Azubi's!*)? Es ist ganz schlimm, wenn Kritik als „Niedermachen" aufgefaßt wird. Kritik darf nie als negatives Urteil wirken oder gar zu einer „Abrechnung" mit dem Betroffenen ausarten. Beispiele für „drastische Maßnahmen" kennen wir alle sicher genug:

→ „Den habe ich mir aber vorgenommen!"
→ Da wird „angepfiffen", ins Gebet genommen, „der Marsch geblasen", zusammengestaucht, „der Kopf gewaschen", „zur Sau gemacht", abgekanzelt, ...
(was fällt Ihnen da noch alles ein?)

- Kritik ist die Reaktion auf Fehlverhalten. Mit Kritik soll erreicht werden, daß das, was falsch gemacht wurde, künftig richtig gemacht wird und sich der Fehler nie wiederholt.

- Kritik anbringen bedeutet also, den Betroffenen dazu zu motivieren, etwas richtig oder besser zu machen, weil er selbst es auch will.

- Mit Kritik ist dem zu kritisierenden Mitarbeiter aufzuzeigen, ob seine Leistung bzw. sein Verhalten dem entspricht, was wir von ihm erwarten. Dazu gehört aber auch, Hinweise auf notwendige Korrekturen zu geben und dabei Hilfe zu leisten.

Darf ein Vorgesetzter dabei auch mal „laut werden"? Wenn er vom Temperament so veranlagt ist und unbedingt „Dampf ablassen" muß, wird er auch das Echo ertragen müssen. Unter Partnern muß er das aushalten und ein partnerschaftliches Verhältnis wünschen wir uns doch oder ...?

Kritik ist eine der heikelsten Führungsaufgaben, die Sie als Vorgesetzter zu erfüllen haben. Wie übt man Kritik?

- *Sachlich*:
  - Zu kritisieren ist die Arbeit, das Arbeitsergebnis, das Verhalten des Mitarbeiters, *nicht* die Person.
  - Beim Kritisieren Verärgerung oder Erregung zu zeigen, bringt nichts Positives ein,
    → reagieren Sie sich *vorher* ab.
  - Jegliche Übertreibungen zum Tatbestand vermeiden,
    → "Bei dem Murks, den Sie machen, müssen wir ja Pleite gehen!" ???

| Sachbezogene Kritik wird in der Regel akzeptiert |

- *Konstruktiv:* – Fehler zu beheben bedeutet, deren Ursachen zu analysieren und dort anzusetzen, um weitere Fehler zu verhindern.
  – Dem Betroffenen muß geholfen werden, Fehler zu erkennen und zu vermeiden.

| Aufbauende Kritik wird als Hilfe empfunden |

- *Schonend:* – Nicht nur Mängel kritisieren, auch Positives erkennen,
  → "Sie sind die/der Richtige an dem Platz, aber über *den* Fehler müssen wir reden!"
  – Der Betroffene soll seine eigene Stellungnahme abgeben können.
  – Kritik bitte grundsätzlich „unter vier Augen"!

| Kritik ohne Verletzung des Selbstwertgefühls ist erfolgreich. |

- *Positiv:* – Wie immer eine Kritik ausfällt, sie darf keinen „bitteren Nachgeschmack" hinterlassen und soll Mut machen,
  → lassen Sie Ihr Vertrauen erkennen, daß aus den Fehlern gelernt worden ist.
  – Kritik sollte mit versöhnlichen Worten beendet werden.

| Mutmachende Kritik verstärkt die Leistungsbereitschaft |

Das Falscheste, was Sie bei Fehlverhalten von Mitarbeitern tun können, ist nichts zu tun. Sicher ist es angenehmer, durch Lob und Anerkennung Zuneigung zu gewinnen. Es ist auch verständlich, daß Mitarbeiter Ihnen bei Kritik nicht gerade um den Hals fallen. Bei kritisierten Mitarbeitern kann eine starke persönliche Betroffenheit auftreten. Angst um den Ruf in der Gruppe führt zu einer Beschädigung der Selbstachtung. Dies alles kann Sie als Meister wohl betroffen machen, doch darf es Sie nie davon abhalten, notwendige Kritik um der Sache willen auszuüben. Nur sollten Sie das Kritisieren von Anderen nicht „auf die leichte Schulter nehmen". Insofern ist es auch angebracht, in der Praxis des „Tadelns" die feinen Abstufungen zu beachten:

- *Korrektur* → Kritischer Blick, „So geht das nicht, Sie müssen ...".
- *Kritik* → „Sie geben sich wohl Mühe, aber den Umgang mit den Meßmitteln beherrschen Sie nicht".

- Tadel   → „Die Fehlerhaftigkeit Ihrer Arbeit ist so nicht tragbar".
           „Sie sind mein bestes Pferd im Stall: Sie machen den meisten Mist".

Korrektur und Kritik wirken mehr auf das *Verhalten*, weniger auf die Person, dagegen wirkt *Tadel* stark auf die *Person*. Entsprechende negative Folgewirkungen sind zu erwarten.

Das Kritikgespräch führen

Kritikgespräche gehören zweifellos zu den unangenehmen und wenig beliebten Aufgaben einer Führungskraft. Wenn es denn schon unangenehm ist, dann sollten Sie als Meister alles tun, um die Leistungsfähigkeit und -bereitschaft nicht infrage zu stellen. Das beginnt mit der Ihnen geläufigen guten Vorbereitung des „Mitarbeitergesprächs", das im Falle von Kritik natürlich ein „Vier-Augen-Gespräch" sein wird. *Wo* soll das Gespräch stattfinden? Wir kennen alle das Gefühl, zum Chef zitiert zu werden.

→ Wie wird er mich empfangen?
→ Läßt er mich gleich an der Tür stehen?
→ Wird er mich begrüßen?
→ Wird er mir die Hand reichen (oder erst, nachdem er mich „fertiggemacht" hat)?

Das Gespräch sollte – ungestört – an einem „neutralen" Ort stattfinden. Gibt es die Möglichkeit hierfür in der Nähe des Arbeitsplatzes des Mitarbeiters, würde dies dem Mitarbeiter einiges seiner Unsicherheit nehmen. Findet das Gespräch in Ihrem Zimmer statt, sollten Sie auf keinen Fall hinter Ihrem Schreibtisch sitzen, sondern eine partnerschaftliche Position „über Eck" zu Ihrem Gesprächspartner einnehmen. Ein Kritikgespräch hat ohnehin so etwas „von oben nach unten" an sich, man sollte dies nicht durch die äußeren Bedingungen noch verstärken.

Wie soll ein erfolgversprechendes Kritikgespräch ablaufen? Wichtigste Voraussetzung für einen positiven Verlauf ist Ihre Bereitschaft und Ihr Wille, Emotionen zu vermeiden (zumindestens in Grenzen zu halten!) und aus dem Fehlverhalten des Mitarbeiters bzw. den aufgetretenen Fehlern Empfehlungen für Korrekturen bzw. Verbesserungen gemeinsam herauszuarbeiten. Das setzt auch voraus, daß Sie mit dem Betroffenen weiterhin zusammenarbeiten wollen.

Die Phasen des Kritikgesprächs

Kontakt-Phase: Stellen Sie den harmonischen menschlichen Kontakt her, indem Sie dem Mitarbeiter glaubhaft machen, positiv ihm gegenüber eingestellt zu sein. Tasten Sie die Stimmung ab. Ein total frustrierter Gesprächspartner ist ebenso von vornherein eine Garantie für ein Scheitern des Gesprächs wie wenn Sie als verärgerter Chef zu brüllen anfingen.

Klärungs-Phase: Kommen Sie konkret und ohne Umschweife zur Sache. Bleiben Sie neutral, halten Sie Emotionen zurück. Bitten Sie den Mitarbeiter um seine Stellungnahme, keiner kann die Sachlage klarer verdeutlichen als der Betroffene.
Entkräften Sie ggf. aufkommende Ausreden und Ausflüchte mit argumentativen Fragen (Sie haben doch Argumente?). Lassen Sie sich nicht „verschaukeln". Ergibt sich in dem Klärungsgespräch die Situation, daß die Annahme eines Fehlverhaltens garnicht zutrifft, können Sie immer noch das Kritikgespräch (in Freundschaft) abbrechen.

Kritik-Phase: Ist das Fehlverhalten eindeutig belegt worden, muß bei dem Mitarbeiter auch das Schuldbewußtsein geweckt werden. Worauf soll sonst die Motivation für eine Verhaltenskorrektur begründet sein?
Gehen Sie nicht davon aus, ein öffentliches Bekenntnis zur Schuld zu erhalten (betretenes Schweigen ist auch eine Aussage). Selbstbeschuldigungen bringen ohnehin nicht weiter, sie werden von dem Betroffenen als Niederlage empfunden und führen zu Verschlossenheit gegenüber Ihren guten Absichten.

Aufbau-Phase: Aus der Kenntnis seines Fehlverhaltens und den daraus resultierenden Folgen ist der Mitarbeiter dazu zu bringen, die notwendigen Korrekturen bzw. Besserungen selbst zu erkennen. Überzeugen Sie den Mitarbeiter davon, daß es Ihnen ausschließlich auf die notwendige Verhaltenskorrektur ankommt (ohne Schaden für die Person) und bieten Sie Ihre Hilfe an. Vereinbaren Sie klare und verbindliche Ziele und kündigen Sie entsprechende Kontrollen an.

Abschluß-Phase: Seien Sie nicht nachtragend ob des Fehlverhaltens und machen Sie dies dem Mitarbeiter deutlich. Vermeiden Sie „Straf"-Androhungen in jeder Form (auch nicht „im Spaß"). Derartige Versuche von Stimmungs-„Auflockerungen" werden falsch verstanden. Verabschieden Sie den Mitarbeiter freundlich, aber nicht jovial (haben Sie ihm eingangs nicht die Hand gereicht, tun Sie es bitte jetzt auch nicht).

Ein Tip noch zum Thema Selbstkritik

Wenn wir das Verhalten beim Kritisieren abhandeln, dann soll eine Bemerkung zum Verhalten bei *Selbstkritik von Vorgesetzten* nicht fehlen. Jeder macht Fehler, so auch Vorgesetzte. Unabhängig davon, daß man als Vorgesetzter besonders strenge Maßstäbe anlegen muß, hat die Reaktion bei Feststellung eines eigenen Fehlers ihre Auswirkungen bei den Mitarbeitern. Zweifel an den Fähigkeiten, Mißtrauen bis hin zu dem Verlust der Autorität sind mögliche Wirkungen von Vorgesetzten-Fehlverhalten. Derartige Erfolgstiefs muß jeder ggf. durchleben, indem er ehrlich vor sich selbst und den anderen ist.

Bei aller Offenheit bezüglich selbstkritischer Reaktionen sollten Sie jedoch vermeiden, durch scheinbar „locker" gemeinte Äußerungen Ihre Autorität selbst zu untergraben:
- „Oh, das war ein Fehler!"
  → bewirkt freundliches menschliches Verständnis bei den Mitarbeitern.
- „Da habe ich aber Mist gebaut!"
  → Vorsicht! Sie bewegen sich am Rande der Mitarbeiter-Akzeptanz!
- „Oh je, da war ich aber wirklich blöd!"
  → Jetzt kann durchaus einer spötteln: „Wir wagen nicht, zu widersprechen!" Mitarbeiter mögen es überhaupt nicht, wenn das Vorbild ihres Chefs angekratzt wird. Er ist schließlich ihr „Aushängeschild"!

6.16 Beurteilen von Mitarbeitern

Der Arbeitnehmer kann verlangen, ...und daß mit ihm die Beurteilung seiner Leistung sowie die Möglichkeiten seiner beruflichen Entwicklung im Betrieb erörtert werden.
Auszug aus Betr.VG § 82, Absatz 2

Wie oft und wie wirkungsvoll informiert Ihr Vorgesetzter Sie über Ihr Leistungsverhalten? Kennen Sie Ihre Entwicklungsmöglichkeiten?

Mitarbeiterbeurteilung ist ein tragender Bestandteil (Besitzstand!) kooperativer Führung. Dazu bedarf es eigentlich keines gesetzlichen Zwanges.

Bei allem Unbehagen, mit dem viele Vorgesetzte an diese Aufgabenstellung herangehen, gibt es wohl niemanden, der nicht einsieht, daß Mitarbeiterbeurteilung samt der damit verbundenen Akktivitäten ein unverzichtbares Instrument für den erfolgreichen Personaleinsatz sowie für objektive Personalentscheidungen ist. Die Wichtigkeit ist noch dadurch zu unterstreichen, daß die immer entscheidender werdende Effizienz der Arbeitsplätze in unseren Betrieben damit wesentlich beeinflußbar ist. Wenn *Qualität* die Grundlage der Unternehmens-Strategie ist, dann verpflichtet diese Strategie dazu, die *Stärken zu erkennen* und zu nutzen, die *Schwächen zu beheben*. Bezogen auf das Personalpotential ist die Mitarbeiterbeurteilung das Werkzeug hierfür.

Mitarbeiterbeurteilung durchführen

bedeutet:
- Leistungen und Verhalten der Mitarbeiter
  → zu erfassen,
  → zu vergleichen,
  → zu beurteilen,
- schriftliches Festhalten des Beurteilungsergebnisses,
- mit jedem Mitarbeiter ein Beurteilungsgespräch führen,
- fördernde bzw. korrigierende personelle Maßnahmen vereinbaren, einleiten und deren Realisierung überwachen.

Der Betrieb gewinnt aus den Mitarbeiterbeurteilungen Erkenntnisse über
- die Qualität der Erfüllung vereinbarter Ziele und Vorgaben,
  → vornehmlich bei Führungskräften.
- den Grad der Erfüllung der Arbeitsplatzanforderungen.
  → Erfüllt der einzelne Mitarbeiter die Anforderungen?
  → Sind personelle Maßnahmen erforderlich?
- die Qualität der Arbeitplatzbesetzung,
  → „richtiger Mann am richtigen Platz"?
- Leistungsniveau und soziale Kompetenz der Mitarbeiter,
  → richtungweisend für Personalentwicklungsmaßnahmen.
- vorhandenes Nachwuchspotential,
  → Förderung des innerbetrieblichen Aufstiegs.
- Möglichkeiten zur Nutzung nicht ausgeschöpfter Leistungspotentiale.
- ggf. notwendige Maßnahmen zur Sicherstellung der leistungsgerechten Entlohnung.

Den Mitarbeitern bietet die Beurteilung, unabhängig davon, daß es auch mal nicht den Wünschen entsprechende Ergebnisse geben kann, eine wichtige Orientierung
- über den Grad des persönlichen Erfolges,
  → Erfolgserlebnis durch die Bestätigung des Beurteilers,
- über die betriebsseitige Einschätzung ihrer Fähigkeiten und erbrachten Leistungen,
  → Abgleich mit der Selbsteinschätzung,
- über die Position, die der einzelne in der Gruppe einnimmt,
  → Bestätigung und Anerkennung als wichtiges „Glied in der Kette",
  → Stärkung des Selbstwertgefühls, Befriedigung der ICH-Bedürfnisse,
- über die persönlichen Stärken und Schwächen,
  → eröffnet die Möglichkeit, gezielt an sich selbst zu arbeiten,
- zum Erkennen der Realitäten,
  → Verhinderung falscher Hoffnungen und Enttäuschungen,
- für die berufliche und persönliche Weiterentwicklung,
  → durch das Beurteilungsgespräch mit dem Vorgesetzten.

Für Sie als Meister bietet die Mitarbeiterbeurteilung die für die Personalführung notwendige individuell differenzierte Grundlage. So wie der Mitarbeiter wissen will „Wie bin ich?", so benötigen Sie das Wissen „So ist er". Beginnend mit den kritischen Beurteilungen während der *Probezeit*, anläßlich regelmäßig fälliger *Leistungsbeurteilungen*, bei *Versetzungen* oder *Personalentwicklungsmaßnahmen*, wegen Klärung der Berechtigung von *Lohnerhöhungswünschen*, bis hin zur Erstellung eines *Abgangszeugnisses* wird im Prinzip permanent eine abrufbare Beurteilung Ihrer Mitarbeiter von Ihnen erwartet.

Nun ist der Beurteilungsbogen, den Sie von der Personalabteilung auf den Tisch bekommen, längst nicht alles, was zur befriedigenden Lösung der Beurteilungsaufgabe erforderlich ist. Sofern es darum ginge, „ein paar Punkte zu verteilen" (natürlich gerecht!), ist dies vielleicht kein so großer Aufwand; doch damit ist es ja nicht getan. Sie sollen dem Mitarbeiter keine Bewertungspunkte „verkaufen", sondern *begründbare Beurteilungen* zu den diversen Beurteilungskriterien spätestens anlässlich des Beurteilungsgesprächs formulieren.

Beurteilen ist also keine Routine, die so nebenher „mit links" zu erledigen ist.

> Beurteilt wird die Leistung und das Verhalten des Mitarbeiters bei der Erfüllung der ihm übertragenen Aufgaben und Verantwortung.

Voraussetzung, etwas beurteilen zu können, ist die Kenntnis der eindeutig definierten *Aufgabenstellungen* und *Zielvorgaben* sowie das *Festlegen von Maßstäben*, an denen Leistung und Verhalten gemessen werden kann. Die Maßstäbe sollten dem zu Beurteilenden zur Kenntnis gegeben werden.

Desweiteren kann natürlich nichts beurteilt werden, was nicht als Fakt vorliegt; d.h. es müssen über den relevanten Beurteilungszeitraum Fakten und Beobachtungen festgehalten worden sein.

Die wichtigste Voraussetzung ist, als Beurteilender die Befähigung für das Beurteilen Anderer zu besitzen. Dazu gehört neben dem notwendigen Wissen über die „Spielregeln" und der objektiven „inneren Einstellung" im Wesentlichen Übung, Übung, Übung ..... Im Idealfall sollten alle Beurteiler den gleichen Befähigungsstand aufweisen, was in der Praxis kaum erreicht wird (daher die wichtige Rolle des „Zweitbeurteilers").

Die „Spielregeln":

- Beurteilen darf nur der Vorgesetzte.
- Das Beurteilungssystem muß dem zu Beurteilenden vorher bekannt gemacht werden.
- Einschlägige Bestimmungen – Gesetze, Tarifverträge und Betriebsvereinbarungen – sind zu beachten.

- Die Beurteilung darf sich nur auf die ausgeübte Tätigkeit und die dabei erbrachte Leistung bzw. das dabei gezeigte Verhalten beziehen.
- Die Beurteilung muß auf eigenen Beobachtungen oder aber gesicherten Erkenntnissen des Beurteilenden beruhen.
- Die Beurteilung muß objektiv und vorurteilsfrei erfolgen.
- Die Beurteilung ist schriftlich niederzulegen, z.B. im Beurteilungsbogen zu dokumentieren.
- Mit dem Mitarbeiter ist die Beurteilung anhand der niedergelegten Beurteilung zu besprechen. Dabei ist dem Mitarbeiter genügend Zeit zu gewährleisten, das Beurteilungsergebnis „in sich aufzunehmen".
- Beurteilung darf weder Abrechnung noch Rache sein. Sie ist keine Vergangenheitsbewältigung, sondern ein Instrument, das zukünftige Arbeits- und Leistungsverhalten des Mitarbeiters zu stärken und wo möglich zu verbessern.

Grundsätzliches zur „inneren Einstellung"

Die Wirkung einer Beurteilung hängt stark von den Partnern, dem Beurteilenden wie auch dem zu beurteilenden Mitarbeiter, ab. Sie als Vorgesetzter wirken ein mit Ihrem Stil, Ihrer Art zu reden, zu argumentieren, Ihrer Art, bei Einwänden und Rechtfertigungen zuzuhören u.a.m..

Der Mitarbeiter/die Mitarbeiterin steht dem gegenüber mit allen möglichen Empfindlichkeiten, Vorurteilen, dem ausgeprägten Charakter und mehr oder weniger vorhandener Einsichtsfähigkeit.

– Es ist von größter Wichtigkeit, daß Sie als Meister und Vorgesetzter zu selbstkritischer Einstellung bereit sind.
    → Ist Ihnen der/die zu beurteilende Mitarbeiter(in) unsympathisch bzw. empfinden Sie besondere Sympathien?
    → Sehen Sie in dem zu Beurteilenden einen Konkurrenten, neigen Sie dazu, ihn „niederzumachen" oder „fortzuloben"?
    → Sind feststellbare Mitarbeiterschwächen ursächlich durch Ihre Führungsfehler beeinflußt, war Ihr Führungsstil richtig?
Neutrale Objektivität muß die Basis Ihrer Beurteilung sein.
– Seien Sie offen für menschliche Probleme, die Leistung und Verhalten des Mitarbeiters beeinflußt haben.
– Bilden Sie sich objektive „Leistungs"- und „Verhaltensmarken".
    → Welche Leistung ist überhaupt möglich?
    → Was ist „durchschnittliche" Leistung?
    → Nehmen Sie sich nicht selbst zum Maßstab!?
– Welche störenden auf Leistung und Verhalten der Mitarbeiter einwirkenden äußeren Einflüsse berücksichtigen Sie bei der Beurteilung?
– Seien Sie bereit, eigene Meinungen zu korrigieren, holen Sie sich bei auftretenden Unsicherheiten Rat bei anderen Fachleuten.

Was soll beurteilt werden?

Das Gesamtergebnis einer Beurteilung ergibt sich aus der Summe mehrerer Merkmale, deren es nicht zu viele sein sollten. In der Regel sind die *Beurteilungsmerkmale* durch Tarifverträge vorgegeben, wenn nicht, sind sie durch Betriebsvereinbarungen fixiert.

Beurteilungsmerkmale müssen für die Tätigkeit wichtig sein und müssen durch Beobachtung des Verhaltens erfaßbar sein. Wesentliche Merkmale, die in der Industrie verwendet werden, sind (ohne Wertigkeit dargestellt) z.B.:

- Arbeitseinsatz,
- Arbeitssorgfalt,
- Arbeitstempo,
- Auffassungsgabe,
- betriebliches Zusammenwirken,
- Durchsetzungsvermögen,
- Fachkenntnisse,
- Führungsverhalten,
- Initiative,
- Qualität der Leistung,
- Selbständigkeit,
- Verantwortungsbereitschaft,
- Verhalten gegenüber Kollegen,
- Verhalten gegenüber Vorgesetzten,
- Zuverlässigkeit.

Für jedes Merkmal benötigt der Beurteiler natürlich eine „Messlatte": die *Beurteilungsstufen*. Die hierfür anzutreffenden Varianten sind so verschieden wie die vielen Unternehmen und Tarifverträge. Es wäre sicher wenig hilfreich, Ihnen neben einem für Ihren Betrieb ohnehin vorgeschriebenen Verfahren an dieser Stelle weitere Vorschläge zu machen.

Die üblichen Stufungen reichen von bis zu 12 verbal beschriebenen Stufen über mit Punkten bewertete 5-stufige Varianten (die dritte Stufe ist dann „Durchschnitt") bis zu Punkte-Verfahren (z.B. Tarifvertrag Baden-Württemberg).

- Die Anzahl der Stufen sollte einerseits nicht zu gering sein,
  → Sicherstellung einer gerechten Differenzierungsmöglichkeit,
- andererseits führt eine zu große Anzahl Stufen leicht zu Unschärfen in der Abgrenzung.

Welches System auch immer zur Anwendung kommt, für Sie als Meister ist entscheidend, daß eine objektive gerechte Beurteilung danach positive Wirkungen erkennen läßt. Um dies sicherzustellen, sollte man bestimmte *Beurteilungsfehler* vermeiden.

Fehlerquellen beim Beobachten:
- Der sogenannte *„Halo"-Effekt*
  → bezeichnet die gefährliche Verfälschung, wenn die Wahrnehmung zu einem bedeutenden Merkmal ungeprüft auf andere Merkmale oder gar auf andere Mitarbeiter übertragen wird.
- *Vorurteile* gegenüber einem Mitarbeiter
  → werden nur schwer als Verfälschung erkannt und sind nur durch einen Zweitbeurteiler aufdeckbar.
- *Stimmungsschwankungen* trüben den „klaren Blick",
  → Ärger ins Negative, Freude ins Positive.
- *Sympathie* bzw. Ähnlichkeiten,
  → führt leicht zu „rosa gefärbten" Beobachtungen, je sympathischer die zu beurteilende Person, desto positiver die Beurteilung.
- *Selektion*, auch unbewußte,
  → bedeutet, daß nicht alle Merkmale gleichermaßen beobachtet werden, man sieht nicht, was man nicht sehen will.

Fehlerquellen beim Beurteilen:
- *Tendenz zur Mitte,*
  → zu wenige und ungenaue Beobachtungen oder fehlender Mut zur Entscheidung, auch Gleichgültigkeit, führen dazu,
  → wirkt bremsend auf das Leistungsverhalten der Mitarbeiter, schwache Leistungen werden nicht offengelegt.
- *Tendenz, zu gut zu bewerten,*
  → spricht für falsch verstandene „Menschlichkeit", Beurteiler will offensichtlich Ärger aus dem Wege gehen;
  → schwache Mitarbeiter werden „hochgelobt", die guten verärgert.
- *Tendenz, zu negativ zu bewerten,*
  → deutet auf Vorurteile fachlicher oder persönlicher Art, ergibt sich auch, wenn der Beurteiler sich selbst zum Maßstab nimmt;
  → erzeugt bei den Mitarbeitern ein Gefühl der Sinnlosigkeit, führt zu Frust, ggf. auch zu Konflikten.
- *Abschreiben* alter Beurteilungen,
  → zeugt von Unfähigkeit des Beurteilers,
  → ist ohne jeglichen Wert.
- *„Der erste Eindruck",*
  → tritt oft auf wegen Zeitmangel, gefährlich („brennt sich ein"!),
  → erzeugt Abwehrhaltung bei den Mitarbeitern.
- *„Vetternwirtschaft",*
  → Abhängigkeit des Beurteilers von Freundschaften, Verwandtschaftsverhältnisen u.ä.,
  → führt zu zunehmender Abhängigkeit, bis zu Erpressbarkeit.
- *Status-Denken,*

- → führt zur besseren Bewertung von „Ranghöheren" (was immer man darunter versteht) als der „übrigen Bevölkerung",
- → Betriebsklima wird gestört, Mängel übersehen, Mitarbeiter ungerecht behandelt.

Die möglichen Auswirkungen fehlerhafter Beobachtungen und Beurteilungen müssen wohl nicht tiefgehender behandelt werden. Die Folgen von Frust und Verärgerung sind uns bestens bekannt.

Das Beurteilungsgespräch

Der Erfolg einer Mitarbeiterbeurteilung stellt sich erst durch das obligatorische Gespräch mit dem Mitarbeiter heraus.

> Ziel des Beurteilungsgesprächs ist es, dem Mitarbeiter in kooperativem Sinne die derzeitige Einschätzung seiner Leistungen und Verhaltensweisen darzulegen sowie entwicklungsfördernde Impulse zu geben, ggf. entsprechende Schritte und Ziele zu vereinbaren.

Nirgendwann prallen Erwartungen bzw. Selbsteinschätzung und die Realität der Leistungen und Verhaltensweisen so komprimiert aufeinander wie bei dem Beurteilungsgespräch. Es hat schon seine Gründe, wenn viel Vorgesetzte diesen Gesprächen am liebsten aus dem Wege gehen würden. Wer jedoch positiv zu seinen Mitarbeitern steht, muß in seiner Rolle als Coach die Verpflichtung sehen, über die Schwachstellen und deren Beseitigung in Ruhe zu reden. „Streicheleinheiten" und Beförderung verteilt man ohnehin gern.

Da es fast immer irgendwelche Schwachpunkte gibt (kein Mensch ist in allen Belangen hervorragend oder ausschließlich schwach), gilt es, mit guten Begründungen in das Beurteilungsgespräch zu gehen.

- Da es nicht darum geht, Kritik zu üben, kann das Gespräch zum Abbau (beiderseitiger) innerer Spannungen mit einigen allgemeinen Bemerkungen eingeleitet werden (Sie kennen doch Ihre Mitarbeiter?).
- Es liegt bei Ihnen, das Gespräch mit dem Mitarbeiter klar zu gliedern (Sie sind der Einladende). Zu empfehlen ist, in Kenntnis der „High-lights" der vorliegenden Beurteilungsergebnisse dem Mitarbeiter zu Beginn das Ziel des Gesprächs eindeutig zu erklären.
- Beginnen Sie grundsätzlich mit den positiven Ergebnissen und ggf. den daraus abzuleitenden personellen Entwicklungsmöglichkeiten,
  → aber bitte keine Versprechungen machen, die Sie nicht halten können.
- Unzureichende, schwache Arbeitsergebnisse sowie nicht den Erwartungen entsprechende Verhaltensweisen konkret ansprechen,
  → geben Sie dem Mitarbeiter Gelegenheit, seine Schwächen selbst zu erkennen und Ideen zur Verbesserung zu äußern,

- → weisen Sie Wege, wie Verbesserungen erreicht werden können,
- → vereinbaren Sie ggf. konkrete Maßnahmen und Zielsetzungen, aber bitte mit Terminen („Wann, klären wir später" geht oft schief!).
- Lassen Sie den Mitarbeiter in Ruhe seine Meinung zu Ihrer Beurteilung sagen, ebenso, wie Sie ihm Ihre Schlußfolgerungen aus der Beurteilung darlegen.
  - → Vermeiden Sie es, sich zu rechtfertigen und schon garnicht, indem Sie kundtun: „Andere sind auch meiner Meinung". Sie, und *nur Sie* müssen zu Ihrer Beurteilung stehen.
  - → Sollte sich während des Gesprächs ein Fehlurteil Ihrerseits zeigen, seien Sie offen für eine Korrektur (nobody is perfect).
- Nutzen Sie das Gespräch, auch offen die Stärken und Schwächen des Mitarbeiters gegeneinander abzuwägen.
- Kommen im Zusammenhang mit der Diskussion über die Mitarbeiterbeurteilung auch betriebliche oder führungsmäßige Mängel zur Sprache, würgen Sie derartige Hinweise nicht ab,
  - → im Gegenteil: Hören Sie gut zu!
- Vermeiden Sie es, anläßlich der Beurteilung Lohn- bzw. Gehaltsfragen zu diskutieren,
  - → Leistungsbeurteilung und aufgabenabhängige Entlohnung sind „zwei verschiedene Schuhe".
- Fassen Sie das Gesprächsergebnis zusammen, stellen Sie das Bemühen um ein objektives Ergebnis heraus.
  - → Es ist nicht erforderlich, dem Mitarbeiter das Einverständnis mit der Beurteilung „abzuringen", der Mitarbeiter bestätigt mit seiner Unterschrift die „Kenntnisnahme".
- Es empfiehlt sich, das Gesprächsergebnis und die wesentlichen Schlußfolgerungen schriftlich festzuhalten.

Die Schritte des Beurteilens

Beobachten:
- Ständige Aufgabe des Vorgesetzten,
- selbst beobachten, nichts auf „Hörensagen" geben,
- sich Zeit nehmen,
- weder „ersten Eindruck" noch Ärgernisse zu stark bewerten.

Festhalten:
- Vor allem positive Beobachtungen festhalten,
- sachliche Fakten beschreiben, nicht pauschalieren,
- Notizen über das Beobachtete unterstützen ein eventuell unzuverlässiges Gedächtnis.

Vergleichen:
- Frühere Leistungen mit den jetzigen vergleichen,
- Rangreihen mit den Leistungen anderer Mitarbeiter erstellen,
- vergleichen bedeutet feststellen, *nicht* bewerten.

Beurteilen:	– Den eigenen Standort bzw. Maßstab kritisch prüfen, – Anforderungen und gebrachte Leistungen objektiv gegenüberstellen, – nur eindeutige Fakten bewerten, – nicht vorschnell urteilen.
Besprechen:	– Den Mitarbeiter nie über seine Beurteilung im Unklaren lassen, – der Mitarbeiter soll seine Stärken und Schwächen erkennen, – dem Mitarbeiter durch das Gespräch Impulse geben (aber keine Versprechungen!), – das Vertrauensverhältnis zu dem Mitarbeiter vertiefen, Entwicklungsmöglichkeiten darlegen, – gegebenenfalls Zielsetzungen vereinbaren.

Förderung der Mitarbeiter

Es liegt nahe, aufgrund von Beurteilungen auch über die Möglichkeiten und *Notwendigkeiten* der *Mitarbeiter-Förderung* nachzudenken. Eine gute Führungskraft wird mit derartigen Überlegungen nicht damit warten, bis der Mitarbeiter fordernd an sie herantritt. Es ist als selbstverständlich anzunehmen, daß Mitarbeiter, denen eine gute oder gar hervorragende Leistung bestätigt wird, davon ausgehen, in diesem Betrieb beruflich weiterzukommen.

Zum anderen ist die Personalförderung eine unabdingbare Voraussetzung für das Überleben eines Unternehmens.

> Personalförderung ist eine wichtige Investition in das „Humankapital".

So ist die Förderung als *Personalentwicklung* im Sinne der *Nachwuchsförderung* für das Unternehmen als auch als Erfüllung der Wachstumsbedürfnisse der Mitarbeiter zu sehen.

So stellen sich für einen Vorgesetzten folgende Fragen:
– „Bilden die Mitarbeiterbeurteilungen die Grundlage zu Förderungsmaßnahmen für meine Mitarbeiter?"
– „Betreibe ich gezielte Personalentwicklung?"
– „Fördere ich Nachwuchskräfte (auch wenn sie dann meinen Bereich verlassen werden)?"
– „Welche Möglichkeiten der Förderung habe ich?"

Personalförderung muß nicht unbedingt mit „mehr Geld" verbunden sein. Selbstverwirklichung und Erfüllung beruflicher Zielvorstellungen haben einen wesentlich höheren Stellenwert. Als Anregung für eigene Überlegungen seien Ihnen nachfolgend Beispiele für Fördermaßnahmen genannt, die am häufigsten auf einem Führungskräfteseminar herausgearbeitet worden sind (Auszug):

- Durch Aufgabenstellung fördern,
  → Delegation von Aufgaben,
  → Übertagen von Kompetenzen und Verantwortung,
  → Kompetenzen erweitern.
- Einbeziehen in die unternehmensbezogene Personalentwicklung,
  → Weiterbildungsmaßnahmen,
  → Fördern von Mitarbeiter-Initiativen (→Meisterkurs),
  → auf Spezialgebiet ausbilden lassen.
- Mitarbeiterbezogene Entwicklung,
  → Laufbahnplanung,
  → Beförderung,
  → zum Stellvertreter ernennen,
  → Versetzung nicht behindern.
- Übertragen Arbeitsplatzübergreifender Aufgaben und Kompetenzen,
  → Beteiligen an Entscheidungen,
  → Übertragen von Patenschaften,
  → Gruppenführer-Funktion,
  → Einsatz als Moderator oder Trainer.
- Finanzielle Verbesserung,
  → Erfolgsbeteiligung (meist noch eine Vision!).

Mit zu den wichtigsten Investitionen in das „Humankapital" zählt die Weiterbildung, vielfach (leider) halbherzig betrieben, weil nach Meinung vieler Manager

- zu hohe Kosten verursachend und
- mit Produktionsausfall verbunden.

Es läßt sich zwar kaum eine schlüssige Kosten-Nutzen-Analyse durchführen, doch ist es eine Tatsache, daß in Unternehmen, die gezielt Weiterbildungsmaßnahmen durchgeführt haben, eine Verhaltensänderung der Mitarbeiter erkennbar war. Insbesondere zeigte sich

- ein besseres Kommunikationsverhalten,
- ein positiv kritisches Mitdenken zu den betrieblichen Problemen, weniger „Mekkerei" und Beschwerden,
- höhere Aufgeschlossenheit zu notwendigen Veränderungen,
- eine neue Qualität bei Verbesserungsvorschlägen,
- höheres Verantwortungsbewußtsein,
- mehr Bereitschaft zu Teamarbeit,
- mehr Zufriedenheit.

Gesetzliche Grundlagen für die Mitarbeiterbeurteilung

Es empfiehlt sich für Vorgesetzte, die für ihr Arbeitsgebiet relevanten gesetzlichen Grundlagen sattelfest zu beherrschen. Spätestens nach den ersten Begegnungen mit Betriebsräten lernt jeder, daß diese Kollegen in der Regel hervorragend geschult sind.

Für das Arbeitsgebiet „Mitarbeiterbeurteilung" sollte z.b. beachtet werden:
- Betriebsverfassungsgesetz §§ 82, 83:
  → § 82 „Anhörungs- und Erörterungsrecht des Arbeitnehmers":
  – Erörterung der Beurteilung seiner Leistung sowie der möglichen beruflichen Entwicklung im Betrieb mit ihm;
  – er ist berechtigt, zu Maßnahmen des Arbeitgebers, die ihn betreffen, Stellung zu nehmen (→ Recht auf Gegendarstellung).
  → § 83 „Einsicht in die Personalakte":
  – Recht des Arbeitnehmers auf Einsicht in die Personalakte.

- Betriebsverfassungsgesetz § 94:
  → Legt fest, daß das „Aufstellen allgemeiner Beurteilungsgrundsätze" der Zustimmung des Betriebsrates bedarf.

Kommentar: Können die Ergebnisse von Beurteilungsrichtlinien Einfluß auf die Höhe des *Entgelts* haben, gilt dafür der *Vorrang* des *Tarifvertrages*.

Zum Thema „Zeugnis":
- BGB § 630 sowie GewO § 113:
  → Beinhalten allgemeine Regeln über das „Erstellen von Arbeitszeugnissen":
  – Das „einfache Arbeitszeugnis" ist ausschließlich ein Beschäftigungsnachweis über Art und Dauer der Beschäftigung.
  – Das „qualifizierte Arbeitszeugnis" wird in der Regel nur auf Verlangen ausgestellt. Es muß qualifizierte Angaben über Leistung und Führung des Mitarbeiters enthalten. (siehe Abschnitt „Das Arbeitszeugnis")

Welcher *Rechtsweg* steht dem Mitarbeiter im Steitfall offen?
- Ein derartiger Konflikt sollte möglichst unternehmensintern gelöst werden durch
  → persönliches Gespräch mit dem Arbeitgeber oder dessen Beauftragten (in der Regel ist dies die Personalabteilung),
  → Einschaltung des Betriebsrates als Interessenvertretung.
- Kommt es zu keiner Lösung, bleibt dem Arbeitnehmer
  → die Klage vor dem Arbeitsgericht.

6.17 Mit Beschwerden und Konflikten umgehen

„Laß die doch reden, die haben doch immer was zu meckern!"

Kennen Sie solche Sprüche? Warum werden Anzeichen von Unmut oder auch geäußerte Beschwerden auf „irgendeine Art und Weise abgetan" oder übergangen? Dabei muß sich jeder Vorgesetzte doch im klaren sein, daß ein derartiges Verhalten nur zur Entstehung von Konflikten führen kann.

☐ Ihre Abteilung besteht aus 18 gut eingearbeiteten Mitarbeitern, deren Zusammenarbeit mustergültig ist. Nun ist beabsichtigt, diese Mannschaft zu erweitern um den Kollegen Harry, der z.Zt. in einer anderen Abteilung tätig ist und den Ruf genießt, wenig kollegial zu sein, „und der Beste ist er auch nicht".
Sie beobachten, wie in Gruppen zeitweilig heftig diskutiert wird, Unmut scheint aufzukommen. Einige Mitarbeiter lehnen den Harry strikt ab, andere wollen ihm eine Chance geben.
Schließlich beschwert sich auch einer der Mitarbeiter bei Ihnen mit der Begründung, Harry sei für die zu besetzende Stelle nicht der richtige Mann.

Es ist zu hoffen, daß Sie erkennen: Sie haben ein Problem! Natürlich können Sie alle die Vorbehalte auch als unkollegiale Voreingenommenheit der Gruppe gegenüber einem „Neuen" abtun und sich „kraft Amtes" mit der Übernahme des Kollegen Harry durchsetzen. Ist das eine Lösung? Sicher werden Sie die „harte Linie" nicht verfolgen und entsprechend der kooperativen Zusammenarbeit Beschwerden Ihrer Mitarbeiter nicht ausweichen.

Beschwerden erfolgen in der Regel aus einer Verärgerung heraus, ggf. auch verbunden mit einem berechtigten sachlichen Interesse. Eine wesentliche Ursache für Unmut und daraus resultierender Beschwerden kann mangelnde Mitarbeiter-Information bzw. -Orientierung sein. Es darf nie verkannt werden, daß geäußerte Beschwerden oft nur „die Spitze des Eisberges" schmorender tiefliegender Probleme widerspiegeln. Hinzu kommt, daß die offiziel vorgebrachte Beschwerde garnicht das „wahre Problem" sein muß. Wird in solchen Fällen das Sachproblem der Beschwerde befriedigend bereinigt, schmort der wahre Konflikt weiter.

Harry sei für die zu besetzende Stelle nicht der richtige Mann. So lautet die vordergründige sachliche Beschwerde; in Wirklichkeit lehnen die Beschwerdeführer den Mann aus menschlichen Gründen ab.

Sie haben es also nicht mit einem Sachproblem zu tun, das sich auf der Sachebene sicher lösen läßt, sondern mit einem emotional gesteuerten menschlichen Konflikt.

Menschlich-seelische Konflikte werden häufig „versteckt" hinter „trivialen" sachlichen Problemen und Beschwerden.

Was immer sich als Hintergrund bei Beschwerden (hoffentlich) heraus stellen mag, es ist wichtig, *für Beschwerden offen zu sein*. Auf diesem Wege besteht die Chance umfassender Aufdeckung von Ursachen für Unzufriedenheit oder gar Störungen des Betriebsfriedens.

Beschwerdemanagement = Zufriedenheitsmanagement

Beschwerden müssen als Möglichkeit genutzt werden, über die Kritik Hinweise für Verbesserungen zu gewinnen. Die mitunter vorhandene Scheu, sich damit auseinanderzusetzen, muß überwunden werden.

Der Weg von der *Beschwerde zur Zufriedenheit* (aller Beteiligten!) führt über

- *Anhören*   aller Betroffenen zur Klärung des Sachverhaltes,
  - → eine Beschwerde ist gerechtfertigt oder nicht gerechtfertigt.
- *Prüfen*   der Zusammenhänge und Ursachen,
  - → Ergebnisse zusammentragen, Lösungen suchen,
  - → im Falle nicht gerechtfertigter Beschwerden ist zumindest zu prüfen (zu hinterfragen!), welche Unzufriedenheit wohl zu der Klage geführt hat. Also die Beschwerde nicht nur einfach zurückweisen!
- *Handeln*   in dem Sinne, Konsens mit den Beschwerdeführern zu erreichen,
  - → berechtigte Beschwerden sind in jedem Falle *sofort* zu klären, entweder Sie können selbst Abhilfe schaffen (dann ist es gut für Sie, es schnell zu tun) oder es sind Dinge angesprochen, die über Ihre Zuständigkeit hinausgehen, dann sind die zuständigen Stellen umgehend einzuschalten (auf keinen Fall abschieben mit der Bemerkung „das geht mich nichts an").
  - → Ist eine Abhilfe nicht möglich, die Gründe hierfür glaubhaft erläutern und möglichst bei den Beschwerdeführern Verständnis wecken.
- *Beobachten*, ob eine Zufriedenstellung wirklich erreicht worden ist,
  - → und ob der Anlass, die Ursache der Beschwerde ausgeräumt ist (und sich nicht wiederholt!).

- Denken Sie beim Thema Unmut und Beschwerden auch an Ihre Möglichkeiten, Ihre Mitarbeiter dazu zu bringen, ihren Ärger, ihre Sorgen bewußt offenzulegen, z.B. „Mecker-Briefkasten" u.ä.

Jedermann soll den Betrieb morgens „fröhlich pfeifend" betreten und zum Feierabend auch „fröhlich pfeifend" wieder verlassen.

... und bei wirklichen Konflikten?
Eine besondere Stärke der kooperativen Führung sollte sein, Konflikte (möglichst) zu vermeiden. Wenn sie aber auftreten, und Anlässe dazu gibt es genug, dann müssen sie gelöst werden.

Konflikte entstehen aus *Interessengegensätzen* zwischen mehreren Parteien (Personen). Werden sie nicht beigelegt, gibt es in der Konfliktaustragung zwar *Gewinner*, aber auch *Verlierer* und was können Sie wohl mit denen noch anfangen?

Konflikte im Betrieb sind zum einen gegeben durch die Position des Meisters zwischen Unternehmensinteressen und Mitarbeiterinteressen, zum anderen kommen sie auf im Tagesgeschäft und sind (unangenehmerweise) meist *emotional menschlicher Art*. Sie entstehen

- aus den Unterschieden in den Persönlichkeits-Strukturen der im Betrieb tätigen Menschen,
- aus den mitunter gegebenen Mißverhältnissen zwischen angestrebten Zielen und den zur Verfügung stehenden Mitteln,
- aus dem Bemühen um Gerechtigkeit (→ „Verteilung knapper Güter"),
- aus der Unvollkommenheit von Informationen,
- aus der Komplexität von Organisationsablauf und -Aufbau,
- aus der Einwirkung äußerer Einflüsse,
u.v.m.

Es sind nicht einmal immer die „großen Dinge", die Konflikte auslösen. Ein falsches Wort im Gespräch – oder auch ein zu einem wichtigen Zeitpunkt unterlassenes – löst einen mehr oder weniger störenden Konflikt aus (→ siehe „gekreuzte Transaktionen"). Eine Entschärfung wird dann erst erreicht, wenn beide Partner sich ihren gegenseitigen Erwartungshaltungen annähern.

Konflikte treten in den verschiedensten Erscheinungsformen auf. Im Prinzip gleicht kein Konflikt dem anderen, z.B.:

- *Interessenkonflikt:*

    Für eine Gruppe muß ein Gruppensprecher / Gruppenführer gefunden werden. Ein Teil der Gruppe will den Kollegen Willy, ein anderer Teil den Kollegen Otto durchsetzen (und Sie bevorzugen den Otto).

    Nur einer kann den Job übernehmen und obendrein müssen Sie sich da raushalten.

- *Entscheidungskonflikt:*

    Sie können für Ihre Abteilung einen hervorragenden Spezialisten „einkaufen", aber Sie wissen auch, daß derjenige ein „Eigenbrödler" ist, der mit niemandem so recht zusammenarbeiten will.

    Den verlockenden Vorteilen stehen zu erwartende menschliche Probleme gegenüber.

- Konflikt zwischen *gleichstarken Zielen:*

    Ihre Abteilung soll im Rahmen von Umstrukturierungen zu einem von zwei zu bildenden Produkt-Zentren zugeordnet werden. Ihre Mitarbeiter haben mit den beiden „Fachbereichen" bisher sehr unterschiedliche positive wie negative Erfahrungen gemacht. Wo liegt die gesichertere Zukunft, bei wem das geringere Risiko bezüglich der Auslastung und Nutzung der technischen und personellen Ressourcen? Einen Kompromiß gibt es scheinbar nicht.

Einer scheinbar „normalen" organisatorischen Maßnahme kann der Zusammenhalt eines bisher gut harmonierenden Teams zum Opfer fallen.

Die Mehrzahl der Konflikte im „täglichen Leben" erwachsen aus Sachproblemen, die sich infolge falscher Behandlung (→ Information, Gesprächsführung, Führungsverhalten) zum Konflikt entwickeln. Dabei ist es wohl einzusehen, daß Sachkonflikte am ehesten zu bereinigen – auch zu vermeiden – sind, z.B. durch
- rechtzeitige gute Information,
- Beteiligung der Mitarbeiter an Entscheidungen, die sie betreffen,
- klare eindeutige Zielsetzungen und Aufgabenstellungen,
- vertrauensvolle, offene Gespräche,
- wirksame Erfüllung der Kontrollfunktion,
- klare Organisation, die die Belange der an der Wertschöpfung Tätigen erfüllt,
- richtigen Personaleinsatz.

Wie mit Konflikten umgehen?
- Sie können den Konflikt *laufen lassen*, ihn nicht zur Kenntnis nehmen, übersehen, sich selbst überlassen. Das ist eine – aber nur scheinbar – einfache Lösung, mit den wahrscheinlichen Folgen
  - der (gefährlichen) Weiterentwicklung des Konfliktes „im Untergrund". Je engagierter die beteiligten Menschen sind, umso entschiedener wird dann informell agiert.
  - einer Verdrängung (ein Konflikt „verschwindet" nicht) ins Unterbewußtsein mit allen möglichen Folgeerscheinungen wie Wiederstand, Frust, Fehlzeiten u.ä..

- Der zweifellos richtige, wenn auch mitunter sehr unangenehme Weg ist, Konflikte zu *Lösen* oder – was besser ist – zu *Vermeiden*.

Vorraussetzung für die Lösung von Konflikten ist ihre Offenlegung.

Was läuft da wo zwischen wem warum? Die Aufgaben des Vorgesetzten.
- Es ist gut, ein Gespür für Konfliktsignale zu entwickeln. Wer in der Lage ist, durch Beobachtung seines Umfeldes Konflikte bereits in der *Entstehungsphase* – also *früh* – zu *erkennen*, erspart sich eventuell viel Ärger:

  ↳ Mit der *Wahrnehmung* des Konfliktes beginnt die *Offenlegung*, das Fragen nach dem *Was, Wo, Warum.* Es gilt, in dieser Phase die (wahren!) Sachverhalte zu ergründen, Konfliktverzerrungen zu vermeiden.

  ↳ Hastige, überstürzte Reaktionen sollte man unterlassen, sie könnten falsch sein. Also, um zu einer *Konfliktanalyse* zu kommen,
  - die *Konfliktbereiche aufdecken,*
  - die *Konfliktursachen erkennen,*
  - die *Konfliktdimensionen begreifen.*

  ↳ Ein Konflikt löst *Reaktionen* aus, die es zu *beherrschen* gilt. In dieser Phase bewährt sich das ganze Können der Führungskraft, nämlich, die Reaktionen richtig einzuschätzen und durch entsprechendes Vorgehen den Konflikt zu beherrschen und zu lösen, z.B.
  - den Konfliktparteien zeigen, daß jeder akzeptiert wird,
  - die Probleme „im Hause" lassen, nicht weitertragen,
  - klarstellen, daß niemandem Schuld angelastet wird,
  - alle Betroffenen zu Wort kommen lassen,
  - die Betroffenheit jedes Einzelnen durchleuchten,
  - Lösungen gemeinsam erarbeiten mit der Zielsetzung, den Betroffenen das Gefühl zu geben, die Lösung selbst gefunden zu haben.

> Gemeinsame Ziele müssen über den Konflikt hinaus Geltung haben, *Integration* statt *Konfrontation.* Es darf *keine Verlierer geben!*

Einigungen im Konfliktfall stellen kreative Problemlösungen dar! Das setzt bei den Konfliktparteien voraus, daß
- die Partner bzw. Kontrahenten sich gegenseitig akzeptieren,
- ein Vertrauensverhältnis vorhanden ist,
- jeder Verständnis für die Rolle des anderen zeigt,
- die Beteiligten sich jeweils in die Situation des anderen hineinversetzen können (hier müssen Sie sicher „nachhelfen"!),
- präzise formuliert wird, worum es geht,
- Gemeinsamkeiten festgestellt werden, Trennendes herausgearbeitet wird (→ Fragetechnik!),

- genügend Zeit zum Überzeugen besteht,
- die Kommunikation funktioniert und auch die emotionalen Belange Berücksichtigung finden,
- Lösungen gefunden werden, die es jedem erlauben, sein Gesicht zu wahren,
- gemeinsame Kriterien zur Bewertung von alternativen Lösungen gefunden werden,
- gemeinsame Beschlüsse gefaßt werden.

- Für Sie als Führungskraft verlangt jede Vermittlungsbemühung viel Selbstbeherrschung, nicht selbst Konfliktpartei zu werden sowie sehr gute Kenntnisse über Ihre Mitarbeiter und auch – vor allem – über sich selbst.
    - Wissen Sie, ob man Ihnen Frust anmerkt?
    - Wie verhalten Sie sich, wenn Sie kritisiert werden?
    - Wie reagieren Sie, wenn Sie über ein Problem „stolpern"?
    - Bekommt Ihre Umwelt zu spüren, wenn Sie „Wut haben"?
    - Bringen Ihre Mitarbeiter Sie leicht „auf die Palme"?

Wer kennt sich schon selbst?

7 Literaturhinweise

Bruns, J./Mader,G.:	Zusammenarbeit im Betrieb, Würzburg: Vogel Buchverlag, 1989.
DIHT, IHK-Weiterbildungs-GmbH	Industriemeister-Lehrgang,: „Zusammenarbeit im Betrieb", Bonn: DIHT-Gesellschaft für berufliche Bildung, 1989.
Hunold, W.:	Führungstraining für Meister, Heidelberg: I.H. Sauer-Verlag GmbH, 1991.
Koczkas, S.:	Betriebspsychologisches Taschenbuch, Heidelberg: I.H. Sauer-Verlag GmbH, 1985.
Neuberger, O.:	Miteinander arbeiten, miteinander reden, München: Bayerisches Staatsministerium für Arbeit, Familie und Sozialordnung, 1991.
Pfützner, R.:	Kooperativ führen, München, Robert Pfützner GmbH, 1990.
REFA, Verband für Arbeitsstudien und Betriebsorganisation e.V.	Arbeitsgestaltung in der Produktion, München: Carl Hanser Verlag, 1993.
Rüsch, J.:	Heute wirksam führen, Köln: Verlag TÜV Rheinland, 1989.
Schneider, H.J.:	Mensch und Arbeit, Köln: Wirtschaftsverlag Bachem, 1992.
Siegert, W./Lang, L.:	Führen ohne Konflikte, Ehningen: Expert Verlag, 1986.
Wolff, G./Göschel, G.:	Führung 2000, Frankfurt a.M.: Frankfurter Allgemeine Zeitung GmbH, 1989.
Zielke, W.:	Frag Dich vorwärts, Landsberg/Lech: moderne verlagsgesellschaft mbH, 1985.

Sachregister

Ablauforganisation 93, 94
Aktennotiz 116
Ältere Mitarbeiter 45
Amtsautorität 101
Anpassung Mensch und Arbeit 52
Anreize 56
Antriebe 56
Arbeitsanforderungsanalyse 62, 165
Arbeitsaufgabe 50
Arbeitsbedingungen 53
Arbeitsteilung 18
Arbeitsklima 57, 65
Arbeitsorganisation 50
Arbeitssicherheit 63
Arbeitsstrukturierung 51
Arbeitszeugnis 117
Arbeitszufriedenheit 69
Aufbauorganisation 21, 88
Aufgaben des Meisters 33
Aufgabenanalyse 89
Aufgabenstellungen des Meisters 14
Aufgabenteilung 51
Ausländische Arbeitskräfte 47
Autonome Arbeitsgruppe 20
Autoritäre Führung 81
Autorität 101
Autosuggestion 148

Bedürfnispyramide 58
Behinderte Menschen 46
Bericht 113
Besprechungen 130, 141
Betriebliche Informationspolitik 106
Betriebsklima 181
Beurteilungsfehler 222
Beurteilungsgespräch 224
Beurteilungsmerkmale 222
Brainstorming 189, 193

Checkliste Delegation 169

Delegation 87

Einflüsse auf das Sozialverhalten 40
Einführung neuer Mitarbeiter 152
Einlinien-System 91
Einstellungsgespräch 154

Einwirkungen 71
Entgeltkomponenten 68
Entscheidungsmatrix 189
Ergebniskontrolle 208
Erwartungen 99

Fachkompetenz 26
Fertigungsinseln 23, 90
Fischgräten-Diagramm 196
Formelle Gruppen 41
Formulare 117
Fragetechnik 132
Frauen 44
Freiräume 9
Fremdkontrolle 210
Führungs-Fehlverhalten 98
Führungsaufgabe 31
Führungsbefähigung 2
Führungsklima 57
Führungsstile 79
Führungsverhalten 75, 76, 181

Gefühlsebene 122
Gesprächstechnik 131
Gestaltung der Arbeitsumgebung 63
Gestaltungsmaßnahmen 64
Gestaltungsziele 51
Gruppenarbeit 26
Gruppenfertigung 52
Gruppengespräche 29, 64, 145
Gruppensprecher 29

Herzberg 60
Human-Kapital 9
Hygienefaktoren 60

Information 63, 105, 126
Informationsdefizite 108
Informelle
 - Beziehungen 56
 - Gruppen 41, 177
 - Führer 177

Job-Enlargement 19
Job-Enrichment 19
Job-Rotation 19
Jugendliche 43

Kontinuierlicher Verbesserungsprozess
 30, 186
Kontrollkriterien 206
Kontrollaufgaben 205
Kontrollverhalten 211
Kooperativ führen 85
Körpersprache 121
Kritikgespräch 216
Kunde-Lieferant-Denken 15
Kundenorientierung 8

Laissez-faire 80
Lampenfieber 147
Leistungsfähigkeit 63
Leitwerte 73
Linienbeziehung 90

Maslow 58
Matrix-Organisation 92
McGregor 75
Mehrlinien-System 91
Mengenteilung 51
Menschenbild 75
Menschenführung 102
Menschengerechtes Führen 98
Metakommunikation 140
Methodengestaltung 64
Methodenkompetenz 26
Minimierung von Fehlzeiten 172
Mitarbeiter-Bedürfnisse 58
Mitarbeiter-Förderung 226
Mitarbeiterführung 8, 171
Mitarbeitergespräch 137, 173
Moderator 144, 180, 188
Motivatoren 60, 182
Multivoting 189, 194

Nonverbale Kommunikation 123

Objektzentralisierung 90

Pareto-Analyse 198
Patriarchen 81
Personalentwickler 161
Persönlichkeit 75, 100
Primärgruppen 42
Problem-Analyse 196
Probleme angehen 186
Problemlösungsgruppen 182, 188
Problemlösungsprozess 189

Protokoll 115
Qualifizieren 158
Qualitätszirkel 144

Reihenfertigung 52

Sachebene 122
Schlankmachen 10
Schlüsselfunktion 22
Selbstinformation 109
Selbstkontrolle 209
Selbstkritik 217
Situative Führung 82
Soziale Rolle 37
Soziales Lernen 37
Sozialisation 36
Sozialkompetenz 26
Stab-Linien-System 92
Stichproben-Kontrolle 207
Störungen in der Kommunikation 122

Tagesrhythmus 55
Teamspielregeln 27
Transaktion 125
Transaktionsanalyse 125

Umgebungseinflüsse 49
Unternehmenskultur 8, 73
Unternehmerisch 14
Unternehmerisches Handeln 11, 14
Unterweisen 155

Verhaltensgitter 76
Verhaltenskontrolle 205, 208
Verhaltensregeln 36, 179, 183
Verrichtungszentralisierung 90
Verschwendung 62, 187
Vier-Seiten-Modell 123
Vollkontrolle 207
Vortragsgestaltung 148

W-Fragen 62, 115, 192
Werkstattfertigung 52

Ziele 17
Zielsetzung 4, 104
Zufriedenheit 58
Zuhören 136
Zusammenarbeit 8, 186

Praxis der Mitarbeiterführung

Ein Grundriß mit zahlreichen Checklisten zur Verbesserung des Führungsverhaltens

Prof. Dr. Kurt Haberkorn

7., erweiterte Auflage 1995, 228 Seiten, DM 48,--
(Kontakt & Studium Bd. 241)
expert   ISBN 3-8169-1271-0

Menschenführung gewinnt immer mehr an Bedeutung und wird immer schwieriger. Umso wichtiger ist es für jeden Vorgesetzten, sich mit dem Instrumentarium moderner Menschenführung vertraut zu machen und es systematisch einzusetzen. Das Buch vermittelt - ohne theoretischen Ballast - das notwendige Rüstzeug.

Hauptziel des Autors ist es, Führungskräften zu helfen, Führungswissen nicht nur zu erwerben, sondern es auch in die Praxis umzusetzen, es anzuwenden und dabei typische, immer wiederkehrende Führungsfehler zu vermeiden. Diese Umsetzung in die Praxis wird durch die zahlreichen Checklisten erleichtert.

»Der Verfasser ... bietet ... in überschaulicher und lebendiger Art eine Fülle von Lösungsansätzen, Beispielen und Checklisten, die sich unmittelbar in die Praxis umsetzen lassen und zu besserem Führungsverhalten beitragen.«
Der Verwaltungswirt

»Das vorliegende Buch vermittelt ohne jeden theoretischen Ballast das erforderliche Rüstzeug, angefangen beim Einführen neuer Mitarbeiter über Information und Motivation der Mitarbeiter bis hin zur Mitarbeiterbeurteilung und zum Konfliktmanagement. Gut aufbereitete Checklisten und Leitgedanken regen an, das eigene Führungsverhalten zu überdenken.«
Walter Rebmann, Industrie Meister

»Wer sich schnell über praktische Probleme der Mitarbeiterführung und Methoden zu deren Bewältigung informieren will, ist mit Haberkorns 'Grundriss' gut bedient.«
Martin Pfeil, Verwaltungsführung - Organisation - Personal

expert verlag GmbH · Postfach 2020 · D-71268 Renningen

Prof. Dr. jur. Kurt Haberkorn

Arbeitsrecht

Aktuelles Grundwissen und praktisches Rüstzeug -
Mit neuem Entgeltfortzahlungsgesetz und Arbeitszeitrecht

8. überarbeitete und erweiterte Auflage 1995
373 Seiten, DM 49,50
Die Betriebswirtschaft: Studium + Praxis, Band 7
ISBN 3-8169-1074-2

Die intensive Beschäftigung mit Fragen des Arbeitsrechts wird für Studenten und Praktiker immer notwendiger. Es wird aber auch immer schwerer, die in zahlreichen verschiedenen Gesetzen enthaltenen Rechtsvorschriften zu überblicken und die umfangreiche Rechtsprechung zu kennen. Das vorliegende Buch gibt eine geschlossene, systematische Darstellung des Arbeitsrechts, ohne einerseits zu vereinfachte Aussagen zu machen und andererseits den Leser mit zuviel Details zu überhäufen.

Das Entgeltfortzahlungsgesetz ist eingearbeitet; das Kapitel »Arbeitszeitrecht« wurde völlig neu bearbeitet.
Zahlreiche Wiederholungsfragen und Antworten ergänzen die systematische Darstellung und ermöglichen dem Leser eine Selbstkontrolle.

Die Interessenten:
Technische und kaufmännische Vorgesetzte mit Personalverantwortung, selbständige Unternehmer, Mitarbeiter im Personal-, Sozial- und Ausbildungswesen, Studenten aller Fachrichtungen sowie Teilnehmer an Fort- und Weiterbildungskursen, Arbeitgeberverbände und -organisationen, Industrie- und Handelskammern, Handwerkskammern, Betriebsräte und Gewerkschaften

Fordern Sie unsere Fachverzeichnisse an.
Tel. 07159/9265-0, FAX 07159/9265-20

expert verlag GmbH · Postfach 2020 · D-71268 Renningen

Fehlzeiten als Chance

Ein praktischer Leitfaden zum Abbau von Fehlzeiten

Dr. Bernd Bitzer

1995, 85 Seiten, DM 22,--
expert taschenbücher, Band 50
ISBN 3-8169-1191-9

Das Buch gibt einen Überblick über die betrieblichen Möglichkeiten zur Reduzierung von Fehlzeiten. Es stellt anhand von Praxisbeispielen folgende Instrumente vor:

- Projektgruppenarbeit
- Mitarbeiterbefragung
- Datenrückkopplung
- Beteiligungsgruppenkonzept und
- Seminarveranstaltungen (Das Rückgespräch).

Die Leser werden nach der Lektüre wissen, wie der Fehlzeitenthematik strukturiert, systematisch und erfolgreich begegnet werden kann. Sie erhalten konkrete Anregungen für die Durchführung eigener betrieblicher Maßnahmen.

Das Buch empfiehlt sich für alle betrieblichen Entscheidungsträger, die sich mit dem Phänomen der Fehlzeiten konfrontiert sehen. Dazu gehören auf jeden Fall:
- Führungskräfte aller Hierarchieebenen aber insbesondere
- Personalfachleute (wie z.B. Personalentwickler)
- Werksleiter
- Produktionsleiter
- Meister
- Betriebsräte
- Berater.

Inhalt: Bedeutung und Sichtweise von Fehlzeiten - Instrumente zum Abbau von Fehlzeiten

expert verlag GmbH · Postfach 2020 · D-71268 Renningen